UNE AMÉRIQUE
QUI
FAIT PEUR

EDWARD BEHR

UNE AMÉRIQUE QUI FAIT PEUR

PLON
76, rue Bonaparte
PARIS

ISBN 2-259-18103-1

REMERCIEMENTS

Ce livre n'aurait pas été possible sans l'aide que m'ont apportée les correspondants, chefs de bureau et rédacteurs en chef de l'hebdomadaire *Newsweek*, partout où j'ai poursuivi mes recherches aux États-Unis. Je tiens à les remercier ici, ainsi que mon vieux camarade Maynard Parker, directeur de *Newsweek*, qui a bien voulu mettre toutes les archives du journal à ma disposition.

Je tiens néanmoins à préciser que les opinions exprimées ici sont personnelles, et n'engagent nullement la responsabilité de *Newsweek*.

Je voudrais également remercier les personnes suivantes : Dr Steven Balch (NAS, Princeton); Tom Bray (Detroit); Richard Bernstein (New York); Ofra Bikel (Caroline du Nord); Angie Cannon (Washington); Logan Clarke (Los Angeles); Ellis Cose (New York); Mike Davis (Los Angeles); Professor Bob Harris, USC, (LA); John Jerde (LA); Pamela Freyd (Philadelphie); Professor David Goldberg (Université de Michigan, Ann Arbor); Kenneth V. Lanning (FBI, Washington DC); Bill McGraw (Detroit); Dr Richard Ofshe (San Francisco); Professor Donald Silva; Christina Hoffer Sommers; Professor Graydon Snyder (Chicago); Lawrence Wright (New York) – et beaucoup d'autres qui ont préféré l'anonymat.

INTRODUCTION

En pleine guerre du Vietnam, Jean-Jacques Servan-Schreiber publiait *Le Défi américain* [1]. Traduit en anglais, ce *Défi*, bientôt best-seller international, eut un impact considérable tant en France qu'à l'étranger.

L'auteur avait été frappé par l'explosion des investissements américains en France et dans le reste de l'Europe. Partant de l'examen objectif de ce phénomène, JJSS notait : « On découvre un univers économique qui s'affaisse – le nôtre –; des structures politiques et mentales – les nôtres – qui cèdent devant la poussée extérieure; les prémisses d'une faillite historique – la nôtre. » Cette « guerre entre les USA et l'Europe ne nous est pas livrée à coups de dollars, de pétrole, de tonnes d'acier, ni même de machines modernes, mais à coups d'imagination créatrice et de talent d'organisation ».

Conclusion de JJSS : « La troisième puissance industrielle mondiale, après les États-Unis et l'URSS, pourrait bien être dans quinze ans, non pas l'Europe, mais *l'industrie américaine en Europe*. Aujourd'hui déjà, à la neuvième année du Marché commun, l'organisation de ce marché européen est essentiellement américaine. »

En 1967, cette analyse paraissait cohérente. Personne, à l'époque (et surtout pas des « futurologues » aussi adulés

1. Denoël, Paris, 1967.

9

que Herman Kahn, dont les diverses prédictions se sont révélées, dans l'ensemble, archifausses) n'a vu venir les véritables défis.

Car les choses vont se passer tout autrement : l'ancien tiers monde va devenir un redoutable concurrent, à la fois de l'Europe et des États-Unis; les Américains commenceront à douter de l'issue de la guerre du Vietnam. La révolte des jeunes – sorte de Mai 68 permanent – laissera dans les universités américaines des séquelles quasi constantes; enfin, après le « enrichissez-vous » de Ronald Reagan, une crise économique, mais également morale, secouera ce vaste ensemble fédéral, plus divisé, sexuellement et ethniquement, que jamais.

La crainte formulée par JJSS, c'était que – des objets de consommation les plus variés à la technologie la plus sophistiquée – les produits *made in France* ne laissent place peu à peu à des gadgets américains. Les méthodes européennes de conception, de production et de financement se révélant moins performantes que le savoir-faire des concepteurs d'outre-Atlantique, la France risquait de passer irrémédiablement sous la coupe d'une société industrielle d'un type nouveau et beaucoup plus concurrentiel. A lire *Le Défi américain,* la France – sauf si elle trouvait les moyens de réagir, ce qui paraissait hautement improbable – semblait vouée, ainsi que l'ensemble du monde, d'ailleurs, à une domination américaine d'une efficacité sans commune mesure avec les capacités du complexe industriel européen (en particulier celui de la France, sclérosé, vieillot et excessivement bureaucratique).

La thèse de JJSS et l'étude détaillée de la pénétration américaine en Europe, à cette époque particulière – 1967 –, coïncidaient avec l'essor des cabinets de chasseurs de têtes français, à l'affût des diplômés des Business Schools américaines, considérés comme les véritables détenteurs de la toute neuve et magique science « managérielle ». La démonstration de JJSS garde donc sa valeur historique, mais aujourd'hui, ces années-là nous paraissent aussi lointaines que les années Clemenceau ou la Troisième République.

D'abord, les capitaux américains désertent la France et l'Europe, ou du moins s'en détournent pour aborder une nouvelle terre promise – l'Asie, avec en tête la Chine, mais aussi Taiwan, la Corée, le Mexique, le continent sud-américain et même l'Inde.

Ensuite la fin de la guerre froide n'a fait qu'accélérer cette évolution. Jesse Jackson, éternel candidat présidentiel noir, avait un truc qui ne ratait jamais : dans ses réunions, il s'écriait : « Que ceux d'entre vous qui possèdent un VCR Japonais lèvent la main ! » Une forêt de bras se dressait. « Et maintenant, qui possède un missile sol-sol américain ? » C'était sa façon, simpliste mais efficace, d'opposer deux conceptions différentes de la politique industrielle : l'une vouée à la production, et parfois au dumping, de biens de consommation ; l'autre donnant priorité à la technologie de la défense, aux applications consommatrices indirectes. La fin de la guerre froide après la chute du communisme a sérieusement bouleversé l'économie d'États de pointe, comme la Californie spécialisée dans la technologie spatiale militaire, où la reconversion s'avère difficile.

Bref, depuis 1967 – et pour reprendre l'expression du *Défi américain* –, le monde n'est pas devenu ce « nouveau Far West régi par des hommes d'affaires américains » qu'anticipait JJSS. Séduits puis ébahis, Américains autant qu'Européens ont depuis cette date découvert le tiers monde industriel. Un vaste déplacement des centres d'intérêt a bien eu lieu, mais dans des directions imprévues : du temps du *Défi américain*, Paris et Londres demeuraient des relais privilégiés. Les grandes banques américaines étaient présentes, avec des effectifs parfois pléthoriques, à la Cité de Londres. Aujourd'hui, l'intérêt s'est déplacé vers Tokyo, Beijing, Moscou ; les effectifs américains dans les banques, les grandes entreprises et les médias à Paris et à Londres ont été considérablement réduits – Francfort constituant une exception, due à la puissance du mark.

11

Adenauer et Churchill, figures mythiques de l'après-guerre, mais aussi, plus tard, Helmut Schmidt et Harold MacMillan, Georges Pompidou, même Valéry Giscard d'Estaing et surtout Margaret Thatcher, avaient leur mot à dire à Washington. La première visite officielle à un chef d'État étranger de Richard Nixon, ô combien attendue par lui, a été pour le général de Gaulle [1].

On ne peut en dire autant de Mitterrand ou de John Major, ni de ceux qui leur succéderont – même si, à l'occasion de cérémonies bien orchestrées, comme le cinquantième anniversaire du Débarquement, on commémore encore l'entente cordiale entre les États-Unis et ses alliés de la Deuxième Guerre.

De leur côté, les valeurs médiatiques, les *news values*, ne sont plus les mêmes : l'attention s'est tournée vers Moscou (chaos, guerres larvées au sein des anciennes républiques de l'URSS, fin du communisme) et, surtout, l'Asie. Tous les directeurs de journaux à New York et à Washington sont d'accord : en Europe, « il ne se passe rien ou pas grand-chose ».

C'est en partie vrai. Parmi les cinq cents nouvelles chaînes de télévision américaines câblées, il y en a, bien sûr, qui diffusent les informations du soir de France 2 et de France 3 (à New York, dans certains milieux, Bruno Masure est même devenu une vedette), ainsi que des bulletins d'information en allemand, italien, chinois, japonais et coréen, mais l'immense majorité de ces chaînes, câblées ou pas, locales ou nationales, traite exclusivement ou presque de l'Amérique seule. Les Français qui regardent, sur Canal Plus, le « CBS Evening News » de Dan Rather et Connie Chung, s'étonnent à juste titre de voir tout ce qui n'est pas strictement américain réduit au minimum. La célèbre journaliste Lesley Stahl (« 60 Minutes ») notait

1. Qu'on me permette une digression personnelle : en 1963, alors correspondant du *Saturday Evening Post*, j'accompagnais Nixon aux portes du palais de l'Élysée. Il me suppliait d'obtenir du président de la République française la permission de les photographier ensemble dans le bureau du Général. De Gaulle a refusé et Nixon m'en a toujours voulu.

récemment [1] que « s'il est soudain question d'une personnalité étrangère, les spectateurs de télévision zappent... L'audimat le plus désastreux pour " Forty Eight Hours [2] " a été la diffusion d'une émission sur l'anniversaire de la chute du mur de Berlin ».

De même, Meg Greenfield, célèbre chroniqueuse de *Newsweek*, amie intime de Katharine Graham dont elle reflète souvent les opinions, se plaint [3] qu' « on nous demande d'intervenir dans des endroits dont on ne sait même pas, la plupart du temps, où ils se trouvent... Quelqu'un peut-il me dire comment est née la crise du Tchad (en 1983)? Jusque très récemment, on prenait le nom de la Bosnie-Herzégovine pour une blague... Je me rappelle encore un titre à la une annonçant la chute imminente de Diên Biên Phu. Tout le monde s'est lamenté en chœur, même si personne n'en avait jamais entendu parler... ». Meg Greenfield cite d'autres noms de lieux (du passé ou de l'actualité) « parfaitement inconnus » et « dignes de le rester » : Mingrelia, Abkhazie, Katanga, Kasaï, Quemoy, Matsue, la plaine des Jarres. « Les gens sont déboussolés, ils en ont assez. Les discours colonialistes ne conviennent pas à l'Amérique. » Cette revendication de l'ignorance, affichée par une journaliste mondialement connue, étonne. Moi qui la connais depuis de longues années, je remarque chez elle un ton entièrement nouveau – elle n'aurait rien écrit de tel il y a dix ans. Les plus grands journaux américains qui prétendent couvrir le monde (ils sont du reste de moins en moins nombreux) réduisent régulièrement leurs colonnes d'informations sur l'Europe.

On ne peut véritablement parler d' « insularité », car à l'époque où ce mot était à la mode, il impliquait un choix – l'insularité contraire du mondialisme. La certitude a succédé au choix et le nouveau cursus universitaire américain – réduisant l'importance culturelle et historique

---

1. *New York Times*, 26 juin 1994.
2. Équivalent d' « Envoyé spécial ».
3. « Intervention Fatigue », dans *Newsweek*, 25 octobre 1993.

occidentale au profit du multiculturalisme, des études féministes et africanistes – n'a rien arrangé. A l'heure actuelle, s'impose la toute nouvelle *political correctness*, ou PC, qui occupe le devant de la scène et l'Amérique ignore trop souvent ce qui se passe ailleurs dans le monde, sauf les phénomènes qui pourraient relever de la PC. C'est le cas, parfois, au Canada, en Grande-Bretagne, en Allemagne et aux Pays-Bas, beaucoup plus rarement en France.

Un autre phénomène à prendre en considération est la prolifération des *talk shows* à la télévision et à la radio, d'une impudeur et d'un sensationnel excessifs. De la droite la plus bornée à l'extrême gauche la plus farfelue, sans aucune précaution d'analyse (les préjugés les plus douteux sont énoncés comme vérités premières), on y discute de tout; mais au débat politique, on préfère les thèmes de l'inceste, du harcèlement sexuel, de l'astrologie, des ovnis, l'unique critère étant le verdict de l'audimat. Les invités d'Ofra Winfrey, illuminés ou fanatiques, parfois à la limite de la pathologie, constituent une mine précieuse où même vient se fournir une agence récemment créée pour sélectionner les cas les plus extravagants et les monnayer aux différentes chaînes. En comparaison, les quelques *reality shows* français ou britanniques, pourtant régulièrement critiqués pour leur manque de sérieux, paraissent dignes d'Arte. D'un bout à l'autre de l'Amérique, des centaines de ces émissions accaparent les ondes. A certains égards, elles font office de soupape de sécurité en cristallisant les réactions de l'Amérique profonde face aux bons sentiments et à la vague déferlante de la *political correctness*. Les animateurs de ces *shows,* inconnus en France – Jenny Jones, Richi Lake, Maury Povich, Sally Jesse Raphael, Howard Stern – sont devenus de véritables superstars en Amérique. Et l'on s'arrache les livres de Stern et du chroniqueur radio Rush Limbaugh, poujado-républicain considéré par le très sérieux *New York Review of Books* comme étant, bien plus que le parti républicain lui-même, responsable de la lente mise à mort du président Clinton. Certains voient en Limbaugh, avec ses centaines de stations de radio locales, ses restaurants-clubs où on s'attable pour l'écouter dans un silence quasi religieux, l'homme politique le plus puissant des États-Unis, bien qu'il se défende d'appartenir à un quelconque parti.

Ces exemples de secousses profondes, et à maints égards révolutionnaires, qui ébranlent l'Amérique depuis une dizaine d'années, étaient insoupçonnés et sans doute insoupçonnables en 1967. Un autre bouleversement – moins visible mais plus profond – devrait nous préoccuper davantage, que nous soyons américains ou non : il s'agit de la transformation sociale et psychologique que subit, depuis les années 70, la société américaine dans son ensemble. Les Américains *eux-mêmes* ont changé – parfois inconsciemment. Ils se voient, se jugent, jugent les autres, s'enthousiasment et s'indignent *autrement*, même si la presse ne s'en fait pas toujours l'écho exact.

Du reste, le public ne s'en rend pas nécessairement compte et ne mesure pas l'évolution sociale à sa juste valeur. Bien sûr, les aspects négatifs les plus flagrants de la société américaine sont archiconnus. Chaque semaine apporte son lot de faits divers meurtriers, d'actes d'une violence inouïe commis par des individus ou des groupes d'origine ethnique diverse; malgré la nouvelle législation américaine, l'acquisition d'une arme à feu demeure chose facile, avec ses conséquences terribles. Nous savons tous aussi que l'écart entre riches et pauvres – ou plutôt employables et inemployables – ne cesse de croître, que dans nombre de grandes agglomérations aux noms prestigieux, les centres-villes, ces *inner cities*, sont devenus autant de zones à hauts risques, de *no-go areas*, dès la tombée de la nuit – parfois même de jour. On sait moins que, dans bon nombre d'écoles publiques, la fouille à l'entrée est aussi sévère que dans les aéroports internationaux; que les revolvers, et pas seulement les couteaux, sont aujourd'hui les armes favorites de gosses de douze ans; que le taux de mortalité violente chez les enfants de moins de quinze ans a augmenté de façon vertigineuse.

Cette banalisation du crime et du sentiment d'insécurité, cette extraordinaire juxtaposition des extrêmes, ce malaise social en filigrane, omniprésent même quand on feint de l'ignorer, se manifestent par des statistiques parfois surprenantes. Sait-on, par exemple, que dans un domaine où l'on mesure le degré de civilisation ou d'état de progrès d'une société – à savoir le taux de mortalité infantile – l'Amérique, avec un taux de 8,4 % (par 100 000), arrive au *dix-septième* rang mondial, soit après Hong Kong et Taiwan ?

Alors que j'étais à Cincinnati, on me recommanda de ne pas me promener à pied *downtown* dans les rues avoisinantes de mon Hilton après dix-sept heures, même si la nuit n'était pas encore tombée. Je fis part de mon étonnement à un de mes amis américains – ancien collègue de *Newsweek*, actuellement rédacteur en chef d'un journal du Texas. « Certaines de nos cités sont dans un état que nous préférons ne pas montrer à nos amis européens », me confia-t-il.

Cette violence est devenue un cliché, exploité par d'innombrables séries TV et des films noirs hollywoodiens d'un style nouveau, comme ceux de Brian De Palma ou Quentin Tarantino. On se rappellera longtemps le sort de l'étudiant japonais qui, s'étant perdu, fut abattu sans sommations par un citoyen paranoïaque à qui il demandait simplement son chemin, ces touristes allemands, britanniques et japonais assassinés lors de leurs vacances en Floride, et les touristes américains tués – pour une somme d'argent dérisoire – près de Ben Sur par des jeunes gens qui n'étaient autres que des immigrants de la deuxième génération, fils de ces tribus de guerriers mnong alliés à la CIA du temps de la guerre du Vietnam.

Que la société américaine soit violente, nous le savions depuis les années 30 et les fameuses guerres des gangs de Chicago, surtout, peut-être, depuis que l'épopée d'Eliot Ness est entrée, grâce à la télévision, dans tous les foyers. L'assassinat des Kennedy (1963 et 1968) et celui de Luther King, ainsi que le chiffre effarant de morts violentes (25 000 environ par an), n'ont fait que confirmer cet état de choses.

Les Américains acceptent la violence avec une certaine passivité, un peu comme ils se résignent aux fléaux naturels – typhons, pluies torrentielles, inondations incontrôlables qui ravagent régulièrement leur immense pays. Mais, depuis 1967, ils sont beaucoup plus sensibles à d'autres fléaux : racisme, injustice sociale, aggravation de la condition désespérée de leur sous-classe (*underclass*), responsables de tant de crimes ainsi que de la psychose de peur généralisée.

La prise de conscience du phénomène raciste date des années 60 et 70, de la lutte contre la ségrégation menée par Martin Luther King, des émeutes raciales comme celles de Watts (1963), Detroit (1967) et Washington (1968). A ce problème s'ajoute celui, beaucoup plus récent, des Noirs faisant eux-mêmes partie de la société d'abondance : hommes politiques et sociologues pensaient que l'exemple d'une nouvelle classe noire, ayant enfin accédé aux richesses et, par-delà, au rêve américain, allait entraîner les autres dans son sillage. Il n'en est rien. L'un des phénomènes les plus inattendus, ces dernières années, est l'expression de la rage et de la frustration éprouvées par la nouvelle bourgeoisie noire matériellement prospère, jouissant d'à peu près tous les avantages des Blancs mais consciente, encore plus que jadis, d'être toujours à part, toujours, d'une façon ou d'une autre, exclue du vrai *leadership* industriel. Seules les élites noires des forces armées et de certains secteurs du service public échappent à cette condition. Ce n'est plus de discrimination ouverte qu'il s'agit, mais d'un comportement « blanc » beaucoup plus subtil, ambigu et pervers. D'ailleurs, la solidarité raciale ne joue pas : la sous-classe noire américaine reste aussi menaçante pour les Noirs-qui-ont-réussi que pour leurs confrères blancs.

Au cours des années 70, deux scandales ont profondément ébranlé l'Amérique. Celui du Watergate (1974) a provoqué une véritable faillite morale, affectant profondément le cours de l'histoire politique américaine. Ce n'était pas la première fois que le mythe de la Maison-Blanche se trouvait entamé : sous la présidence de Warren Harding (1921-1923), la corruption s'était révélée bien plus effroyable. Mais la mémoire collective américaine est courte.

Peu après le Watergate, la débâcle du Vietnam (avril 1975) a mis fin au rythme sacré d'une certaine invincibilité américaine, débâcle psychologique beaucoup plus que militaire, puisque – on a tendance à l'oublier – presque tous les GI' s avaient quitté le Vietnam deux ans auparavant.

L'Amérique s'est donc tellement transformée qu'elle est devenue ˙ méconnaissable. Certains changements sautent aux yeux : d'autres, comme le phénomène de la *political correctness*, soutenu par la très nouvelle prise de conscience morale, sont moins évidents. William et Hillary Clinton en sont à la fois le reflet et l'élément moteur.

Ces bouleversements, les « baba cool » américains, tels qu'on peut les définir aujourd'hui, n'y sont pas étrangers. Il existe une différence majeure entre les générations soixante-huitardes française et américaine. Les intellectuels américains d'un certain âge, surtout dans les milieux universitaires, qui ont vécu les traumatismes de la guerre du Vietnam en rebelles et en réfractaires, sont restés plus proches de cette période, plus combatifs, plus radicaux (dans le sens américain du terme) que les soixante-huitards français, parfaitement intégrés aujourd'hui dans la nouvelle société de consommation.

Par contre, un nombre assez considérable de professeurs américains, dont certains très influents, repliés dans l'isolement archisécurisant des campus, n'ont perdu ni leur désir d'une transformation radicale de la société ni leur rage : pour eux, certaines valeurs des années 60 et 70 gardent leur pouvoir révolutionnaire, alors que beaucoup de leurs préoccupations – luttes féministes, révolte contre le sexisme masculin et son hétérosexisme – sont nouvelles. Et, après l'éclipse provoquée par les années Reagan, le radicalisme de gauche américain, parfois extrême, qui s'exprime souvent de manière originale et imprévue, a refait surface.

Un autre phénomène qu'il ne faut pas sous-estimer dans la société américaine est la vitalité du facteur religieux, d'un puritanisme latent (sexe = péché) qui, s'ajoutant à d'autres sentiments de culpabilité (« pendant si longtemps nous avons délibérément ignoré la situation des Noirs, des femmes, des homosexuels »), a joué et joue encore un rôle de cristallisateur, expliquant l'importance croissante de la *political correctness*. Ce nouveau code moral, à l'origine phénomène exclusivement intellectuel et universitaire, se manifeste aujourd'hui, quelquefois de façon tragi-comique, non seulement dans les entreprises et les médias, mais aussi au sein des services de l'administration Clinton ou même d'organisations policières et judiciaires.

Les priorités se sont déplacées, parfois de façon caricaturale : la menace du tabac semble aux militants des années 90 presque aussi grave que celle du communisme international dans les années 50, et les nombreuses victimes de la *political correctness*, si excessive dans le monde universitaire américain, parlent avec raison de l'arrivée en scène d'un nouveau maccarthysme de gauche, tout aussi insidieux mais beaucoup plus difficile à combattre.

Cette nouvelle Amérique fait peur. Ses bouleversements si profonds, et probablement irréversibles, ne sont perçus à leur juste valeur que par une infime minorité.

Déjà, de par son histoire, sa constitution, sa diversité ethnique et étatique, l'Amérique a toujours eu la réputation d'être un pays difficile à gérer : chaque président, de Lincoln à Clinton, s'en est plaint peu ou prou. Or, dans ce nouveau contexte où la fin de la guerre froide autorise une exacerbation de l'isolationnisme, l'Amérique risque de devenir non seulement un pays *ingouvernable*, mais aussi, pour ceux qui ignorent encore ces changements radicaux, totalement *imprévisible*.

Cette nouvelle sensibilité américaine, déconstructionniste, multiculturelle et foncièrement antieurocentriste (c'est-à-dire méprisant les analyses classiques et l'héritage intellectuel des « Européens, mâles, blancs et morts »), dédaigne les leçons du passé et annonce un danger majeur : le redoublement des différences entre l'Amérique et l'Europe, par le rejet systématique (au nom du multiculturalisme américain) de l'héritage commun que constitue la culture occidentale. L'Amérique s'est dotée aujourd'hui de nouvelles idoles – plus acceptables à la nouvelle société multiraciale et multiculturelle –, conduisant à un isolement sans commune mesure avec les phases les plus isolationnistes de son passé.

Dans les universités américaines, à part Lacan et Derrida qui suscitent des centaines de thèses, l'intérêt a largement faibli pour les classiques, de Corneille à Shakespeare, Melville ou Tolstoï – à moins, bien sûr, de trouver, chez ces anciens maîtres à penser, des éléments sexistes ou colonialistes susceptibles de critique.

De tels changements, tout en la transformant, aggravent la crise actuelle : au sein du pays lui-même, les différences déjà énormes entre les communautés traditionnelles (la majorité dite « silencieuse », les États ruraux/conservateurs...) et la nouvelle mouvance intellectuelle et politique symbolisée par la présence, à la Maison-Blanche, de Hillary et Bill Clinton, provoquent des sursauts imprévus.

En effet, les collaborateurs des Clinton et les hauts cadres du nouvel establishment politique ont été choisis moins pour leurs compétences que pour leurs spécificités ethniques ou même sexuelles. En voulant mettre sur pied « un gouvernement qui soit plus à l'image du peuple américain » – et cela, même ses plus ardents supporters le reconnaissent –, Clinton a sacrifié la qualité à l'ethnicité – le numerus clausus fonctionnant à peu près exclusivement à l'avantage des Noirs, des Latino-Américains et des Américains d'origine indienne. Les porte-parole des minorités irlandaises, italiennes ou polonaises se plaignent désormais d'avoir été brimés. Le fait qu'il n'y ait pas un seul catholique blanc dans l'organigramme de la Maison-Blanche est significatif, et cet oubli – ou ce choix délibéré d'écarter certaines ethnies qui (comme les Irlandais) étaient peut-être *trop* présentes dans les précédentes administrations –, risque, à la longue, de coûter cher. Le retour de bâton, déjà visible lors des élections partielles de novembre 1994, est quasiment certain pour 1996, date des prochaines élections présidentielles.

Mais il y a autre chose : à beaucoup d'égards, *cette nouvelle Amérique est porteuse de traumatismes nouveaux d'une telle ampleur qu'ils seraient difficilement crédibles, s'ils n'étaient pas vérifiables et minutieusement répertoriés.*

Que *plus d'un million d'Américains* soient convaincus d'avoir été kidnappés, violés, physiquement et moralement contaminés par des extraterrestres dans le but de coloniser leurs galaxies avec des esclaves de la planète Terre semble relever d'une mauvaise plaisanterie. Dans un pays de 280 millions d'habitants, il y a forcément un pourcentage de déséquilibrés expliquant l'ampleur artificielle du chiffre cité. Mais comment expliquer que, parmi les plus convaincus de la réalité de ces enlèvements, se trouvent des personnalités de haut niveau dans le domaine scientifique et psychiatrique, dont John E. Mack, professeur de psychiatrie à la Harvard Medical School et ancien prix Pulitzer ?

Que dire, aussi, de la prolifération inouïe de soi-disant « thérapeutes » (dans les milieux psychiatriques américains, on dénombre pas moins de soixante-dix écoles thérapeutiques), à l'origine de centaines de milliers d'accusations d'abus sexuels perpétrés sur des enfants et des adolescents et « révélés » par les prétendues victimes grâce à des pratiques assez contestables – hypnose, autosuggestion, exploitation de rêveries et de fantasmes – parfois dix, vingt ou trente ans plus tard, généralement au cours de thérapies entreprises pour lutter contre la boulimie, l'anorexie ou la dépression ?

Et comment expliquer la prolifération nouvelle des cas de « désordres de la personnalité multiple » ? Cette véritable épidémie offre depuis une dizaine d'années une excuse imparable aux actes criminels les plus odieux. Il faut parler à ce sujet du traumatisme de tout un peuple, de plus en plus crédule, et de plus en plus réceptif aux explications « psychologiques » qui déresponsabilisent l'individu.

D'aucuns m'accuseront sans doute de voir l'Amérique à travers un prisme déformant, et d'exagérer certains aspects inquiétants et sensationnels, mais somme toute marginaux, de tracer le portrait caricatural d'une « Amérique insolite ».

Je répondrai que, dans certains domaines – haute technologie, science, prix Nobel, mais aussi combativité industrielle, flexibilité économique, capacité de renouveau –, l'Amérique demeure un exemple unique, aussi digne d'attention qu'à l'époque du *Défi américain* de Jean-Jacques Servan-Schreiber.

Mais puissance matérielle et supériorité technologique ne sont rien sans ce que l'auteur lui-même appelait « structure mentale », c'est-à-dire une assise morale et intellectuelle associée à une connaissance intime de l'histoire. John Fitzgerald Kennedy et Richard Nixon, malgré leurs nombreux défauts, possédaient cette culture historique. Après eux, et sans doute à cause de ces bouleversements sociaux profonds que j'ai évoqués, l'Amérique n'a suscité que des présidents faibles et sans envergure. D'ailleurs, un pays qui – à travers les livres, les sectes religieuses, les émissions de télévision – encourage l'exploitation de tant de théories parapsychologiques approximatives, fumeuses et hautement traumatisantes, se fragilise très vite dans son ensemble.

Pour l'observateur blasé que je suis, la qualité principale d'un pays en crise (et, grâce aux progrès de l'informatique, la crise est généralisée, nous sommes à tout moment conscients de désordres de toutes sortes affectant notre planète), c'est d'être conscient de ses propres limites, d'*avoir la capacité et le courage de voir la réalité telle qu'elle est.* L'Amérique aurait-elle perdu cette faculté ? JJSS avait, en son temps, fait référence à la « spirale de progrès » américaine : percée technologique, élargissement des dimensions, association entreprise-université-gouvernement, développement combiné *(cross-fertilization)* de la recherche et de la croissance, éducation permanente, transformation de l'environnement avec extension de l'urbanisation, automatisation généralisée de l'industrie et révolution informatique. Mais, malgré l'hégémonie apparente de cette superpuissance sans rivale, ma vision, toute personnelle, de l'Amérique à la fin du xxᵉ siècle est plutôt celle d'une « spirale de déclin » que d'un renouveau.

Au moment même où ce géant hérite, contraint et forcé, du titre d'unique superpuissance, je constate l'existence d'une société fragmentée, ravagée non seulement par ses traumatismes, ses éruptions parfois injustifiées, mais aussi par de nouvelles idéologies fallacieuses qui envahissent un monde où les partisans du « PC » et du « nouveau féminisme » ont tendance à jeter aux poubelles de l'histoire les valeurs traditionnelles, considérées comme obsolètes.

Je vois s'approcher, avec la montée d'un séparatisme non seulement ethnique mais sexuel, la fin d'une certaine unité qui jusqu'à présent a fait la force principale de ce pays. J'y vois une rage nouvelle, y compris parmi les minorités ethniques qui ont le plus bénéficié de la prospérité et des campagnes antiracistes aujourd'hui démodées ou même discréditées. Je vois monter une nouvelle intolérance, un nouvel appel à la violence entre hommes et femmes, et une très étrange tendance à l'autocensure, dans ce pays où la liberté de l'information est sacrée. Je vois, en somme, une Amérique nouvelle, porteuse de fausses idéologies prêtes à contaminer le reste du monde.

Je souhaite vivement me tromper.

PREMIÈRE PARTIE

MYTHES, LUBIES, FOLIES

1

SEXE, CAMPUS ET GOUFFRE CULTUREL

Sur les campus américains, véritables bastions de la *political correctness* depuis dix à quinze ans, on utilise volontiers un certain nombre de phrases codées et difficilement traduisibles – formules accessibles aux seuls initiés. La plupart ont trait au sexe, notamment au viol et au harcèlement sexuel. Compte tenu de leur fréquence d'utilisation, un décryptage s'impose.

1. *Rape crisis* (le problème du viol) : sujet d'une pléthore de livres, qui rappellent que le viol est l'un des maux les plus répandus en cette fin de siècle et qu'en Amérique, *une femme sur quatre* est, au moins une fois dans sa vie, victime d'un viol ou d'une tentative de viol.

Affirmation récurrente dans les ouvrages de sociologie récents, et complètement assimilée aux États-Unis, cette notion – contestée seulement par une faible minorité d'experts – est considérée comme trop « molle » par certaines féministes américaines, convaincues qu'il faudrait estimer les victimes à *une femme sur deux*; affirmation jugée trop modérée encore par certaines papesses du féminisme dur, comme Andrea Dworkin et Catharine MacKinnon, pour qui tout rapport sexuel (du moins hétérosexuel) contient, inéluctablement, non seulement une part de viol, mais relève, intrinsèquement, *du viol lui-même.*

2. *Rape culture* (culture du viol) : la culture américaine étant aux mains des hommes (*male dominated*), toute activité sexuelle entreprise par le mâle relève du viol (physique ou symbolique) de la femme.

3. *Campus rape* (viol sur les campus) : phénomène de *rape crisis* ramené exclusivement au campus universitaire.

Dans toutes les universités américaines, le *campus rape* est un des sujets les plus débattus parmi les étudiants et étudiantes de première année, et une littérature considérable lui est consacrée.

4. *Date rape* (viol au cours de sorties) : phénomène tout à fait particulier, il s'agit d'un viol exercé lors d'une sortie (*date*), alors que le garçon et la fille se connaissent déjà et même, dans la plupart des cas, ont déjà fait l'amour ensemble.

Sujet de discussions interminables dans les universités américaines ou d'innombrables *workshops on date rape* (séances de travail pour discuter et analyser ce genre de viol), le *date rape* paraît, de prime abord, quelque peu tautologique; en effet, dans le langage familier américain, quand une fille dit d'un garçon : « I'm dating him » ou un garçon d'une fille : « I'm dating her », l'interlocuteur comprend immédiatement que cet euphémisme (puritanisme oblige) leur évite de dire : « On couche ensemble. » L'expression française est d'ailleurs semblable : « Elle sort avec Untel. »

5. *Acquaintance rape* (viol par des familiers) : autre forme, plus ambiguë, de *date rape*. Il s'agit cette fois d'un phénomène non prévisible, le violeur étant un familier, un collègue ou un ami de longue date.

6. *Take back the night* (traduction libre : « rendez-nous la nuit ») : activité militante (réunions publiques, piquets, marches, retraites aux chandelles avec chants et slogans) se déroulant toujours tard le soir (de préférence les nuits de pleine lune) pour protester contre le viol et le harcèlement sexuel.

Le *taking back the night* est beaucoup plus qu'une simple manifestation de masse. Il comporte un rite immuable, celui de la confession, du témoignage en public : les participantes, qui préfèrent l'étiquette de survivantes, racontent en détail, dans des réunions spécialement organisées, avec foule, micros et haut-parleurs, comment elles ont été victimes de violences masculines, de harcèlement sexuel, voire de viol ou d'inceste.

Avec son climat émotionnel très particulier, le *taking back the night* évoque ces rassemblements organisés par des sectes religieuses ou, après avoir été « chauffés » par un prédicateur frénétique, les orateurs évoquent leurs péchés antérieurs avant de se déclarer en état de grâce, sauvés par une foi miraculeusement révélée au cours de la cérémonie. Mais, alors que ce genre de réunion (véritable cliché de vieux films hollywoodiens) se déroule généralement soit dans des communautés noires soit dans un contexte essentiellement rural, d'un niveau un peu primaire, le *taking back the night* est un rite en vogue dans toutes les grandes universités américaines – y compris Princeton, Harvard, Yale, UCLA, etc. – fourmilières intellectuelles et véritables usines productrices des futures élites américaines.

7. *Bedroom politics* : rien à voir avec une discussion politique traditionnelle. Il s'agit des rapports de force entre couples : d'une part les diverses pressions (y compris le chantage) employées par les hommes pour arriver à leurs fins, d'autre part, la stratégie féminine utilisée pour déterminer le degré de *commitment* (engagement) du partenaire masculin envisagé ou déjà choisi. Selon les féministes, mais aussi bon nombre d'Américaines non engagées, l'asservissement des Américaines et leur victimisation systématique sont tels que tout débat de ce genre est perdu d'avance par les femmes – même si, parfois, elles n'en sont pas conscientes.

8. *Verbal coercion* (coercition verbale) : une des formes de contrainte utilisées par les garçons pour arriver à leurs fins, assimilées, par certaines féministes dures, au viol.

9. *Non-violent sexual coercion* (coercition verbale non violente) : extension du cas précédent, englobant toute

forme de séduction verbale, non violente, quelles que soient les circonstances, pouvant aboutir à l'acte sexuel, avec le consentement apparent de la partenaire féminine. Qu'importe le contexte : Roméo, s'adressant à Juliette dans la fameuse scène du balcon, n'en utilise pas moins la technique de coercition verbale non violente, et de ce fait se rend coupable de viol.

La liste est loin d'être close mais elle est déjà significative. Le jargon utilisé, toujours avec le plus grand sérieux, prouve la crainte que suscite, outre-Atlantique, tout ce qui a trait au viol, au harcèlement sexuel et au sexe tout court.

Il est incontestable qu'en Amérique, viols et violences de toutes sortes à l'encontre des femmes représentent un fléau majeur : les statistiques démontrent que leur taux est de loin supérieur au taux européen. Dans de trop nombreux cas, les femmes victimes de viols et de sévices, par pudeur, par peur de leurs agresseurs ou de la publicité qui pourrait en découler, refusent de porter plainte, ce qui complique encore la situation et rend les chiffres aléatoires. Il n'est nullement question, ici, de nier la fréquence ou de minimiser la gravité de tels actes. Ces crimes sont d'ailleurs tellement répandus qu'ils ne font la une des médias que dans les cas les plus spectaculaires : tueurs sadiques à la chaîne (*serial killers*), paisibles pères de famille ou prêtres catholiques abusant d'enfants sans défense, ou encore implication de célébrités, comme O. J. Simpson récemment, accusé d'avoir assassiné sa femme Nicole. L'enquête révélera que le célébrissime ex-footballeur, devenu star des médias, l'avait violemment agressée à plusieurs reprises, sans que la justice intervienne, malgré ses appels désespérés.

Que le viol soit un crime beaucoup plus courant en Amérique qu'en Europe, qu'il soit pour les femmes – et aussi, dans les milieux carcéraux par exemple, pour les hommes – un danger permanent, n'est nullement contesté. Le *New York Daily News* et le *New York Post* apportent leur lot quotidien d'histoires atroces, localisées surtout dans les *inner cities*.

Mais quand des centaines d'étudiantes se rassemblent pour qu'on leur « rende la nuit » au cours d'un de ces happenings universitaires, sur les campus des collèges de l' « Ivy League » – véritables univers clos et excessivement policés –, où le prix d'une année scolaire dépasse généralement 20 000 dollars, elles ne manifestent pas en faveur de ces millions de femmes, en majorité noires ou hispaniques, pour qui le viol est une menace quotidienne. Elles se préoccupent exclusivement de leur milieu privilégié et limitent leur analyse à leurs seules expériences, sans se rendre compte de leur narcissisme.

Nous touchons là à un phénomène relativement nouveau, étrange et typiquement américain. Car le viol et le harcèlement sexuel, *du moins tels qu'ils sont perçus au sein des milieux universitaires,* relèvent dans la plupart des cas d'une *véritable hystérie collective.*

En Amérique, où l'idéologie politique des partis a toujours eu peu d'effet sur le public, toute nouvelle sensibilité des dirigeants influence le mode de vie et le comportement quotidien des masses. De Herbert Hoover à Bill et Hillary Clinton, en passant par les Roosevelt, les Kennedy et les Nixon, les attitudes, goûts et préjugés des occupants de la Maison Blanche ont largement déteint sur la société. Or les Clinton n'ont jamais caché leur prédilection pour certains aspects de la *political correctness* (plusieurs de leurs ministres en sont de fanatiques partisans), même si cela se traduit de façon indirecte et informelle.

Il existe entre l'Europe et l'Amérique un véritable gouffre culturel. Tout observateur européen côtoyant de près les milieux universitaires américains aura de nombreux sujets d'étonnement, justement, par exemple, le contraste saisissant entre l'*importance* donnée par les enseignants et leurs étudiants à cette hantise du viol et du harcèlement sexuel sur les campus et leur *taux d'incidence* réel.

Dans toutes les universités on consacre un temps considérable au problème du harcèlement sexuel – séminaires, séances de travail *(workshops)* et manifestations protestataires de toutes sortes; un des rôles essentiels des administrations consiste à mobiliser les esprits et à sensibiliser au maximum étudiants et étudiantes.

A Princeton et ailleurs, le promeneur nocturne est frappé par la prolifération d'ampoules bleues éclairant pelouses, cours, lieux de promenade, de pique-niques et de récréation, fortement illuminés dès la tombée de la nuit. Ces éclairages, inexistants jusqu'aux années 70, ont été installés après réclamation de groupes de militantes qui entendaient ainsi protéger les victimes (potentielles) de violeurs (tout aussi potentiels) censés rôder sans relâche à la recherche de leur proie. La présence de ces lumières a eu pour effet de perturber les scientifiques fréquentant l'observatoire de l'université, car l'éclairage nocturne gêne l'étude des astres. Autour de l'observatoire géant, les ampoules sont maintenant installées au ras du sol, où leur effet est moindre.

A l'université de New Hampshire, un comité de surveillance contre le viol et le harcèlement (SHARPP) a exigé un « débroussaillage » total du campus, « pour empêcher les violeurs de se cacher dans les buissons » et un éclairage nocturne intensif, qui a en effet été installé. Toutes les universités, ou presque, sont touchées, et le contentieux s'aggrave entre des minorités agissantes estudiantines et des autorités, pourtant extrêmement sensibilisées, qui estiment leurs revendications parfois excessives.

On comprend comment on a pu en arriver là quand on sait que l'obsession a été délibérément, sciemment suscitée. Dans la plupart des universités, au moment de leur inscription en première année, les étudiantes reçoivent – en plus d'un sifflet d'alarme et de quelques capotes anglaises, avec note explicative – une documentation impressionnante (brochures, livres, cassettes vidéo) les avertissant des périls du viol et du harcèlement sexuel, leur suggérant une conduite capable de limiter le fléau (ainsi que celui, plus réel, du sida) et les possibilités de recours, c'est-à-dire la dénonciation d'étudiants ou d'enseignants coupables – ou présumés tels.

Sexe, campus et gouffre culturel

On se croirait revenu au xixe siècle, lorsque de puissants mouvements puritains tentaient de mobiliser les esprits contre l'introduction des réseaux ferroviaires, sous prétexte qu'à chaque traversée des tunnels, plongés dans le noir de leurs compartiments, les voyageurs mâles donneraient libre cours à leurs instincts et se précipiteraient sauvagement sur les voyageuses! Il est vrai qu'à cette époque, tout mâle incarnait le violeur en puissance, toute femme la victime sans défense, passive et infantile, livrée au plaisir de l'homme dès son adolescence. La sujétion féminine qui règne dans certains pays islamiques – voile, interdiction de conduire une voiture, de se produire seule en public, etc. – ne s'explique pas autrement.

Mais on peut s'étonner de retrouver une mentalité analogue dans l'Amérique d'aujourd'hui. Quand on côtoie sur le campus des filles en minishort, minijupe ou jean moulé, expertes en karaté et musclées par un *bodybuilding* intense, à côté de garçons dont le physique est, c'est le moins qu'on puisse dire, parfois plus proche de celui de Woody Allen que d'Arnold Schwarzenegger, on se pose forcément cette question élémentaire : *où* et *qui* sont ces obsédés sexuels, ces dangereux maniaques qui vont jusqu'à violer ou harceler sexuellement une étudiante sur quatre – sinon sur deux – et qui inquiètent tant les autorités universitaires ? Les mâles américains auraient-ils une sexualité aussi débordante que cachée, des fantasmes bien dissimulés de viol et d'agression sexuelle ?

Cette question en entraîne une autre : pourquoi existe-t-il, sur ce sujet, un tel écart culturel entre l'Europe et les États-Unis ? Car si l'Europe est plus sensibilisée qu'auparavant (la nouvelle législation française concernant le harcèlement sexuel sur les lieux de travail en est la preuve), le *date rape* ou le *campus rape* sont loin de constituer *le* problème majeur des étudiantes, françaises ou étrangères, dans les universités européennes. Les campus américains, par contre, sont soumis à un règlement intérieur détaillé et très rigoureux : par exemple, il est recommandé aux enseignants de sexe masculin de *laisser la porte de leur*

33

bureau ouverte chaque fois qu'ils y reçoivent des étudiantes, ou d'enregistrer toutes les conversations, ouvertement ou discrètement. Ce sont, d'après les autorités, les seuls moyens d'éviter par la suite des accusations de harcèlement sexuel. Le nombre de professeurs dont les carrières ont été brisées par de telles accusations est d'ailleurs si élevé que le célèbre dramaturge David Mamet y a consacré une pièce, *Oleanna*, devenue depuis peu un film.

Un des livres clefs qui circulent dans les milieux académiques traite de ce fléau censé hanter le monde universitaire : *The Lecherous Professor* [1] a reçu une sorte d'*imprimatur* officiel de la part des rectorats. Devenu livre de chevet de bon nombre d'enseignants, conscients de ce qu'ils risquent s'ils passent outre aux règles proposées, il est indispensable à tout universitaire européen s'apprêtant à enseigner sur un campus américain.

En voici quelques extraits :

« Les séances de travail entre étudiantes et professeurs doivent se dérouler dans des lieux appropriés et les contacts étudiants/étudiantes-professeurs, en dehors des salles de conférences, méritent les plus attentives précautions. » « Si elle estime qu'une situation risque de devenir menaçante, précise l'auteur, l'étudiante peut toujours faire appel à une enseignante pour qu'elle assiste à un rendez-vous avec un professeur. » Dans son préambule, l'auteur du *Lecherous Professor*, Billy Wright Dziech, elle-même enseignante universitaire, affirme que « le harcèlement sexuel des étudiantes par leurs professeurs est un fait *(fact of life)* qu'on ne saurait ignorer dans l'environnement universitaire, que beaucoup d'enseignants ignorent ou acceptent en gardant le silence ».

Suit un long catalogue d'exemples caractérisés de harcèlement, de propos orduriers et sexistes tenus par des professeurs (surtout des géographes – y aurait-il une cor-

---

1. *The Lecherous Professor* (« Le professeur libidineux »), de Billy Wright Dziech, Beacon Press, Boston 1984. Voir aussi un exposé plus récent dans *Ivory Power : Sexual Harassment On Campus*, de Michele A. Paludi, State University of New York Press, 1990.

rélation entre leur spécialité et leur conduite?) envers leurs élèves, ainsi que de cas détaillés de professeurs attirant d'innocentes étudiantes dans leur lit avec des promesses de bonnes notes ou de « cours particuliers ». La plupart de ces accusations sont anonymes. Il faut dire que, du point de vue d'un observateur européen, les cas cités relèvent plus d'un marivaudage un peu primaire que du harcèlement proprement dit. Ce qu'une étudiante de Harvard – qui, en 1982, décrivit dans le journal *Harvard Crimson* ses déboires avec le poète Derek Walcott, conférencier à Harvard – qualifie d' « obscène » et d' « inacceptable » eut sans doute été considéré, par la plupart des étudiantes européennes, comme un simple badinage, une tentative de flirt vite réprimée.

The Lecherous Professor définit le harcèlement sexuel d'une manière quasi juridique et rejette avec mépris des critiques de bonne foi qui osent suggérer que, parfois, ce sont les étudiantes elles-mêmes qui prennent l'initiative. « De tels arguments appartiennent plus à la fiction qu'à la réalité, écrit l'auteur. Il y a des femmes capables de flirter, de séduire, mais ceci n'a rien à voir avec le harcèlement sexuel exercé par les professeurs. Ce sont deux problèmes très différents. » Rien de plus facile pour une étudiante, dit-elle, que d'identifier son agresseur potentiel. « Il la dévisage constamment; il lui répète fréquemment qu'elle est belle et bien fringuée; il cherche n'importe quel prétexte pour la toucher; il la complimente sur son travail, même si celui-ci est médiocre... » Dans une nouvelle version (1990) du livre, l'auteur va plus loin : « Là où existe une telle divergence de pouvoirs [entre professeur et étudiante] il ne peut y avoir consentement mutuel. »

Malheureuse université américaine! Car il ressort du livre que la plus discrète des tentatives qu'un professeur peut entreprendre pour rendre une relation avec une étudiante plus humaine relève d'un « harcèlement sexuel » potentiel. Et même si elle évite les pièges les plus grossiers, l'étudiante doit rester à l'affût de tout professeur qui « essaie d'avoir avec elle un débat qui pourrait susciter ses confidences, car il pourrait alors s'en servir à ses propres fins... ».

Qu'elle se méfie aussi de celui qui « essaie de jouer au confident, qui la traite d'égal à égale ou favorise une forme d'amitié réciproque ». Il faut fuir comme la peste un professeur « qui vous prête des livres, des notes, de l'argent, qui s'occupe de vous trouver un endroit où travailler sans être dérangée, qui vous offre des billets de théâtre ou de voyage – tout cela a peut-être pour seul but de vous placer sous sa coupe ».

Attention, aussi, au piège de celui que le livre appelle le « séducteur intellectuel », c'est-à-dire celui « qui essaye d'impressionner l'étudiante par son savoir, car les exemples sont nombreux d'enseignants qui ne parlent brillamment d'un livre ou d'un film que pour faire dévier la conversation sur des thèmes érotiques ». En somme – et quoi qu'il fasse – un professeur qui tente d'humaniser ses relations avec ses étudiantes risque l'épithète de « libidineux ».

La délation est non seulement encouragée, mais de rigueur : l'auteur somme les étudiantes de noter, dans leur journal intime, le jour et l'heure de toute manifestation de ce genre. Il faut également « se renseigner, auprès d'autres étudiantes, sur les professeurs qui ont mauvaise réputation, rechercher des victimes de harcèlement sexuel et les faire parler », et – surtout – se mettre en rapport avec les différentes organisations féministes au sein de l'université ; enfin, ne pas hésiter à porter plainte, par voie juridique si nécessaire [1].

Je me rappelle une visite récente à Cambridge, mon ancienne université. J'avais demandé au directeur des études de mon collège, Magdalene – dernier bastion mâle de l'université jusqu'en 1986 –, quels problèmes avait entraînés l'admission, enfin, des femmes. « Un seul, vite

---

1. Il faut quand même souligner que certains enseignants ont eu le courage de militer en faveur de relations « affectives et concensuelles » entre professeurs et étudiantes. Leur chef de file, Barry Dank, professeur de sociologie à Cal State (Long Beach), est à l'origine d'un groupe, mis sur pied en 1994, qui s'intitule : « Consenting Academics For Sexual Equality » (CASE).

réglé, me dit-il. On a simplement augmenté le nombre de salles de bains et triplé la quantité d'eau chaude disponible!» Aucune mention de viol ni de harcèlement sexuel. Seul symbole de l'évolution : un distributeur de capotes anglaises dans la *junior common room* (salle commune des étudiants), qui aurait sans doute profondément scandalisé de son vivant l'illustre *fellow* de Magdalene, le poète anglican T.S. Eliot.

Et le harcèlement sexuel, alors? Le directeur des études éclata de rire. D'après ses discrètes observations, me confia-t-il, il avait constaté que, dans la plupart des cas, c'étaient les filles, et non les timides étudiants de Magdalene College, qui faisaient les premiers pas. Bien sûr, garçons et filles faisaient l'amour; si le règlement ne permettait pas la cohabitation officielle d'un couple, c'était parce qu'on ne voulait pas transformer les chambres individuelles en appartements, les autorités collégiales étant d'avis que le travail intellectuel de couples institutionnalisés en souffrirait.

Que dire des rapports des étudiantes avec leurs professeurs? Combien de cas de harcèlement sexuel avait-on relevés? D'après les autorités cambridgiennes, aucun cas de ce genre ne s'était manifesté depuis que les collèges étaient devenus mixtes. Il faut ajouter que, dans la tradition de Cambridge (et d'Oxford), les professeurs suivent leurs élèves de très près, les séances de travail se déroulent généralement en petit comité (un ou deux élèves) dans leurs appartements (presque toujours situés à l'intérieur des collèges) et que, très souvent, pendant ces séances de travail, les étudiants/étudiantes se voient offrir soit du café, soit un verre de xérès pour détendre l'atmosphère. Une telle réunion de travail – chose si courante en Grande-Bretagne – serait impensable aux États-Unis, où on y verrait une véritable provocation. Afin d'éviter toute possibilité de scandale, dans la plupart des universités américaines il est « fortement déconseillé » aux enseignants, *sous quelque prétexte que ce soit*, d'inviter une étudiante à déjeuner ou de la recevoir chez soi « à des heures indues ». Dans certaines universités, la règle est formelle : en dehors des cours, les contacts privés entre enseignants et étudiantes, quelle qu'en soit la nature, sont formellement interdits.

Le fait est que, dans presque toutes les universités américaines, on se croirait revenu au délire puritain des années 20 – à l'époque où Mistinguett, lors de son voyage à New York, se fit sermonner par le personnel du palace qui l'hébergeait parce qu'elle n'avait pas laissé la porte de sa chambre ouverte quand elle y recevait des visiteurs masculins. On pense aussi aux effets du Hays Office des années 30 (le bureau de censure hollywoodien) qui stipulait par exemple que, dans toute scène filmée où un couple dialoguait, assis sur un canapé ou un lit, « les pieds de la comédienne doivent rester fermement en contact avec le sol ».

Dans un livre récent, *The Morning After*[1], Katie Roiphe, étudiante à Princeton, note que nombre d'étudiantes en droit se plaignent qu'elles n'ont pas le même contact avec leur professeur que les étudiants mâles. La raison en est fort simple : dans leur hantise d'éviter une accusation de harcèlement sexuel, nombre d'enseignants esquivent purement et simplement tout dialogue avec elles.

Ce type de comportement paraît, à première vue, si excessif et si lâche qu'il suscite le rire. On ne peut le comprendre que si on prend la peine de réfléchir à la définition du harcèlement sexuel proposé par les manuels universitaires les plus respectables, ou par les publications d'organisations féministes comme SHARE à Princeton, RESPONSE à Harvard ou SHARPP à l'université de New Hampshire. Un poster, affiché dans une des cafétérias les plus fréquentées de Princeton, qualifie de harcèlement sexuel « tout comportement, toute activité intimidante, hostile ou blessante – ou *considérée comme telle* – par la personne qui estime en être victime ». Un manuel

1. Katie Roiphe, *The Morning After : Sex, Fear and Feminism on Campus*, Little Brown & Co, NY, 1993.

émanant des autorités de Princeton établit que « le harcèlement sexuel peut résulter d'une action consciente *ou
inconsciente* », et peut être « flagrant ou subtil ». Selon
Harvard, il « peut être aussi brutal que le viol et aussi
trouble qu'un regard [...] cette définition n'implique pas
nécessairement un comportement ouvertement sexuel [1] ».
Les étudiants coupables de harcèlement sexuel sont obligés de suivre des cours au département d'études féminines. En général, leur crime est d'avoir regardé, avec un
peu trop d'insistance, des personnes de sexe féminin dans
une bibliothèque de l'université, sans du reste leur adresser la parole.

Les manifestations plus graves – le viol réel, par
exemple – constituent dans les milieux universitaires une
obsession permanente. Sur les campus, surtout ceux de
Princeton, Harvard et UCLA, la police universitaire, ou
campus security (armée et en uniforme), est omniprésente,
d'une efficacité et d'une rapidité d'intervention exemplaires.

Mais pour intervenir où et quand ? Les statistiques sont
révélatrices de la disproportion entre les *moyens* mis à la
disposition des autorités et la *fréquence* des cas de viol. A
Princeton, par exemple, *en dix ans* – entre 1983 et 1992 –,
la police a enregistré *deux* cas de viol (ou tentative de viol
caractérisée); à UCLA (14 000 étudiants), selon la police,
il y aurait eu deux cas en deux ans. Même en tenant
compte du fait que la plupart des viols ne font pas l'objet
d'une plainte (ce qui est sans doute vrai en dehors des
campus mais improbable au sein de l'université, étant
donné l'extraordinaire sensibilisation autour du sujet),
c'est peu. Plus révélateur encore : en 1992, à Harvard, sur
vingt-neuf cas de voie de fait enregistrés (sur des étudiants), vingt et une victimes étaient des hommes; et sur
dix-neuf cas de violence physique avec menace ou utilisation d'armes à feu, seulement trois femmes étaient
concernées.

La hantise du *campus rape*, comme celle du harcèle-

---

1. Brochure distribuée aux étudiantes à leur arrivée.

ment sexuel, est donc largement *irrationnelle*, relevant de cette fameuse hystérie collective que les autorités universitaires elles-mêmes suscitent et entretiennent – par une mobilisation permanente et une prise de conscience *(consciousness raising)* officielle.

Naturellement, une fois éveillée, l'angoisse du viol croît et se propage. Croulant sous les brochures, les cassettes et les posters distribués soit par les autorités, soit par des groupes féministes, hantée en permanence par la perspective d'une agression, consciente à tout moment de l'étendue du danger, une étudiante déjà fragile peut facilement basculer, convaincue que derrière chaque mâle (il faut bien les côtoyer dans les cours et les cafétérias) se cache un violeur potentiel.

Les plus hautes instances universitaires elles-mêmes encouragent et aggravent les choses par le choix – parfois surprenant – de leurs propres professeurs. Soucieuses d'apparaître politiquement correctes et de résoudre un problème dont on vient de voir qu'il est souvent imaginaire, les universités recrutent de plus en plus, comme enseignants, des disciples des féministes les plus dures comme Andrea Dworkin et Catharine MacKinnon – elles-mêmes enseignantes dans des universités prestigieuses et vedettes médiatiques. On pense inévitablement à certaines pratiques chinoises du temps de Mao, quand l'avancement, dans tous les domaines, était moins déterminé par les qualités intellectuelles ou professionnelles des postulants que par la pureté de leurs origines prolétariennes, de leur orthodoxie maoïste et par leur faculté à citer par cœur d'interminables extraits des œuvres de Mao Zedong.

Katie Roiphe se souvient [1] avec ironie de son arrivée à Princeton. Ce qui l'étonne le plus : les consignes alarmistes données à chaque nouvelle venue. Puisant dans les brochures officielles distribuées aux étudiantes de première année, elle cite :

1. Katie Roiphe, *op. cit.*

– « Puisqu'un violeur n'a pas de signes distinctifs, soyez sur vos gardes chaque fois que vous côtoyez un homme. »

– « Plus de la moitié de nos étudiantes sont l'objet d'une manière ou d'une autre de victimisation sexuelle. »

– « Entendez-vous le mot " amour " alors que votre ami n'a que le mot " sexe " en tête ? »

La lecture d'innombrables livrets, bulletins, brochures, etc., la rend, dit-elle, « consciente d'une sorte de danger immanent ». Dans les journaux universitaires, rédigés par des étudiantes, on lit des articles et même des poèmes dénonçant le viol. C'est d'autant plus étonnant, note Katie Roiphe, que tout ce petit monde fait partie d'une génération soi-disant libérée, que la plupart de ses contemporains ont vu Madonna se déshabiller sur scène, qu'elle-même se souvient de parties où toutes les filles présentes enlevaient leur chemisier et dansaient à moitié nues pour aguicher les garçons. Ce qui n'empêche pas – lui confie une de ses amies qui y est inscrite – que dans certaines universités, comme Carleton College, circulent des listes de noms de *date rapists*, de garçons ayant essayé de profiter d'une *date* pour « aller plus loin ». En tête de ces listes est inscrite la recommandation : « A châtrer. »

Autre surprise pour Katie Roiphe : les cérémonies de « rendez-nous la nuit », où chaque participante s'érige en victime. Parmi les slogans de sa première marche aux chandelles, se rappelle Katie, figurait le suivant : « Quoi que nous portions, où que nous allions, oui veut dire oui et non veut dire non. » Les organisatrices de la marche portent des brassards « au cas où des filles voudraient leur parler ». Puis on procède aux confessions des survivantes : une jeune fille un peu boulotte gravit l'estrade, micro à la main. Elle raconte comment, au cours d'un flirt, elle est montée dans la chambre d'un garçon « malgré les conseils d'amies qui me disaient que j'étais trop soûle pour me rendre compte ». Il la viola, affirme-t-elle. Elle laissa son blouson favori dans la chambre du garçon, qui le lui rendit par la suite, « mais je n'ai jamais pu le porter depuis » (sous-entendu : « tellement cette expérience m'a traumatisée »).

41

Lui succède une jeune fille, émue jusqu'aux larmes par la « trahison » de son ami. « J'en étais amoureuse, et il a abusé de moi. » Comment ? « Nous étions couchés l'un contre l'autre, et il effleurait mon corps de sa main. J'étais trop embarrassée pour dire ou faire quoi que ce soit. » C'est tout ? C'est tout. On n'arrivera pas à savoir si l'ami en question est allé plus loin, tant les propos de la fille sont confus, proches de l'hystérie. Un jeune homme affligé et réprobateur n'en commente pas moins, également au micro : « Il ne fait pas bon être un homme ici ce soir. » Ces confessions, fidèlement rapportées par les reporters bénévoles du *Rag* et du *Daily Princetonian*, deux quotidiens universitaires, comportent en conclusion la phrase : « Merci d'avoir écouté. »

Point commun entre toutes les intervenantes, note Roiphe : une certaine autosatisfaction. « Je suis une survivante », répètent toutes les jeunes femmes qui se confessent. « Après ce qui m'est arrivé, c'est un véritable miracle que j'aie pu garder des amis, que j'arrive à avoir de bonnes notes. C'est un miracle dont je rends grâce à Dieu tous les soirs. Si vous ne savez pas comment vous tenir avec moi, la prochaine fois que vous me verrez, serrez-moi dans vos bras et dites-moi que je suis très, très courageuse. Car, comme toutes les victimes qui osent parler pendant ces séances de " rendez-nous la nuit ", je le suis. »

Chaque confession, note Katie Roiphe, représente, chez les survivantes, un progrès dans l'opinion qu'elles ont d'elles-mêmes. Les communications se succèdent interminablement, mais le jargon est toujours le même, comme un rite entièrement orchestré à l'avance. Le contraste est flagrant entre les faits rapportés (généralement d'une étonnante banalité) et les conclusions qu'en tirent les victimes, entre des « événements de tous les jours » et cette « indignation politique ».

Impossible de ne pas voir dans des cérémonies de ce genre un mélange de thérapie simpliste et d'hystérie religieuse, alors que, dans une ambiance surchauffée, la foule suscite et encourage les confessions, hurlant : « Ce n'est pas ta faute », « On te croit », « On t'aime », « Vas-y, raconte ton histoire ». A Columbia University, en 1992, lors d'un *take back the night* particulièrement dramatique, il y avait tant de monde pour se confesser que des étudiantes ont dû faire la queue pendant plusieurs heures avant d'avoir accès au micro.

Confessions parfois bidon, note Katie Roiphe : après avoir minutieusement décrit comment un garçon la brutalisa avant de la violer dans l'indifférence générale (« je hurlais, mais personne ne se dérangea »), une étudiante de Princeton dut, par la suite, s'excuser publiquement : elle avait tout inventé. Au cours de sa « confession », elle prétendit avoir déposé une plainte auprès des autorités universitaires. Un étudiant journaliste prit la peine de vérifier : il n'y en avait pas trace. Questionnée par lui, la survivante avoua que tout était faux, qu'elle n'avait même jamais rencontré son « violeur ». L'étudiant qu'elle avait nommément accusé obtint réparation : elle dut signer un article dans le *Daily Princetonian*, expliquant qu'elle avait menti.

Ailleurs, un tel comportement aurait eu des conséquences graves, avec, peut-être, la recommandation d'un traitement psychiatrique. Pas à Princeton, où on minimisa la chose (c'était, d'après les autorités, un « cas isolé ».) La menteuse eut même le dernier mot. Sa motivation, expliqua-t-elle dans son article, était exclusivement politique, donc valable. « Je voulais simplement attirer l'attention sur les victimes du *campus rape*. » Des cas analogues d'accusation mensongère ont eu lieu sur d'autres campus, notamment à Vassar.

Mais, en un sens, l'authenticité des faits rapportés importe peu, car nous sommes ici en plein univers orwellien, ou « les mots ont le sens que je leur attribue ».

Dans une série d'articles [1], Neil Gilbert démontre que dans 73 % des cas (révélés au cours de *take back the night* et autres manifestations analogues à Berkeley), les

---

1. « Realities and Mythologies of Rape », *Society*, mai-juin 1992.

victimes présumées n'avaient, en fait, aucunement conscience d'avoir été violées (et dans 42 % des cas, les supposées victimes avaient eu, *par la suite*, des rapports sexuels avec les « violeurs »). Leur « viol » avait tout simplement été revendiqué, comptabilisé, répertorié par une psychologue de l'université UCLA, Mary Ross.

Ces « étudiantes violées » étaient victimes, selon Ross, d'une étrange aberration, une « fausse conscience » : *elles ne s'étaient pas aperçues de ce qui leur arrivait.*

Conditionnement oblige : c'est souvent *longtemps après* que la conviction d'avoir été violée vient à certaines jeunes Américaines. Katie Roiphe cite un psychiatre qu'une de ses patientes appela, à trois heures du matin, pour une urgence : elle venait soudain de se rendre compte, affirmait-elle, qu'elle avait été violée *deux ans auparavant*. Les spécialistes trouvent cela tout naturel. Une des brochures distribuées à Princeton met d'ailleurs les étudiantes en garde : « Une amie qui a été violée peut vous en faire part dix minutes ou dix ans après le viol en question. »

C'est ce qu'on appelle le « trauma *a posteriori* ».

Rien de surprenant. Selon le critère de Ross, est considérée comme victime de viol toute étudiante qui a couché avec un garçon sous l'emprise de la drogue ou de l'alcool, et sans désir réel. Ce qui explique l'apparente épidémie de viols, commente Katie Roiphe, n'est autre que le nouveau climat politique, la nouvelle définition politique du viol. Dans un rapport, Ross confirme ses dires. « Il fut un temps, affirme-t-elle, où ces cas n'auraient jamais été évoqués. Mais aujourd'hui les femmes reconnaissent leur existence » – Ross étant l'unique juge des faits.

En d'autres termes, comme le remarque Katie Roiphe, « si on ne lui dit pas qu'elle est une victime, l'étudiante ne se rend pas compte qu'elle en est une », et elle n'a peut-être pas besoin de thérapie ni de conseils. Mais dans ce cas, que deviendraient les « professionnelles » de ces conseils en traumatisme, qui tirent une bonne partie de leur notoriété, de leur raison d'être – sans parler de leurs revenus –, de cette fonction ? Au contraire, pour asseoir sa propre réputation il est bon de maximaliser le danger, même largement imaginaire. Ce qui explique qu'un ancien directeur du « Date Rape Education Program » de l'université de Columbia écrive : « S'il n'y a pas de consentement explicite, alors, c'est de viol qu'il s'agit. »

D'où cette série de nouvelles règles, cette législation intérieure ou « code de conduite » qu'on doit aux autorités d'Antioch College, régissant tout rapport physique : chaque étape (attouchement, baiser, etc.) devant être, *auparavant*, non plus implicitement mais *oralement* consentie. Ailleurs qu'en Amérique, on succomberait au fou rire.

Pourtant, si l'on en croit le professeur Susan Estrich, féministe activiste et spécialiste en droit [1], le questionnaire relève déjà de la plus grande futilité, car, *si le consentement verbal est en soi suspect* (comme elle l'affirme) *pourquoi lui accorder une quelconque importance ?* En ce qui concerne l'acte sexuel lui-même, mieux vaudrait, sans doute, le garantir par un document dûment notarié, signé par les deux « parties contractantes », et encore...

C'est de nouveau Katie Roiphe qui rétablit le bon sens : selon elle, en introduisant la notion de « viol rituel » partout où il y a des rapports hétérosexuels [2], les féministes dures ne font que singer les moralistes puritains du XIXᵉ siècle, convaincus que, par leur nature même, les femmes sont inférieures aux hommes. Leur extrémisme institutionnalise l'image de la femme comme victime naturelle de l'homme. Le concept demeure, si le langage a changé : la jeune femme d'aujourd'hui n'est plus, comme dans les romans des XVIII ᵉ et XIXᵉ siècles, « souillée » ou « avilie », elle est « traumatisée », parfois *a posteriori.*

Les innombrables *workshops*, les rituels tels que *taking*

---

1. Auteur de *Date Rape*, Harvard University Press, 1987.
2. Elles sont curieusement discrètes en ce qui concerne les relations homosexuelles, masculines ou féminines.

back the night le prouvent abondamment : les rapports affectifs entre garçons et filles, en Amérique, sont marqués par une affligeante absence d'humour et de complicité amoureuse. En vain cherche-t-on une trace de légèreté ou d'ironie. On constate surtout une difficulté de communication.

Chaque fois que j'aperçois un jeune couple d'Américains dans la rue, se tenant par la main, riant bêtement, affichant par leur *body language* cette joie intime et physique d'être ensemble, qui est une des formes les plus émouvantes du désir et de l'amour, je me dis que toute cette littérature féministe dure, tous les codes de conduite universitaires sont dérisoires et qu'heureusement la majorité des jeunes sortent indemnes de l'endoctrinement qu'ils subissent.

Pourtant – est-ce mon imagination –, ce charmant spectacle, si banal en Europe, devient en Amérique de plus en plus exceptionnel. Des amies américaines n'en finissent pas de s'émerveiller du fait qu'à Paris on voit tant de jeunes couples s'embrasser au coin des rues – sans doute parce que ce genre de comportement est en train de disparaître chez elles.

En fait, nous assistons à un phénomène étrange : d'une part, au cours de manifestations type *taking back the night*, des étudiantes (auxquelles, depuis la vogue des principes du Docteur Spock, qui ont marqué plusieurs générations, on a toujours cédé) étalent leurs sentiments avec une impudeur voulue, une totale démesure, convaincues que seule compte leur affirmation de soi, leur *consciousness raising*. D'autre part, ces mêmes jeunes personnes, confrontées à un garçon, à la réalité sexuelle quotidienne, se retrouvent complètement inhibées dans leurs sentiments, incapables de réagir autrement que par des stéréotypes.

Un exemple à la fois naïf, touchant et pervers : cette confession étonnante publiée dans le *Stanford Daily* [1].

---

1. *Stanford Daily* (quotidien entièrement écrit et géré par les étudiants de Stanford University), 13 février 1992.

Une candidate au doctorat y raconte ses déboires avec son boyfriend pendant ses classes terminales au lycée.

« Je sortais avec L. Tout le monde était au courant. On s'embrassait, je pratiquais la fellation à l'occasion, mais on ne faisait pas l'amour. Il me l'avait bien demandé, mais j'avais dit non et il n'avait pas insisté.

« Or, pendant une séance particulièrement torride de *heavy petting*, je le surprends en train d'essayer de me pénétrer, sans me demander mon consentement. Je lui dis non et il s'excuse.

« On continue de se caresser. Je le suce, puis on s'embrasse sur la bouche. Je pensais que la menace avait disparu... Mais un peu plus tard il essaye encore. Cette fois-ci il réussit...

« Le mal était fait. Il m'avait pénétrée, il avait envahi mon espace intérieur. Mon esprit était à ce point brisé que je n'existais plus (*I had disappeared.*) J'avais voulu encore une fois le repousser, mais il avait écrasé ma personnalité (*he had crushed my sense of self*).

« Mon corps n'était plus à moi. J'étais un récipient, pas une personne... J'étais devenue la victime du manque de sensibilité et des besoins physiques de quelqu'un d'autre que moi. »

Cette nuit malheureuse (mais somme toute assez prévisible, étant donné ce qui s'était déjà passé entre eux) « a marqué le début de plusieurs années douloureuses ». L'auteur raconte qu'après des expériences sexuelles avec deux autres garçons, « où je ne prends aucun plaisir », elle consulte une thérapeute « pour avoir une meilleure image de mon corps. Avant de pouvoir retrouver le respect de moi-même, la route a été longue et difficile. Cinq ans plus tard, il m'est enfin possible d'être active avec mon ami actuel et de ne pas ressentir l'acte sexuel sinon comme un viol, du moins comme un simple service rendu. L. ne s'est jamais rendu compte du mal qu'il m'a fait ». L'auteur semble tout à fait indifférente au sort du pauvre L. qui, lui, pourrait bien être convaincu d'avoir été victime d'une sacrée allumeuse...

Ce qui ressort en premier lieu de cette confession, intitulée « He hurt my soul » (« Il a blessé mon âme ») est le fait qu'en Amérique, séduction égale agression. Les féministes le démontrent clairement : l'amour courtois est inconnu, le marivaudage le plus innocent, tenu pour suspect, est irrévocablement condamné. On aurait pu penser qu'au sein de l'université américaine, les facultés de français apporteraient une aide précieuse pour analyser ce préjugé, et que les enseignants pourraient même faire étudier le « marivaudage », l'utiliser comme thème d'analyse, ou sujet de dissertation, et du coup le dédramatiser. Il n'en est rien. Ce genre de sujet, rigoureusement interdit, fait partie des tabous imposés par la police des polices des campus, obéissant aux diktats des militantes féministes dures. Dans un climat intellectuel gangrené par la dictature de la P.C., les universités sont aujourd'hui moins lieux privilégiés des débats d'idées que forteresses de conformisme. Résultat : à de très rares exceptions, les enseignants, quels que soient leur grade ou leur renommée, n'ont qu'une seule idée en tête – ne pas se faire remarquer par leur liberté de langage, ne pas donner lieu à la moindre accusation d'antiféminisme et, surtout, s'incliner et faire amende honorable quand, par malheur, ils se voient accusés de sexisme ou de harcèlement sexuel. En somme, nous assistons à une sorte de nouveau maccarthysme intellectuel : seule la nature de l'accusation a changé.

2

UNIVERSITÉS ET MACCARTHYSME

L'attitude des enseignants devient parfaitement logique quand on comprend qu'ils cherchent avant tout à éviter tout comportement *pouvant être interprété, de près ou de loin, comme raciste, sexiste ou tenant du harcèlement sexuel.* Danger réel dans la mesure où, par exemple, en se penchant au-dessus de la copie d'une étudiante, ils pourraient par mégarde lui poser la main sur l'épaule, ou laisser échapper au cours d'une conférence une référence douteuse, c'est-à-dire leste, sexiste ou raciste – en tout cas *considérée comme telle* par *une seule* de leurs étudiantes. On atteint le ridicule : une enseignante de haut niveau, dans une université prestigieuse, n'a-t-elle pas réussi à faire enlever la reproduction d'un tableau « insupportable, et qui l'incommodait », sorte de « harcèlement sexuel par image interposée » – il s'agissait de la *Maja desnuda* de Goya – du mur du bureau d'un collègue ? D'autres cas sont moins drôles, et les enseignants, surtout non encore titularisés, vivent depuis une dizaine d'années dans la terreur d'attirer l'attention des censeurs, qu'ils soient étudiants ou enseignants.

L'Association des professeurs de collège tient un registre de nombreux cas d'enseignants licenciés pour « harcèlement sexuel » *sans la moindre preuve autre que l'accusation de l'étudiante concernée.*

L'accusation de harcèlement sexuel ne concerne pas

uniquement les étudiantes en butte à un langage ou à des « privautés » suspects de la part des enseignants : une abondante littérature, publiée par les autorités universitaires elles-mêmes, mentionne également le cas d'étudiants mâles pouvant, consciemment ou inconsciemment, agresser ou incommoder les professeurs femmes. Il suffit, dans une composition ou dans un débat au cours d'une séance de travail, qu'un étudiant fasse preuve de sexisme, c'est-à-dire qu'il lâche une allusion malheureuse, offensante, et il devient passible du conseil de discipline.

La justice américaine, en général si pointilleuse en ce qui concerne les droits des accusés, si avide de preuves matérielles quand il s'agit d'escroqueries, de vols ou d'assassinats, devient beaucoup moins regardante quand les autorités universitaires, en petit comité, rendent leur propre justice. La peur de faillir à la règle de la *political correctness* explique leur sévérité, parfois absurde et presque toujours consternante. Sévérité qui ne satisfait d'ailleurs pas toujours les féministes les plus engagées. Selon l'auteur de *The Lecherous Professor* la justice formelle n'a rien à voir avec la répression du délit de harcèlement sexuel, car si « une petite de dix-neuf ans et pesant une cinquantaine de kilos ose se plaindre d'avoir été caressée ou menacée par un professeur enseignant Shakespeare, aussitôt les spécialistes en latin, géographie, physique, architecture, mécanique ou droit découvriront les liens qui les unissent. En chœur, ils prononceront des platitudes concernant la loyauté à l'institution, la liberté académique et le cours de la justice ».

En d'autres termes, les dés demeurent pipés puisque l'oppression masculine est inexorable, irrémédiable ; s'il faut que la plaignante mente, eh bien, le mensonge sera jugé nécessaire au rétablissement de la justice immanente féministe si longtemps bafouée. Comme le dit Katie Roiphe, « la notion de harcèlement sexuel, chez ces féministes, a pris une telle ampleur qu'elles ne se soucient pas des limitations du système disciplinaire ». Dans leur esprit, « nettoyer l'université de ces pollueurs vaut bien quelques injustices individuelles, un prix à payer tout à fait acceptable [1] ». L'intimité entre professeur et étudiante étant sévèrement condamnée par le code de conduite universitaire américain, on peut se demander quel aurait été le sort de plusieurs couples d'intellectuels éminents (Sartre- Beauvoir, Irène et Frédéric Joliot-Curie) si cette règle avait eu cours durant leurs propres carrières universitaires.

La police des polices à l'œuvre ne se contente pas de surveiller les activités des enseignants à l'intérieur et à l'extérieur des universités. Ses pouvoirs sont réels, parfois exorbitants. Deux cas parmi d'autres, à Chicago et à l'université de New Hampshire, le prouvent.

Au célèbre Séminaire théologique de Chicago, le professeur Graydon Snyder, soixante-quatre ans, pasteur protestant, professeur de religion comparée, historien connu pour ses études philosophiques sur saint Paul et ses écrits sur l'art médiéval chrétien, a été l'objet d'une haute surveillance. Pendant plusieurs mois, un agent de la police des polices de son université a même enregistré tous ses cours dans le but de détecter des velléités de harcèlement sexuel verbal. Les cassettes, soigneusement écoutées et répertoriées par la suite, devaient en témoigner.

La raison en serait profondément comique si elle ne risquait pas d'avoir des conséquences néfastes sur la carrière et la réputation de cette personnalité. Pour expliquer une telle surveillance, il faut revenir sur la spécialité du professeur Snyder – la religion comparée – et sur le cours incriminé, qui fut à l'origine de ses déboires.

Il était question, ce jour-là, du Talmud. Les rabbins talmudiques n'ont pas leurs pareils pour organiser des débats contradictoires sur des thèmes incongrus visant à définir une morale conforme à l'éthique juive. Traditionnellement, les débats talmudiques sont interminables, et les sujets de discussion – tout au moins pour les non-initiés – souvent futiles. Pendant son cours, le professeur Snyder avait voulu démontrer à ses élèves (dont la moitié de

---

1. Katie Roiphe, *The Morning After...*, *op. cit.*.

femmes) jusqu'où peut aller la caricaturale minutie de l'argumentation talmudique quand il s'agit de débattre de la nature du désir sexuel.

Parmi les raisonnements hypothétiques qui font régulièrement la joie des experts talmudiques, le professeur Snyder eut la malencontreuse idée de citer ceci : « Supposez qu'un ouvrier, travaillant sur un toit, tombe par mégarde et renverse une femme qui amortit sa chute. Supposez aussi qu'il soit tombé sur elle de telle façon que son pénis l'a pénétrée accidentellement. Est-elle déshonorée ? L'ouvrier est-il sexuellement coupable ? »

La réponse « talmudiquement correcte » est la suivante : puisque la chute est accidentelle, on ne peut considérer la victime comme déshonorée, car il n'y eut aucun désir coupable de la part de l'ouvrier. Il sera, par contre, responsable de sa santé, et la dédommagera financièrement.

Cette anecdote, à la limite de l'absurde – et citée comme telle –, s'insérait dans un contexte sérieux. Le professeur Snyder souhaitait démontrer à ses élèves les points de convergence entre moralité sexuelle juive et chrétienne, s'agissant du péché charnel : dans les deux religions, une importance considérable est donnée au *désir conscient*, l'absence de désir, dans le cas cité, expliquant qu'il n'y a eu aucun déshonneur sexuel.

Le cas talmudique, présenté dans le contexte indiqué, eut des conséquences imprévisibles. Une des élèves s'estima profondément offensée. Selon elle, le professeur Snyder avait intentionnellement choisi cette anecdote pour souligner la brutale emprise des hommes sur les femmes – brutalité « qu'il semblait approuver ». Dans sa plainte au recteur du Séminaire de Chicago, elle accusa Snyder de l'avoir « stressée », et « d'avoir délibérément nui à son niveau académique ».

Une haute cour universitaire prit fait et cause pour l'étudiante. Snyder se vit infliger une réprimande officielle, désastreuse pour sa carrière, car figurant dans son dossier et distribuée par écrit à tous les membres du Séminaire, étudiants aussi bien qu'enseignants. Selon ce document sa conduite avait été inacceptable, il avait utilisé « un langage ouvertement sexuel » (*had engaged in verbal conduct of a sexual nature*) et, de ce fait, « créé un climat intimidant, hostile et provocant ». On le somma de faire ses excuses à l'étudiante en question, de consulter un psychothérapeute pour une éventuelle thérapie, et de ne jamais se trouver seul avec une étudiante.

Furieux et humilié, Snyder attaqua le Séminaire théologique en justice. La procédure est en cours. « Si je perds, dit-il, il est clair que certaines parties de la Bible ne pourront jamais être enseignées. » « Le pasteur Snyder est innocent et a cité le Talmud correctement, approuve le rabbin Aaron Soloveichik, du Collège rabbinique de Chicago. Il faut que les gens cessent de voir dans le Talmud un écho de leurs préjugés. » D'autres éminents théologiens ajoutent que, si Snyder perd son procès, des pans entiers du Coran, du Mahābhārata et surtout du Lévitique (clairement homophobe) seront exclus des cours d'université et de séminaires américains.

Mais c'est le climat orwellien de délation et d'intolérance où Snyder s'est trouvé plongé qui se révèle le plus préoccupant. « Je n'ai eu aucune possibilité de confronter les vues de la plaignante avec les miennes, dit-il, je n'ai pas pu prendre connaissance des charges contre moi ni préparer ma défense [1]. »

Depuis, le professeur Snyder a repris ses cours et il n'est plus sous surveillance directe. Il a ouvertement défié ses juges en refusant de consulter un thérapeute. Étant donné sa réputation en matière de religion comparée, sa révocation paraît impensable. Mais ses rapports avec la majorité de ses confrères restent tendus. « Il se trouve, dit-il, que nombre d'entre eux sont terrorisés par les militants durs, prompts à détecter le harcèlement sexuel partout. Parmi les plus enragés on compte un membre important de la Faculté. Le fait est – malgré la considération amicale que me témoignent beaucoup de mes étu-

1. Entretien avec l'auteur.

diants et étudiantes, car les fauteurs de troubles sont une minorité –, que ma présence est maintenant mal vue, que nombre de mes collègues me boudent, tout simplement parce qu'ils ont peur. Je sais également qu'à cause de ce qui m'est arrivé, un certain nombre de distinctions que je pouvais espérer en fin de carrière me seront refusées. La *Bible Review* dit de moi que je suis devenu le plus célèbre professeur de religion comparée en Amérique pour une bien mauvaise raison : on oublie mon interprétation de saint Paul pour se souvenir uniquement de cette lamentable et ridicule affaire [1]. »

Newsweek, peu après les faits, note : « Certains, aujourd'hui, ne voient plus Dieu que comme un vieillard libidineux [2]. »

Le « climat intimidant, hostile et provocant » reproché au professeur Snyder constitua un autre motif d'accusation, tout aussi grotesque, en 1992. Là encore, les faits auraient été risibles s'ils n'avaient eu des conséquences tragiques pour l'intéressé.

J. Donald Silva, cinquante-huit ans, est – ou plutôt était – professeur titulaire de littérature à l'université de New Hampshire. Il est également pasteur à l'Église congrégationniste près de Portsmouth, grand-père de quatre petits-enfants, et spécialiste d'histoire et de littérature portugaises. Il faisait la plupart de ses cours à la Thompson School of Life Science, département rattaché à l'université et formant des forestiers, des ingénieurs agronomes et des spécialistes en horticulture.

En mai 1992, le professeur Silva, conscient ce jour-là de la torpeur de sa classe, essaya de stimuler ses élèves en faisant un petit aparté sur la nature même du processus de créativité littéraire. « C'est une forme de concentration, analogue à l'acte sexuel, leur dit-il. Vous vous concentrez sur le sujet en question. Vous cherchez la cible idéale. Vous tournez autour du pot. Vous cernez le sujet. Vous calculez la distance entre le sujet et vous, et vous vous

---

1. Entretien avec l'auteur.
2. *Newsweek*, 4 mai 1994.

concentrez. Vous utilisez cette concentration *(focus)* pour traduire l'expérience en langage. Vous vous fondez dans le sujet. *(You and the subject become one.)* »

Une étudiante s'estima « choquée » par cet exposé, mais resta silencieuse. Deux jours plus tard, Silva eut une autre phrase malheureuse : voulant illustrer une technique de description allitérative et onomatopéique simple mais percutante, il eut l'idée de citer un texte qu'il avait trouvé sur la pochette d'un disque de musique orientale, et qui contenait la phrase suivante : « On peut comparer la danse du ventre à de la gelée posée sur une assiette sous laquelle fonctionnerait en permanence un vibrateur. »

Cette fois c'en était trop : deux étudiantes de sa classe décidèrent de réagir comme on leur avait appris à le faire dans des cours sur le harcèlement sexuel.

Cinq jours après la phrase malheureuse renfermant le mot « vibrateur », Silva se vit convoquer en séance extraordinaire par un comité d'enseignants, accusé de harcèlement sexuel par huit étudiantes qui se disaient souillées par son vocabulaire et ses insinuations.

Confirmant leurs plaintes par écrit, dans des lettres bourrées de fautes d'orthographe, elles notaient : « S'il veut attirer notre attention sur un point que nous devons retenir, un professeur d'anglais possède sûrement un vocabulaire suffisant sans devoir utiliser ce genre d'exemple... Il y a une barrière entre ce qui est permis et ce qui est inacceptable et offensant. Don [Silva] l'a largement franchie. » Elles n'en restèrent pas là, constituant, peu après, un dossier où étaient consignées diverses preuves de son « comportement sexiste ».

Le verdict ne se fit pas attendre : le président de l'université releva Silva de ses fonctions, sous prétexte que « la conduite de vos cours, avec leur contenu sexuel, a donné lieu à un climat intimidant, hostile et provocant ». Il le mit à l'amende (2 000 dollars « pour payer un remplaçant qui se chargera des cours que vous ne pourrez plus faire ») et le somma de consulter « hebdomadairement et pendant un an... un psychothérapeute professionnel agréé par l'université ». Enfin, Silva dut rédiger une lettre d'excuses « pour avoir créé un climat choquant ». A aucun moment, et malgré ses demandes répétées, il ne put avoir une explication directe avec le recteur de l'université.

Après une brève suspension (un comité d'enseignants annula la condamnation) Silva fut réintégré, mais pas pour longtemps. Les hautes instances universitaires, talonnées par le SHARPP, n'en restèrent pas là. De nouvelles confrontations avec des comités d'enseignants hostiles confirmèrent le président de l'université dans ses positions : Silva se retrouva « suspendu sans solde » pendant un an et on lui ordonna de commencer ses séances thérapeutiques. Il fit appel. En septembre 1994, un juge fédéral décida que ses droits constitutionnels avaient été violés, ordonna sa réintégration, mais se déclara incompétent concernant les arriérés de salaire et les dommages-intérêts auxquels il avait droit. Sans salaire depuis deux ans, le professeur Silva espère toujours réintégrer son université, malgré le climat malsain qui y règne, mais le recteur de l'université a fait savoir qu'il se pourvoirait peut-être en cassation. « J'ai reçu une soixantaine de lettres de professeurs à la retraite, scandalisés par ce qui m'était arrivé, affirme Silva, mais rares sont les enseignants en activité qui m'ont fait part de leur indignation. Ils ont trop peur. Dans des cas de ce genre, ce qui caractérise les milieux universitaires actuels, c'est le silence. »

Dans ces deux cas, aussi ridicules que mesquins, on ne trouve pas l'ombre d'une tentative de harcèlement sexuel à proprement parler. Les deux professeurs se sont vu persécuter pour quelques phrases anodines. Certains y décèlent le pouvoir tout nouveau d'une armée de commissaires politiques, appliquant aveuglément des règles émanant de Washington, qui définissent le harcèlement sexuel comme englobant « tout ce qui est susceptible de choquer ceux et celles qui écoutent le présumé coupable » – en d'autres termes, les professeurs sont complètement à la merci de ceux et de celles qui voient le mal, et le sexe, partout. Ainsi, dans le cas du professeur Silva, les étudiantes avaient été mises en condition par le SHARPP – organisation mixte d'enseignants et d'étudiants recrutés parmi le groupe féministe le plus dur –, particulièrement par une des commissaires politiques de l'université de New Hampshire, le professeur Barbara White.

Parmi les universités américaines, rares sont celles qui n'ont pas leur *horror story*, comme le montre Dinesh D'Souza, dans *Illiberal Education* [1]. Dans le Middle West, à l'université de Minnesota, la *political correctness* incita les étudiants (comme dans nombre d'autres universités, d'ailleurs) à célébrer le cinquantième anniversaire de la découverte de l'Amérique par Christophe Colomb en organisant un simulacre de procès où on le jugea pour « crimes contre l'humanité [2] ».

Mais ce sont les exemples mineurs, grotesques, qui illustrent le mieux le nouveau climat. Il y a deux ans, des étudiants de l'université de Minnesota réalisèrent une sorte de « galerie de portraits » de leurs enseignants dans un esprit lourdement humoristique. Chaque enseignant était photographié avec des attributs de sa spécialité. Un professeur, historien militaire, posa vêtu du célèbre bonnet de David Crockett et tenant à la main un Colt 45 qu'il avait emprunté. Un autre, spécialiste d'histoire ancienne, posa en costume romain, tenant à la main un glaive.

L'exposition de photos ne provoqua aucun remous, jusqu'au jour où un professeur de la faculté d'histoire la vit, et s'estima « offensée » et « menacée » par ces deux photos. Elle s'en plaignit au chancelier, qui les fit enlever, invoquant « le climat de peur sévissant dans le campus ». Les deux professeurs, furieux, et s'estimant offensés à leur tour, attaquèrent l'université en justice. L'un d'eux avait un contrat provisoire, qui risquait de ne pas être renouvelé.

1. *L'Éducation contre les libertés*, de Dinesh D'Souza, publiée en France par Gallimard, collection « Le Messager », 1992.
2. Témoignage d'un membre de la faculté d'histoire de l'université.

L'enseignante de l'université de Minnesota qui me raconta cette histoire ne veut pas révéler son identité : non titularisée, elle sait qu'elle risque le renvoi si son nom est dévoilé. En réalité, dit-elle, les accusations de harcèlement sexuel ne sont qu'un prétexte. « Nous sommes en butte à de véritables commissaires politiques qui ont trouvé le seul moyen d'obtenir promotion et pouvoir. Dans les années 50, l'étiquette " communiste " était à elle seule suffisante pour briser la carrière d'un enseignant. Aujourd'hui, il suffit de lancer l'accusation de harcèlement sexuel pour obtenir le même effet, et nous mettre en quarantaine. »

Il s'ajoute à cet état de choses une sordide question d'argent. Les salaires – modestes – des universitaires sont complétés par des *merit bonuses*, suppléments d'autant plus précieux qu'ils sont précaires : ils dépendent du rendement, de l'ensemble des notes que l'enseignant reçoit de ses supérieurs. Or toute accusation de harcèlement sexuel donne lieu au retrait immédiat de cette prime, qui peut alors être attribuée à un enseignant plus méritant – c'est-à-dire, dans certains cas, plus politiquement correct. Les administrateurs de l'université, où se recrutent un certain nombre des commissaires politiques de l'idéologie féministe, ont donc un pouvoir si considérable que certaines universités éprouvent aujourd'hui de grandes difficultés à trouver des enseignants spécialisés dans les sujets « sensibles », telle la littérature médiévale, où les références sexuelles sont inévitables.

A l'université du Minnesota et dans bien d'autres établissements, les étudiants mâles évitent systématiquement certains cours et certains professeurs femmes, parce qu'ils croient, à tort ou à raison, qu'ils seront ridiculisés en public ou systématiquement mal notés. De même, une étudiante sous l'influence d'Andrea Dworkin ou de Catharine MacKinnon n'hésitera pas, en cas de mauvais résultats, à se venger de son professeur, homme ou femme, en l'accusant de harcèlement ou de discrimination sexuelle.

En raison de ce climat de peur et de cet esprit d'intolérance, plusieurs brillants sujets de la faculté d'histoire de
l'université de Minnesota sont allés ailleurs – ou même
ont décidé de ne pas poursuivre leurs études. En ce qui
concerne les enseignants, la situation est plus dramatique : contrairement au monde industriel, où les cadres
passent facilement d'une entreprise à l'autre sans états
d'âme, les enseignants, une fois recrutés par une université, s'y maintiennent et y font carrière. Mais ceux qui sol-
liciteraient une mutation se mettent dans une situation
délicate. Plusieurs témoignages de bonne foi (là encore
anonymes, pour des raisons évidentes) assurent qu'il
existe au sein du monde universitaire américain une véritable mafia de commissaires politiques, qui se repassent
les noms de tous ceux et de toutes celles dont la *political
correctness* – dans quelque domaine que ce soit – laisse à
désirer. Ces professeurs n'ont aucune chance d'obtenir
une promotion, malgré les plus brillants CV.

Le professeur David Goldberg, de l'université du
Michigan, a connu probablement le pire : depuis 1992, il
est victime d'un ostracisme généralisé. Cet enseignant
réputé, sociologue et expert en statistiques, connu pour
ses opinions libérales mais aussi pour son franc-parler,
enseigne depuis trente-huit ans les statistiques comparées.
Pour que la classe ne s'endorme pas, expliquera-t-il plus
tard[1], il choisit d'illustrer ses propos en examinant deux
sujets au cœur des préoccupations américaines : le désa-
vantage d'être une femme et celui d'être noir. Il faut
savoir qu'un macaron, très en vogue chez les féministes,
porte simplement le chiffre « 59 % » – proportion de ce
que gagnent les femmes en Amérique par rapport aux
hommes. Le but de Goldberg était de montrer la nécessité, en matière de statistiques, de tenir compte de facteurs multiples, et de démontrer qu'à partir de données
partiales ou manipulées, on peut prouver n'importe quoi.
Le cours s'appuyait sur une analyse à la fois serrée et pratique des données multiples définissant les revenus des

1. Entretien avec l'auteur.

femmes et des Noirs, et concluait que le macaron en question exagérait beaucoup. La disparité de revenus existait, mais – analysée dans son ensemble, groupes d'âges et chiffres du Census Bureau [1] à l'appui – ne dépassait pas 15 %. De même, son analyse des prêts bancaires, par groupe ethnique et catégorie de revenus, prouvait que le refus des banques américaines de prêter de l'argent à des solliciteurs noirs et hispaniques – plainte constante des leaders de ces minorités ethniques – ne correspondait plus à la réalité.

Il n'est pas sans risque, dans l'Amérique actuelle, de s'attaquer à de tels clichés. Plusieurs groupuscules militants de l'université du Michigan (l'Organisation politique des radicaux féminins en sociologie, les Sociologues de couleur, le Gouvernement étudiant du collège de Rackham, les Étudiants de couleur de Rackham, le Centre Baker-Mandela pour l'éducation antiraciste, les Étudiants de couleur en Sciences-po) déposèrent une plainte auprès du rectorat pour sexisme, provocation raciale, stéréotypie raciste et sexuelle, et pour avoir introduit un climat malsain dans l'environnement universitaire du fait de préjugés envers les femmes et les étudiants de couleur. Dans une longue lettre, les signataires accusèrent également Goldberg d'« utiliser son pouvoir pour provoquer l'affrontement des étudiants, ... d'excitation raciste... empêchant les femmes et ceux de couleur de profiter de leur expérience » et sommèrent le président de l'université de Michigan, James Duderstadt, de lui interdire toute possibilité d'enseigner dorénavant quoi que ce soit à l'université.

Au lieu d'enquêter sur le terrain et d'analyser le contenu véritable des conférences de Goldberg, Duderstadt se prononça immédiatement en faveur des accusateurs, entérina leurs griefs et annonça publiquement que le cours du professeur Goldberg était supprimé. Quand la faculté de sociologie, dans son ensemble, s'éleva contre cette décision, le président fit un pas en arrière : non,

---

1. Le Census Bureau est l'équivalent américain de l'INSEE.

Goldberg n'était pas « raciste », mais il avait d' « autres problèmes » (sous-entendu : psychologiques). Le cas Goldberg est toujours en délibération. Mis littéralement en quarantaine par certains de ses supérieurs hiérarchiques, il a engagé une contre-procédure judiciaire. Son cours a été rétabli, avec cette réserve qu'un autre professeur, moins controversé, l'enseigne également.

En fait, les étudiants instigateurs (qui n'avaient pas assisté à ses cours, et dont aucun, d'ailleurs, n'eut le courage de signer nommément) se vengeaient du professeur Goldberg pour d'autres raisons : dans un monde universitaire où les enseignants osent de moins en moins, de peur d'être montrés du doigt, noter leurs élèves, surtout les minorités noires et hispaniques, de façon objective, Goldberg refuse de mettre en péril le niveau élevé de l'université de Michigan, et cette exigence indispose non seulement les militants noirs, mais aussi certains enseignants imprégnés de *political correctness*.

Comme le souligna le professeur Carl Cohen, défenseur de Goldberg, dans une lettre adressée à tous les membres de l'université du Michigan « ... Son harcèlement sexuel s'exprimerait de deux façons : en premier lieu, il cite des chiffres pour démontrer qu'il y a bien une disparité de revenus entre hommes et femmes, mais qu'il est difficile de la mesurer... Son but est de faire comprendre que le macaron 59 % exagère l'écart – ce qui réduit l'efficacité d'un argument de poids. Mais toute réduction du degré de victimisation des femmes n'est rien d'autre, pour ses étudiants, qu'une preuve de sexisme. [...] »

Par la suite, Goldberg devait constater que, parmi les nombreux signataires protestant contre l'absurdité des mesures prises contre lui, il n'y avait pas une seule femme ni un seul enseignant non titulaire. « Ils avaient trop peur [1]. »

Ces exemples illustrent le climat de terreur qui règne dans un grand nombre d'institutions américaines. Les

1. Entretien avec l'auteur.

implications sont graves, dans la mesure où, aux États-Unis, l'*impossibilité de communiquer* autrement qu'à travers un ensemble de clichés codifiés n'est pas limitée au sexe, à la *political correctness* et au harcèlement sexuel, mais devient un des signaux de détresse les plus évidents d'une société à la dérive.

Mais il y a plus grave : dans ce climat où l'ignorance va de pair avec un conformisme crédule, la tragédie n'est jamais loin : l'exemple d'un certain nombre de procès majeurs, à la limite du supportable, le démontre.

3

FAMILLES ENDIABLÉES

Parmi la documentation fournie à chaque étudiante à son arrivée à Princeton figure une brochure sur le viol comportant, nous l'avons dit, la mention suivante : « Une amie qui a été violée peut se confier à vous et vous faire part du viol dont elle a été victime dix minutes *ou dix ans* après les faits. » Dans le jargon psychologique américain, on appelle cela *recovered memory*, la « mémoire récupérée ».

En Amérique, rares sont les thérapeutes qui font la distinction entre mémoire récupérée vraie et mémoire imaginée. Le SHARPP de l'université de New Hampshire répertoria en une seule année 73 cas d'étudiantes « rescapées d'agressions sexuelles » et 35 cas de « rescapées d'inceste et d'abus sexuel infantile ». Avaient-elles toutes été vraiment victimes d'obsédés sexuels ou *pensaient-elles* seulement l'avoir été, demanda au professeur Barbara White le journaliste du *New York Times* Richard Bernstein[1] ? La réponse est sans équivoque : « Si elles le croient, répond la responsable du SHARPP, nous sommes là pour valider leur expérience. »

Il n'y a pas que dans les universités américaines que la mémoire récupérée soit considérée comme quasi-

---

1. Article de Richard Bernstein (« Guilty If Charged »), dans la *New York Review of Books*, 13 janvier 1994.

ment sacrée. Le système pénal et judiciaire américain traite de cas d'abus sexuel infantile à peu près de la même façon. Dans vingt-trois des cinquante États de l'Union (dont ceux de Washington et de Californie), des plaintes fondées sur des faits ayant trait à des souvenirs dus à la mémoire récupérée sont recevables pendant une période de trois ans *suivant la date à laquelle un tel souvenir s'est manifesté pour la première fois.*

En d'autres termes, la prescription est à peu près nulle. Qu'il s'agisse d'un viol, d'un abus sexuel ou d'un autre délit quelconque, hommes ou femmes (de n'importe quel âge) s'estimant victimes d'un agresseur peuvent, *dix, vingt ou trente ans après qu'a surgi la mémoire récupérée du prétendu événement,* et *à partir du moment où ils commencent à s'en souvenir,* porter plainte contre l'agresseur en question – et ceci pendant une durée de trois ans.

Deux des comptes rendus suivants d'affaires judiciaires très récentes, dont l'une encore en suspens, évoquent de tels cas. En leur temps (1990 et 1991), elles ont défrayé la chronique aux États-Unis, des semaines durant, presque autant qu'en France l'affaire du petit Grégory, sans, toutefois, avoir la moindre répercussion en Europe. Malgré leur côté insolite, elles ne sont pas uniques : à l'heure actuelle, un peu partout en Amérique, se déroulent des procès analogues, même si leur contenu est parfois moins dramatique. Elles montrent jusqu'où peuvent conduire ce phénomène de la mémoire récupérée et les techniques thérapeutiques en vogue outre-Atlantique. Certains de ces phénomènes étaient si étranges qu'il me semblait parfois, alors que j'étais plongé dans les comptes rendus de procès ou d'interrogatoires de police, assister à un *remake* des procès de sorcières de Salem. Et pourtant, à la fois faits divers, documents sociopathologiques mettant sérieusement en cause certains procédés judiciaires et policiers, et loin d'être uniques, ils illustrent, quoique de façon tant soit peu outrée, une certaine réalité américaine contemporaine [1].

La première affaire, très médiatisée, commence dans l'État de Washington, au nord-est des États-Unis, au cours de l'hiver 1988.

A cette date, Paul Ingram, quarante-trois ans, est fonctionnaire de police de la petite ville d'Olympia (5 000 habitants). Sa vie est apparemment sans histoires : sa femme, Sandy, lui a donné cinq enfants, trois garçons et deux filles. Bien vu de la population, travailleur, intègre quoique légèrement borné et sans humour, Ingram, né catholique, s'est converti, avec sa famille, à l'Église pentecôtiste – et cette conversion n'est pas étrangère à ce qui va suivre.

Ses rapports avec ses enfants ne sont pas bons. Paul Ingram est un père excessivement strict – surtout depuis son adhésion à l'Église pentecôtiste, dans laquelle l'accent est mis sur les confessions en public et les « voix émanant du Seigneur ». Son fils aîné (Paul junior), supportant mal tout cela, part un jour sans prévenir ses parents ni donner signe de vie par la suite ; Chad, le cadet, connaît de très légers déboires avec la justice. Seul Mark, arrivé sur le tard (il a neuf ans en 1988), exceptionnellement choyé par sa mère, est un enfant sans problèmes.

Les deux filles, Ericka (vingt-deux ans en 1988) et sa cadette Julie (dix-sept ans) sont très liées, mais ne se ressemblent pas. Ericka, belle, coquette, très consciente de la mode, lectrice assidue de journaux féminins, tient néanmoins les garçons à distance, comme d'ailleurs Julie, plus renfermée, plus « garçonne ». Toutes deux vivent chez leurs parents. Petites, elles partageaient la même chambre à coucher, dormant dans des lits superposés. Elles se livrent peu, mais Sandy, leur mère, se rappelle avoir reçu

1. Pour certains détails de ce chapitre, je dois beaucoup à Lawrence Wright qui se pencha sur le cas de la famille Ingram, publia plusieurs articles à son sujet dans le *New Yorker*, puis un livre remarquable : *Remembering Satan*, Alfred A. Knopf, New York, 1994.

quelques confidences, assez banales d'ailleurs : elles disaient toutes les deux qu'elles entendaient arriver vierges au mariage. Dans la petite communauté de l'Église pentecôtiste d'Olympia, repliée sur elle-même, c'était peut-être une façon de se faire bien voir du pasteur John Bakun, personnage local important qui recevait toutes les confidences de Sandy et de son mari.

Ericka et Julie, depuis le début de leur adolescence, voient les hommes comme des prédateurs. En 1983, Ericka (alors âgée de dix-sept ans) porte plainte contre un homme qui, l'ayant emmenée en voiture, a eu une attitude « incorrecte » : il avait posé la main sur son genou. Sa plainte, faute de preuves, n'aura aucune suite. Quelque temps après, Julie, à son tour, accuse un voisin de l'avoir « importunée ». La police enquête, mais conclut également à l'inutilité des poursuites.

En septembre 1988, débarque à Olympia un personnage étrange : Karla Franka. Ancienne danseuse, ancienne actrice convertie à l'Église pentecôtiste et rémunérée en partie par elle, Franka est fière de ses dons de guérisseuse et de son « discernement spirituel ». Elle affirme que, « quand le Seigneur s'empare d'elle et la guide », elle a le don de double vue. Vedette des petites communautés pentecôtistes du Nord-Est grâce à son passé d'actrice (on l'a surtout vue dans des clips publicitaires), elle fait régulièrement la tournée des communautés de l'État de Washington, s'adressant plus particulièrement aux filles pendant des séances « cœur à cœur » organisées par le pasteur Bakun. Les hommes sont exclus, on se parle « entre filles » et on se dit tout.

Pendant une de ces séances, Karla Franka, « sous l'emprise du Seigneur », a des « révélations ». « Je vois une petite fille de cinq ans. Elle est dans un placard sous l'escalier. Elle entend des pas. Quelqu'un s'approche du placard, le ferme à clef de l'extérieur et lui fait très peur. »

Une des filles présentes éclate en sanglots, se lève et annonce : « C'était moi. »

Toujours en transe, et s'exprimant toujours « par la voix du Seigneur », Franka déclare alors : « Il y a quelqu'un ici qui a été victime d'une agression sexuelle. L'agresseur est un proche parent. » Plusieurs filles commencent à pleurer, et se désignent comme victimes. Julie est la plus marquée. « Mon père a abusé de moi, aurait-elle chuchoté entre deux sanglots. Cela a duré des années. » « Que le Seigneur la guérisse », entonne Franka.

Une enquête de la police, plus tard, mêlera sa sœur Ericka à ces accusations. Cette dernière, également présente à la réunion, est prise d'une intense crise de larmes. A tel point qu'on demande à Karla Franka, sur le point de repartir pour la Californie, de revenir dans la salle de réunions pour « faire quelque chose ».

Franka prend alors l'initiative. Selon son propre témoignage recueilli par la police, elle « écoute l'appel du Seigneur » et, de nouveau, entre en transe. « Les mots " abus sexuels " se présentent à moi », dira-t-elle plus tard. S'adressant à Ericka, elle lui dit : « On a abusé de toi quand tu étais enfant. » Elle se concentre et ajoute : « C'était ton père, et ça a duré des années. » Ericka reste muette. Franka lui conseille de « s'adresser à des professionnels ».

Peu de temps après, Ericka et Julie quittent la maison familiale sans donner la moindre explication à leurs parents, mais répandant en ville une cascade d'accusations : elles auraient été violées non seulement par leur père, mais aussi par leurs deux frères, Chad et Paul Jr. Julie confie à des amies que son père l'a sodomisée et lui a transmis une maladie vénérienne.

Sandy, leur mère, apprend tout par des voisins : incrédule mais scandalisée, elle fait part à son mari de ces accusations. Paul Ingram nie en bloc.

Le couple part quelques jours en vacances dans l'Oregon. Pendant leur absence, un jeune policier de la brigade des mœurs, Joe Vukich, interroge les deux filles. Il est très vite effaré, car les accusations des deux sœurs deviennent plus précises – et plus graves. Julie affirme que son père l'a violée quand elle avait cinq ans, les viols se poursuivant au fil des ans. Elle décrit comment son père se glissait dans la chambre à coucher commune, violant ses deux filles tour à tour.

Pourquoi n'avoir rien dit? demande Vukich. « Ma mère ne voulait pas nous écouter », répond Julie. Ericka, interrogée séparément, raconte sensiblement la même chose. « Il y a un an, mon père m'a transmis une maladie vénérienne, dit-elle. Un médecin a dû me soigner. C'était en 1987. Les viols ont cessé à ce moment-là. »

A son retour de l'Oregon, le 28 novembre 1988, Paul Ingram, toujours shérif adjoint de la ville d'Olympia, est interrogé par Vukich et Brian Schoening, un vétéran de la police des mœurs du comté. Paul Ingram est conscient de la gravité des faits. Il sait qu'il risque, ce soir-là, de se retrouver en prison.

Policier émérite et bien noté, Ingram est au courant des thèses officielles au sujet de la mémoire récupérée. Il est également fier de ses filles. On ne ment pas chez les Ingram. Ce qui explique une réaction qui aura, pour lui, des conséquences désastreuses : confronté à leurs accusations, il ne niera pas longtemps. Aux policiers, qui lui demandent de raconter son enfance, son seul souvenir « scabreux » est d'une innocence presque risible. « Quand j'étais gosse, dit-il aux enquêteurs, ma mère me reprochait de me gratter la braguette en public. » Mais ses dénégations ne durent pas. En fin de journée, c'est tout juste s'il ne confirme pas entièrement les accusations de ses deux filles. « Je crois vraiment que celles-ci sont justifiées, dit-il à Vukich. Je les aurais violées, puis j'aurais tout refoulé. » Vukich et Schoening lui demandent : « Vous vous souvenez de quoi au juste? – De rien. »

Les enquêteurs, fermement convaincus de la validité de la thèse de la mémoire récupérée, estiment que Paul Ingram est en train de passer par sa première phase négative. Il est normal qu'il nie : tous ceux qui sont coupables de ce genre de crime nient également au début des enquêtes parce qu'ils ont refoulé le souvenir de leurs actes, et que seule une thérapie allant de pair avec une confession pourra faire resurgir les faits incriminés.

« Si vous vous confessez, vos souvenirs reviendront petit à petit », lui dit Vukich. Ce n'est pas une tactique de flic sans scrupule, mais la thèse officielle enseignée aux spécialistes des crimes sexuels dans les écoles et les cours de police spécialisés.

Ingram appliquera sa propre thérapie. Il entre en transe, comme tout bon adepte de l'Église pentecôtiste. Dans un état second, parlant de Julie, il murmure : « Oui, il me semble que je lui ai enlevé sa culotte, ou sa chemise de nuit. Et je lui ai dit de la boucler, sinon je la tuerais. »

Comme il s'y attend, il est arrêté et passe la nuit en cellule. Son comportement est tellement inquiétant (il n'arrête pas de sangloter) que la police ordonne une surveillance anti-suicide.

En fait les accusations d'Ericka et de Julie n'en sont qu'à leur début, car une fois leur père en prison, elles commencent à évoquer des faits entièrement nouveaux. Avant sa conversion à l'Église pentecôtiste, Paul Ingram jouait beaucoup au poker avec ses collègues de la police. Les séances se déroulaient chez lui, dans le salon, situé directement en dessous de la chambre à coucher des filles. Selon Ericka et Julie, leur père les livrait aux joueurs (elles avaient, à l'époque, respectivement cinq et dix ans) et assistait à leur viol collectif. Or, parmi les joueurs de poker figurent plusieurs policiers encore en service à Olympia, y compris, une ou deux fois, Vukich lui-même.

Finalement, parmi les invités, les enquêteurs identifient deux accusés, dont ils croient la présence « certaine » au moment des viols. Le premier est James Rabie, ancien policier de la brigade des mœurs dont la femme est gardienne de prison, là même où est incarcéré Paul Ingram. Rabie a, depuis longtemps, quitté la police et s'occupe maintenant de l'association locale de Kiwanis[1]. Le deuxième accusé est un ancien mécanicien de la police,

---

1. Club social, tendance droite modérée.

Ray Risch, joueur de poker assidu, devenu mécanicien dans un garage privé.

Ericka et Julie ne confirment ni ne démentent. Elles se bornent à dire que des joueurs de poker, sous la conduite de leur père, venaient les violer dans leur chambre. Mais elles ne peuvent ni les identifier ni les décrire. On leur montre en vain des photos de policiers d'Olympia. Les enquêteurs leur arrachent des aveux par bribes, entre des crises de larmes et de longues périodes de mutisme total.

L'inculpation de Rabie et de Risch est d'ailleurs due en premier lieu à Ingram lui-même. Harcelé de questions, et de plus en plus persuadé de sa propre culpabilité, Ingram se « souvient » de la présence de Rabie, un de ses amis intimes, dans la chambre à coucher de ses filles, et il lui semble « qu'il y avait un autre homme, avec un appareil de photo, qui serait Risch », bien qu'il « ne le voie pas bien ».

Alors même qu'Ingram est en train de récupérer sa mémoire, Rabie est si peu conscient des soupçons qui pèsent sur lui qu'il se présente spontanément au commissariat d'Olympia. Convaincu de la culpabilité d'Ingram, comme d'ailleurs de la validité de la thèse de la mémoire récupérée, il suggère à son ami Tom Lynch, un des chefs du commissariat : « Paul et moi sommes amis depuis toujours. Si je pouvais lui parler, on ferait peut-être avancer les choses ? »

Très gêné, Lynch répond : « L'ennui, c'est que toi aussi tu es impliqué dans l'affaire. » Effectivement, dans une pièce à côté, Ingram vient de se souvenir qu'il a vu Rabie, « le sexe dressé », dans la chambre de ses filles. Rabie est arrêté sur-le-champ.

Il résiste mieux qu'Ingram aux interrogatoires des enquêteurs. « Je ne crois pas que je puisse y avoir été mêlé, et avoir oublié tout cela », dit-il. Questionné pendant des heures, Rabie répète : « Je n'étais pas présent, que je sache, à moins d'avoir tout refoulé. » Risch, arrêté lui aussi, nie également.

Les enquêteurs jouent alors un tour classique à leurs

inculpés. Vukich annonce triomphalement à Rabie que Risch vient de passer aux aveux complets et qu'on a même trouvé des photos compromettantes. (Les seuls clichés qu'on a en fait trouvés sont d'innocentes photos de famille.) Schoening, l'autre enquêteur, annonce la même chose à Risch : « Rabie vient de tout avouer. »

Risch reste impassible, mais Rabie s'effondre. « Si ce que vous dites est vrai, déclare-t-il, alors il faut m'enfermer à jamais, car pour que je ne me rappelle de rien, je dois être un sacré danger public. »

L'escalade d'accusations et de révélations se poursuit de jour en jour. Ingram, dont un psychiatre dira plus tard qu'il est particulièrement influençable, reprend à son compte tout ce que lui suggèrent Vukich et Schoening. Un psychologue d'Olympia, Richard Peterson, tellement convaincu de la culpabilité de Paul Ingram qu'il devient, très vite, un véritable adjoint de la police, lui explique qu'à peu près tous les maniaques sexuels ont été eux-mêmes, enfants, agressés par leurs parents ou des proches. « Vous vous souvenez peut-être d'un oncle ? » demande Peterson. Doucement, Ingram s'invente, peu après, un passé de victime sexuelle : un oncle, justement, aurait essayé de le violer.

Mais il ne s'arrête pas là. Le démon intérieur d'Ingram prend de plus en plus place dans sa confession. Non seulement il a violé Ericka et Julie, mais il s'accuse aussi d'avoir sodomisé son fils Chad, alors âgé de quatorze ans.

Rendant visite à son père, en prison, Chad nie qu'il lui soit arrivé quoi que ce soit. Son père lui dit, en pleurant à chaudes larmes : « Il faut absolument que tu t'en souviennes. » Les policiers sont d'avis que Chad nie parce que la vérité, trop pénible, lui est insupportable – cela aussi fait partie des thèses officielles. Le pasteur Bakun devient également un témoin précieux pour la police. Il n'a bien sûr été au courant de rien avant l'arrivée de Karla Franka, mais, « Dieu ne permettrait pas que des pensées de ce genre se matérialisent si elles ne sont pas vraies ».

L'affaire est maintenant connue des médias. Mais

l'enquête prend un tour différent quand Ingram, en transe, commence à faire des révélations d'un tout autre genre : il s'accuse, tout d'abord (avec Rabie), d'avoir assassiné une prostituée à Seattle en 1982. A l'époque, les médias parlaient beaucoup de ce meurtrier en série qui ne s'attaquait qu'aux prostituées dans l'État de Washington et ne fut, d'ailleurs, jamais appréhendé. Puis ses révélations deviennent encore plus insolites : il se voit « faisant partie d'un groupe, dans le noir, autour d'un feu de bois ». Une des personnes présentes « est drapée d'une robe rouge ». Pendant la cérémonie, « on me somme, dit Ingram, d'éviscérer un chat noir. Je lui ouvre le ventre et lui sors le cœur à la pointe de mon couteau ».

Ingram avoue alors, petit à petit, avoir appartenu, pendant des années, à un groupe pratiquant des rites satanico-sexuels, dont Ericka et Julie auraient été les principales, mais nullement les seules, victimes. Un des enquêteurs, le commissaire de police Neil McClanahan, adopte avec enthousiasme la thèse du « satanisme ». Réunissant les enquêteurs d'Olympia, il leur projette une vidéo-cassette fournie par un lobby d'antisatanistes dont le but est de montrer l'étendue des pratiques de ce genre. Il se trouve que la famille Ingram a lu un certain nombre d'ouvrages sur le satanisme (recommandés par leur Église) et vu plusieurs émissions de télévision concernant ce « fléau », dont une du célèbre Geraldo Rivera.

Le manque de consistance des accusations des deux filles de Paul Ingram n'affecte pas les enquêteurs outre mesure, du moins au début. Au contraire, elles les amènent à se pencher sur le cas de Sandy, leur mère. Étant donné la fréquence des viols et le caractère sensationnel des rites sataniques, comment celle-ci a-t-elle pu rester à l'écart de tout ? N'a-t-elle pas, elle aussi, occulté tout souvenir ? Ils l'interrogent sans relâche.

Sandy est moins malléable que son mari. Malgré ses doutes intérieurs, au début elle se rebiffe quand ils l'accusent d'avoir été au courant des agissements de son époux. « Ça marche avec certains, leur dit-elle, mais pas avec moi. »

Sandy Ingram craquera en décembre 1988. Dans son journal intime, elle écrit : « N'ai-je pas caché toutes ces choses affreuses qui ont eu lieu ? » Parmi les révélations de son mari, ce qui la tourmente peut-être le plus est un écart, réel celui-là : pendant une de ses grossesses, il a eu une liaison passagère avec une autre femme, et cet aveu, aussi, fait partie de sa confession. « S'il m'a caché cela, écrit-elle, il a bien pu me cacher autre chose. »

Comme si elles réagissaient aux nouveaux soupçons des enquêteurs, Julie et Ericka accusent enfin leur propre mère. « Elle les regardait faire », dit Julie. Ericka va plus loin : « Ma mère nous préparait pour ces séances. » Encore une fois, l'inconsistance des accusations ne décourage pas les enquêteurs. Ericka et Julie n'ont-elles pas, auparavant, accusé leur mère de n'avoir « rien voulu savoir » ?

Consciente des soupçons qui pèsent sur elle, Sandy redoute qu'on lui enlève la garde de son dernier enfant, Mark. Elle décide de le mettre à l'abri chez ses propres parents, à Spokane, à environ 250 kilomètres d'Olympia.

Confrontée aux accusations de ses filles, Sandy se rappelle à son tour, mais confusément, son propre viol. Son mari lui aurait dit que « je ne me souviendrais de rien et que maintenant il était l'heure de faire la vaisselle ». Puis, au fur et à mesure des questions posées sans relâche, elle finit par décrire, avec force détails, des séances de viol et de rites satanico-sexuels où elle avoue avoir été présente.

Entrent alors en scène deux individus qui, progressivement mais tardivement, démontreront l'absurdité de toutes les accusations d'Ericka et de Julie – et l'innocence des accusés : l'enquêtrice Loreli Thompson, du bureau des crimes sexuels du comté de Thurston, envoyée en renfort à Olympia, et un psychologue californien, Richard Ofshe, pourtant engagé comme expert par le procureur.

Loreli Thompson s'inquiète des contradictions successives d'Ericka et de Julie. Toutes deux l'assurent qu'en plus d'avoir été violées, elles ont été torturées, lardées de coups de couteau dans le dos, le ventre, les jambes. Julie, notamment, a accusé son père de « l'avoir clouée au sol avec une arme blanche » et de l'avoir torturée et violée avec des outils de menuisier. Elle accuse aussi Sandy, sa mère, d'avoir inséré les tronçons d'un cadavre de nouveau-né dans son vagin – elle aurait eu deux ans à l'époque. Quand enfin, et non sans mal, Thompson procède à un examen physique d'Ericka et de Julie, elle ne relève aucune cicatrice, même mineure, sur les corps des deux sœurs. Elles sont d'ailleurs incapables de se souvenir des noms des médecins qui auraient traité leur maladie vénérienne – et il n'y a, chez les médecins de la région, aucune trace de leur visite. Loreli Thompson est gênée, aussi, par le fait que – malgré la précision et l'horreur de certaines des allégations d'Ericka et de Julie – elles sont dans l'incapacité de décrire autrement qu'en termes extrêmement vagues la disposition matérielle des lieux, des lits, ainsi que le comportement des agresseurs, pendant les viols supposés. Par ailleurs, les deux sœurs refusent systématiquement de se prêter à des séances de « détection de mensonges ». Les supérieurs de Thompson n'insistent guère : on leur a enseigné que toute tentative brutale de revenir sur les allégations des victimes, dans les cas de mémoire récupérée, peut provoquer l'apparition de traumatismes extrêmement graves. Il est donc quasiment interdit d'exprimer le moindre doute concernant leurs souvenirs. Les sœurs croient qu'elles ont des cicatrices sur le corps, et c'est assez pour qu'on les prenne au sérieux – comme le dit l'enquêteur Vukich « elles sont tellement fragiles ». Mais ce qui tourmente le plus Thompson, c'est que chacune raconte ce qui lui est arrivé *comme si l'autre n'existait pas*.

Ofshe, lui, s'étonne de l'extrême complaisance dans la culpabilité de Paul Ingram. Il tente une expérience, en lui faisant avouer un acte sexuel sur ses deux filles dont il ne s'était pas accusé précédemment, et que même les filles nient.

Ofshe essaie aussi d'obtenir d'Ericka et de Julie des

témoignages plus précis en ce qui concerne les accusations de rites sataniques. D'après les deux filles, elles auraient été présentes à plus de *huit cents* messes sataniques et assisté au sacrifice d'une vingtaine de nouveaunés, mais elles sont incapables de se rappeler le moindre détail, sauf « que les gens chantaient ». Elles ne peuvent dire si elles se trouvaient à l'intérieur d'une maison, d'une cave ou d'une église ; étaient-elles habillées ou nues ? debout ou assises ? « Cela fait trop mal d'y penser » devient leur réponse habituelle à toute question embarrassante de ce genre. Quand Ofshe demande à Ericka pourquoi, violée, torturée, victime de rites satanicosexuels, elle reste néanmoins chez ses parents, elle a cette réponse étrange : « Je ne voulais pas réduire mon niveau de vie. »

Un nouveau témoin jusque-là introuvable, Paul Jr, le fils aîné disparu, fait surface. Il n'est d'aucun secours aux accusateurs. Au contraire : interrogé sans relâche, il tient bon. Non, personne n'a abusé de lui, ni quand il était gosse, ni plus tard. Non, à sa connaissance, il n'y a pas eu la moindre orgie au sein de la maison familiale, pas le moindre contact sexuel entre le père et ses enfants.

En février 1989, après une détention de 158 jours, Rabie et Risch sont relâchés sous caution. Le procureur leur offre une porte de sortie : qu'ils plaident coupables et on tiendra compte du temps qu'ils ont déjà passé en prison, on s'arrangera même, peut-être, pour les acquitter. Ils refusent. Entre-temps les « visions » de Paul Ingram deviennent de plus en plus délirantes : en avril 1989, il soumet une nouvelle liste de noms de ceux qui ont participé à ces prétendus rites satanico-sexuels. Cette fois il implique une dizaine de policiers de la brigade canine de Thurston County. Paul Ingram décrit comment, encouragées par leurs dresseurs, les bêtes ont violé sa femme sous les regards narquois des flics.

C'en est trop : les dresseurs exigent – et obtiennent – la possibilité de subir un contrôle au détecteur de mensonges. Les enquêteurs, conscients que leur dossier est en train de s'effilocher, pensent que cette nouvelle vision de Paul Ingram n'est qu'un truc habile pour noyer le poisson. Mais à part Paul Vukich, Schoening et Neil McClanahan, la plupart d'entre eux ne croient plus ni aux « aveux » des parents ni aux accusations des deux jeunes femmes.

Le procès commence enfin en mai 1989. A cause du flou des accusations de satanisme d'Ericka et de Julie, elles ne seront pas convoquées comme témoins, et les procureurs abandonnent toutes les charges contre Rabie et Risch. Mais même s'ils ne figurent pas dans le procès, leurs vies seront brisées – ils seront mis au ban de la petite communauté d'Olympia.

Quant à Paul Ingram, il surprend tout le monde, y compris Ofshe et son propre avocat, en plaidant coupable de viol sur les personnes de ses filles. Le juge demande un délai avant de rendre sa sentence. Julie, la cadette, joue un tour cruel à son père. Elle remet une lettre à la police, qu'elle dit avoir reçue de lui. Celle-ci est lourde de menaces : « Comment va ma petite fille ? Te rends-tu compte du mal que tu as fait à la famille ? Tu dois savoir qu'il y a beaucoup de gens qui voudraient te voir morte et qu'un certain nombre d'entre eux sont en train de te faire la chasse... Ton ex-père Paul. »

La police n'a aucun mal à prouver qu'il s'agit d'un faux, écrit et envoyé par Julie elle-même. Mais McClanahan trouve ce geste excusable, « typique des victimes d'abus sexuel avec des éléments de rites sataniques – elles ont toujours tendance à exagérer ». Ironiquement, ce défenseur acharné de Julie figure lui-même sur la liste des gens censés l'avoir violée au cours de rites sataniques. Les accusations de satanisme ne seront d'ailleurs pas évoquées au procès. Le président de la cour décide d'attendre, pour prononcer son verdict, une étude plus approfondie des dossiers.

Mais Ingram, tout de suite après le procès, et ayant déjà plaidé coupable, commence enfin à douter de sa propre culpabilité. Ofshe y est pour beaucoup. Ce dernier se rend compte que, traumatisé par les accusations de ses filles, et fortement culpabilisé par son aveu (vrai) d'infidélité passée, il était prêt à avouer n'importe quoi à n'importe qui. Ofshe le convainc que jamais il n'aurait pu occulter cette série de scènes qu'il a crues, sous pression, visualiser, mais qui n'ont jamais eu lieu.

Ingram change d'avocat. Son nouveau défenseur soumet une requête à la cour, soutenant que son client, maladivement influençable, a été interrogé brutalement, et qu'il n'a reconnu les faits que parce qu'il était en transe.

Mais les juges américains n'apprécient pas qu'un condamné change d'avis après avoir reconnu sa culpabilité. Et le jour de la sentence, presque un an plus tard, en avril 1990, Ericka, la fille aînée, a aussi son mot à dire. S'adressant à la cour, elle déclare : « Il faut lui infliger la peine maximum, autrement je suis persuadée qu'il me tuera, ou qu'il tuera ma sœur Julie. Il a détruit ma vie et celle de ma famille, et il s'en fout. C'est, à l'évidence, un homme extrêmement dangereux. » Pendant ce discours, Vukich et Schoening, encore persuadés de la culpabilité d'Ingram, pleurent à chaudes larmes.

Le juge demande alors à Ingram s'il a quelque chose à dire. Paul se lève, et, d'une voix assurée, dit : « Je me lève devant vous et devant Dieu [pour dire que] je n'ai jamais abusé mes filles sexuellement. Je ne suis coupable d'aucun de ces crimes. »

Selon la juridiction habituelle de l'État de Washington, Ingram risquait une sentence de trois à quatre ans de prison. Avec son casier judiciaire vierge, il pouvait même s'en tirer avec six mois seulement, assortis d'une thérapie. Mais le juge en décide autrement : Ingram se voit infliger une peine de vingt ans de travaux forcés, avec possibilité de liberté conditionnelle après douze ans. L'avocat d'Ingram fait appel, mais la cour suprême de l'État de Washington confirme la sentence. Quant à Ericka et Julie, elles se retourneront contre les policiers du comté de Thurston pour incurie, exigeant la réouverture de l'enquête et la réarrestation de Rabie et Risch.

Depuis, la famille Ingram s'est complètement disloquée. Sandy Ingram a obtenu le divorce; Chad et son frère Paul se sont mariés, et ont quitté le pays. Julie vit toujours à Olympia, mais sous un autre nom. Rabie et Risch ont essayé de faire comme si rien de tout cela ne s'était passé, mais non sans difficulté. Tous deux porteront plainte pour arrestation arbitraire, mais une demande de dommages-intérêts n'aboutira pas.

Encore aujourd'hui, les policiers Vukich, Schoening et Neil McClanahan restent convaincus non seulement de la culpabilité des trois inculpés, mais aussi de la véracité des témoignages des deux filles Ingram, y compris leur description de scènes satanico-sexuelles. « L'abus satanique est réel, dit aujourd'hui McClanahan, et notre enquête le prouve. »

Ericka, qui vit désormais en Californie, joue régulièrement son rôle de victime d'abus sataniques à la télévision américaine. Récemment, on l'a vue dans le Sally Jessy Raphael Show, célèbre *talk show* sur NBC. Raphael, animatrice célébrissime et productrice de sa propre émission à l'audimat phénoménal, la présente ainsi : « Cette femme sera confrontée avec l'homme dont elle dit qu'il la tortura sexuellement pendant dix-sept ans au cours de rites sataniques – un *show* que vous ne voudrez pas manquer. » Devant les caméras en direct, Ericka répète sans broncher ses accusations antérieures. « Oui, c'étaient des gens de ma ville, des policiers, des juges, des médecins, des avocats, des hommes politiques locaux importants... Parfois, ils sacrifiaient des bébés... on buvait leur sang, puis on les mangeait. »

Mais d'où venaient donc ces enfants ? demande la présentatrice. « Oh, vous savez, parmi les membres du culte, il y en avait qui ne faisaient des enfants que pour ça. »

Rabie, qui participe au débat, répète ses dénégations, mais ni lui ni le psychiatre Ofshe, qui est là pour contredire Ericka et donner un tant soit peu d'objectivité à l'émission, n'intéressent le public, qui s'enthousiasme, par contre, pour Bob Larson, un évangéliste bien connu, présent lui aussi. Ainsi quand Ofshe essaie d'expliquer qu'il y a actuellement en Amérique une « véritable épidémie » d'accusations totalement infondées de ce genre, Larson répond : « Allégations, mon cul ! Il y a une épidémie de satanisme tout court. » La discussion se transforme en séance évangélique, le talent d'orateur « inspiré » de Larson empêchant tout véritable débat. « Voilà quelqu'un qui a été victime d'abus les plus incroyables ! On lui a pissé dessus, chié dessus... »

« C'est lui qui m'a fait tout ça ! », s'écrie Ericka, désignant Rabie.

« Cet homme lui a fait subir des viols en série et des accouplements avec des animaux ! » ajoute Larson.

« Il faut nous croire ! » gémit Ericka.

Ces shows – il va sans dire – rétribuent généreusement leurs participants.

Entre-temps, Ingram, qui purge sa peine dans un établissement pénitentiaire loin de l'État de Washington, s'occupe du journal de la prison. Selon Lawrence Wright, qui l'a vu récemment, « il est plus en paix avec lui-même qu'à aucun moment de sa vie ». Peut-être, note Wright, sa routine de prisonnier correspond-elle à certains égards à sa vocation première : adolescent, il voulait devenir prêtre.

4

SOUVENIRS, SOUVENIRS

Le « cas Ingram », si étrange qu'il puisse paraître à un public européen, habitué à des méthodes policières et à des systèmes judiciaires bien différents, comportait néanmoins des aveux : tout au long de son inculpation et de son procès, avant de se rétracter *in extremis*, Paul Ingram avait lui-même cru dur comme fer à sa propre culpabilité.

Mais quelques mois à peine après son jugement, une affaire autrement spectaculaire éclate en Californie où l'accusé ne cesse de crier son innocence. L'affaire Franklin est importante pour d'autres raisons : elle risque d'avoir, sur la jurisprudence américaine, des conséquences à long terme non négligeables – les États-Unis étant, par excellence, le pays où le précédent juridique a une valeur exemplaire.

Si le procès Franklin ne se déroule qu'en 1990-1991, les faits qui l'ont provoqué sont très largement antérieurs : tout commence le 22 septembre 1969, avec la disparition, près de Foster City, au sud de San Francisco, de la petite Susan Nason, sept ans. Deux mois et demi plus tard, le 3 décembre, un employé de la compagnie locale des eaux découvre son cadavre en décomposition, enfoui dans des buissons près d'une décharge d'ordures.

A l'époque, le crime n'est pas élucidé. La police soupçonne un moment, à tort, le propre père de la petite Susan. Un prétendu kidnappeur est arrêté, puis innocenté. Foster City est une ville où, dans les années 60, profitant du boom économique californien, des familles d'origine très différente se sont installées. Son passé est presque inexistant – résultat d'une opération immobilière somme toute réussie –, les maisons sont petites mais confortables et bon marché, l'école correcte, le réseau routier convenable.

Parmi les habitants de Foster City, il y a des ouvriers, des employés, des représentants de commerce, mais aussi quelques jeunes médecins et avocats – c'est une ville-dortoir qu'on quittera éventuellement sans regret pour poursuivre ailleurs le rêve américain. Les premières maisons datent de 1960. George et Leah Franklin ne s'y installeront qu'en 1964, avec leurs cinq enfants. Une des filles de George Franklin, Eileen, devient la meilleure amie de Susan, la petite fille assassinée cinq ans plus tard, dont ils sont voisins.

L'Amérique commence tout juste à entrer dans une zone de turbulences – drogue, guerre du Vietnam – et, au fur et à mesure que Foster City se peuple, arrivent des jeunes couples (la plupart fuyant San Francisco pour un environnement plus calme et plus « sain »), apportant avec eux une mentalité hippie et un style de vie différent. On ne peut pas dire que Foster City soit un véritable paradis pour ceux qui l'habitent : des anciens se souviennent que les disputes entre couples étaient fréquentes, les séances de drogue et d'alcool aussi. C'est l'époque où, presque sans s'en apercevoir, l'Amérique est en train de basculer de l'univers rural et sans histoire – qu'illustrent les célèbres couvertures du *Saturday Evening Post* de Norman Rockwell – dans la mouvance, plus trouble, des soixante-huitards américains.

George Franklin a épousé Leah De Bernardi à l'âge de dix-huit ans. Elle en a dix-sept. Lui vient d'une petite ferme en Virginie. Son père, Onis, a vivoté (pendant les années de prohibition) en fabriquant de l'alcool *(moonshine)* à domicile. C'est un homme difficile, qui se soûle facilement et, ivre, bat son fils, à tel point que celui-ci quitte la maison familiale, en 1956, pour vivre avec une sœur nouvellement mariée en Californie. C'est alors qu'il travaille dans un supermarché pour améliorer ses fins de mois que George rencontre Leah, brune, mince et belle, d'une famille italo-américaine de San Francisco. Les De Bernardi ne sont pas riches, mais vivent confortablement. La mère de Leah tient une pension de famille assez cossue.

Les parents ne sont pas du tout contents du choix de Leah, estimant qu'elle aurait certainement pu faire mieux. George Franklin n'a aucun diplôme, aucun avenir, mais il essaie tant bien que mal de s'en sortir. Il commence par s'enrôler dans la réserve des US marines, ce qui lui apporte quelques menus avantages. Puis, après s'être essayé à un certain nombre de petits commerces, qui périclitent, ce garçon sportif, costaud, sociable, devient sapeur-pompier au département, tout proche, de San Mateo. C'est un poste où on ne gagne pas beaucoup d'argent, mais où on est assuré d'une pension et d'une couverture sociale familiale suffisantes.

George et Leah en auront besoin : à leur premier enfant, Cathleen (Kate) succèdent Janice, puis Eileen. Enfin il y aura George Junior, et Diana. Leah, à vingt-trois ans, se rend compte que les maternités successives l'ont transformée, abîmée. Elle se trouve lourde, laide – et supporte de moins en moins son mari. En 1967, George a un accident de voiture très grave. La mâchoire fracassée, il doit prendre trois mois de repos. Cet épisode n'arrange pas les choses : le père de cette famille nombreuse devient acariâtre, les scènes sont fréquentes, les enfants trinquent. Peu de temps après, Leah est hospitalisée pour une grave dépression.

Ce sont alors les filles – Kate et Janice – qui s'occupent des repas, Eileen se chargeant de Diana, qui n'a que cinq ans. A son retour de l'hôpital, Leah n'est pas d'un grand secours. Elle reste cloîtrée des jours entiers dans sa chambre, incapable de s'occuper de ses enfants. La maison s'en ressent. L'humeur du père aussi. Même si, par la

suite, les témoignages sont contradictoires (il sera question d'abus sexuels répétés), il est incontestable que
George Franklin traite ses enfants brutalement, surtout
après avoir bu : il les gifle, les bat parfois, les insulte
quand la maison est sale ou mal rangée. Le jeune George
devient sa cible principale. Mais en même temps cet
homme aux tendances maniaco-dépressives est capable de
tendresse, d'affection, d'humour – surtout pour sa favorite, Eileen, « petite fille douée d'une très grande imagination », rappellera plus tard sa mère Leah.

Les enfants ne trouvent pas chez leur mère l'affection
et la protection qu'ils sont en droit d'attendre. Elle est dis-
tante, les ignore systématiquement, et par la suite s'en
désintéressera totalement. Après son divorce, elle refera
sa vie ; poursuivant sur le tard des études de droit, elle
deviendra avocate, oubliant complètement son passé
dépressif.

Pour améliorer ses finances, George, qui n'a pas entièrement abandonné son côté hippie (il a les cheveux longs,
et porte une boucle d'oreille), monte une petite affaire de
reconditionnement. Avec des collègues sapeurs-pompiers,
il devient, à l'occasion, maçon, peintre, plombier. En
1968, pour son travail, il achète un minibus Volkswagen.
Plus tard, des voisines raconteront à la police qu'il les
courtisait sans cesse, mais n'insistait jamais si on le
repoussait. Ses relations avec Leah sont inexistantes.
Décidant de vivre sa vie, il quitte la maison familiale, tout
en continuant de venir voir ses enfants régulièrement.
Peu après, Leah sort de sa longue dépression et
commence ses études de droit.

A l'âge de dix-sept ans Eileen est une belle fille, intel-
ligente mais peu portée sur les études. Elle fréquente des
bars gays à San Francisco et s'y fait des amis. Sa mère,
sans ménagement, lui dit un jour qu'ayant atteint l'âge de
dix-huit ans, il est temps pour elle de vivre sa vie, et la
met carrément à la porte. Elle trouve un emploi à San
Francisco, où elle partage un appartement avec sa sœur
Janice.

Son père, pour célébrer le dix-neuvième anniversaire d'Eileen, l'emmène en vacances au Mexique. Au retour, il trouve un vieil appartement à Sacramento, le rafistole, et Eileen s'installe un moment avec lui. Entre-temps, George a quitté les sapeurs-pompiers pour devenir coursier-livreur.

Eileen n'y reste pas longtemps. Elle ne peut se passer de l'animation de la Bay Area, avec ses bars, ses gays si drôles et si attentifs, qui la traitent en copain. Parmi eux, il y a Chris Lydon, qui l'attire beaucoup. Malgré leurs préférences sexuelles différentes, ils décident de vivre ensemble. Eileen devient serveuse dans un restaurant italien. Elle commence aussi à s'adonner à la cocaïne.

C'est la cause d'un premier incident. Un client du restaurant lui propose de devenir *escort girl* dans son agence et, pour arrondir ses fins de mois (Lydon est sans travail), elle accepte. Au début, tout se passe relativement bien, mais l'agence est sous surveillance, et Eileen se fait prendre dans une chambre d'hôtel par un policier des mœurs déguisé en client.

La sentence, légère, est assimilée à un *misdemeanor*, (écart de conduite sans gravité). Libre, elle jure de ne replonger ni dans la drogue ni dans la prostitution. Elle trouve un nouvel emploi, devient gérante d'un *condominium* (immeuble en copropriété) fréquenté par des jeunes gens poursuivant le rêve américain. Nous sommes en 1981 : le miracle économique de l'ère Reagan vient de commencer.

Parmi les copropriétaires, il y a Barry Lipsker, héritier d'une riche et respectable famille juive du Montana. Avec sa Mercedes blanche, sa passion pour les ordinateurs, son sens des affaires, ses ambitions, Lipsker est un beau parti. Il tombe follement amoureux d'Eileen et annonce qu'il va l'épouser. Ses parents ne sont pas contents quand Eileen, avant le mariage, se trouve enceinte.

Leur premier enfant, Jessica, réconcilie la famille, mais les déboires d'Eileen n'en finissent pas pour autant. Non pas qu'elle ait des ennuis d'argent – Barry est un homme généreux, dépensier même –, mais elle se sent délaissée. Chaque jour, elle devient un peu plus consciente qu'elle n'aime pas vraiment son mari, qu'elle a fait un mariage de raison pour sortir de sa condition précaire. Barry n'est d'aucun secours : il travaille trop, est rarement là quand elle a besoin de lui et n'apprécie pas les amis de sa femme. Elle le quitte avec Jessica, alors âgée de quatre ans, pour vivre sa vie, mais revient vite, sensible à sa détresse, prenant de temps en temps un amant.

Elle continue de voir son père, George Franklin, qui est devenu depuis peu membre des Alcooliques anonymes. Les beuveries, c'est fini. Avec lui c'est maintenant la réconciliation et une forme d'amitié qui frise la camaraderie. Eileen lui parle de ses préoccupations les plus intimes; que sera sa vie si elle divorce de Barry ? Que peut-elle faire pour gagner sa vie correctement? Les lettres qu'Eileen écrit à son père, en 1984 et 1985, montrent, selon Eileen elle-même, « que je m'attendais à ce que mon père soit une sorte de bouée affective qui me manquait dans la vie... Le lien entre nous était redevenu intense. J'avais presque vingt-cinq ans et, enfin, il m'aimait comme un véritable père ».

Un fait, cependant, la trouble. Un jour, revenant à l'improviste dans l'appartement de George Franklin, elle le surprend en train de contempler les organes génitaux de sa fille Jessica. Elle soupçonne même qu'il y a eu des attouchements. « Qu'est-ce que tu fais ? lui ai-je demandé. – Est-ce donc interdit d'admirer ma si belle petite-fille ? » répond-il, sans paraître le moins du monde gêné.

Elle raconte l'histoire à son mari. C'est la fin de ses relations privilégiées avec son père. Barry, convaincu que George, qu'il n'a jamais aimé, a révélé des tendances de *child abuser* (maniaque sexuel), lui interdit désormais de le voir en compagnie de Jessica.

En 1987, Eileen a un deuxième enfant, un fils : Aaron. La famille s'installe alors dans un ranch à Canoga Park, dans San Fernando Valley, près de Los Angeles. Les affaires de Barry Lipsker, toujours de plus en plus florissantes, lui ont permis de louer cette superbe maison. Et c'est là qu'un jour, en janvier 1989, se produit un événement qui va transformer la vie d'Eileen, et celle de tout son entourage.

Se penchant sur sa petite fille de sept ans, Eileen a tout d'un coup une révélation. Elle voit non pas sa fille, mais la petite Susan (son amie d'enfance, qui lui ressemble étrangement). Elle voit aussi, confusément, la scène du meurtre. Le meurtrier, se souvient Eileen, n'est autre que son propre père.

A l'instant précis où elle regarde sa fille dans les yeux, racontera-t-elle plus tard, elle a en fait une vision intérieure de la scène suivante : elle est dans le bus Volkswagen conduit par son père, en compagnie de Susan, qui est là, croit-elle se souvenir, parce qu'elle l'a invitée à faire une randonnée à la campagne. Elle voit son père, George Franklin, se livrer à des attouchements sur Susan, et abuser d'elle avant de lui fracasser la tête avec une pierre. « Il m'a alors dit qu'il me tuerait si je racontais quoi que ce soit », dira-t-elle vingt ans plus tard aux policiers de San Francisco. Selon Eileen, le déclic a été provoqué par la vision des yeux bleus de sa petite fille – de la même couleur que ceux de Susan.

Ce souvenir n'est pas sa première manifestation de mémoire récupérée. En thérapie pour dépression (elle vient d'avoir une fausse couche et ses rapports avec son mari, Barry, sont encore une fois extrêmement tendus), elle se souvient d'avoir été abusée sexuellement par son père. Au début de cette thérapie, elle se rappelle seulement que son père se promenait souvent nu dans la maison et, n'encourageant pas la pudeur chez ses enfants, prenait de temps en temps des bains avec eux. Elle se rappelle, au fur et à mesure du déroulement de cette thérapie, avoir été battue par son père au cours d'une baignade, et également d'avoir vu son père brutaliser une de ses sœurs. Il lui semble aussi qu'on l'a amenée dans une maison qu'elle ne connaissait pas, où elle a été molestée par un Noir, alors que son père était présent. (Plus tard, déposant devant un policier, elle changera d'avis : l'homme n'était pas noir, mais blanc, et c'était un ami de son père.) Sa vision effarante du meurtre de Susan la désempare tellement que, sur le coup, elle n'en parle à personne.

Plusieurs semaines plus tard, elle confie l'histoire à un ami, mais seulement en partie : elle lui dit avoir vu le meurtre, mais non le meurtrier. Elle se confie aussi à son mari, en ajoutant ce détail crucial : « C'était mon père. » Barry est plus choqué que surpris : après l'incident avec Jessica, il considère déjà son beau-père comme un véritable monstre.

A son frère George, elle raconte la même vision, mais en précisant que c'était pendant une séance d'hypnose avec son thérapeute – ce qu'elle niera par la suite. George Jr, dès le début, prend fait et cause pour son père. Il ne la croit pas, et le lui dit. Peu après, Barry le sommera de couper court à toute relation avec sa sœur.

Des mois s'écoulent avant qu'Eileen se décide à porter plainte officiellement. En fait, c'est Barry qui en décidera pour elle, car c'est lui qui appelle la police pour leur dire que sa femme peut leur apporter des renseignements nouveaux au sujet du meurtre, toujours non élucidé, de la petite Susan. Quand, à son tour, Eileen parle aux policiers par téléphone une première fois, elle se garde bien de mentionner son père. Elle décrit la scène ainsi : « J'étais dans la voiture avec la personne qui a commis le crime. Susan est venue avec nous pour jouer. On est allés dans les bois. La personne qui a commis le crime l'a violée et j'étais là pendant que ça s'est passé. Susan est sortie de la voiture, elle était assise par terre. Sortie du minibus moi aussi, j'étais à trois ou quatre mètres d'elle. L'homme l'a frappée sur la tête deux fois... Il y avait du sang partout. Sa bague, qu'elle avait à la main, s'est tordue sous les coups... Il ne l'avait pas déshabillée, il avait simplement soulevé sa robe. »

Deux mois plus tard, acceptant pour la première fois de rencontrer les policiers face à face, Eileen leur avoue enfin que l'homme en question était son père. Elle leur explique pourquoi elle n'avait pas voulu dire toute la vérité dès le début : Barry, son mari, s'inquiétait de ce qui pourrait leur arriver si le père était laissé en liberté. Avant, finalement, de se décider, Eileen avait demandé la garantie suivante : que toute personne arrêtée à la suite de ses révélations passe au moins vingt ans en prison – requête que la police, invoquant le manque de données à ce stade de l'enquête et l'impossibilité de se substituer aux autorités judiciaires, avait rejetée.

Quatre jours après sa dénonciation de George Franklin, celui-ci est arrêté. Au cours d'une fouille chez lui, la police tombe sur des revues pornographiques, dont certaines ont trait à la pédophilie. Par la suite, ses avocats feront de leur mieux pour tenter de convaincre le jury que, si George Franklin s'intéresse à la pornographie, s'il est même peut-être pédophile, cela ne veut pas dire qu'il est aussi forcément le meurtrier de Susan.

Barry, le mari, est ravi de l'intérêt médiatique dont sa femme est alors l'objet. Il discute avec les agents, les producteurs, les maisons d'édition qui tournent autour d'Eileen comme des abeilles autour d'un pot de miel. L'avocat spécialisé que Barry a engagé leur propose de signer un contrat pendant qu'il est encore temps : après le procès, selon lui, l'affaire tombera dans le domaine public. Il est question de 500 000 dollars et le film sera tourné, mais sans le succès escompté. Les policiers sont furieux – Barry, autoritaire, touche-à-tout, prétend même participer à l'enquête.

C'est Eileen, d'elle-même, qui fait le choix de rencontrer son père en prison. Elle veut lui faire avouer son crime, car elle pense que, s'il avoue, il n'y aura pas de procès, et les médias se désintéresseront d'elle et de sa famille. « Je voyais, dit-elle, la possibilité pour lui de se confesser, d'exprimer des regrets. »

Au parloir, séparés par une vitre, ils se parlent par téléphone. Eileen trouve son père « très beau ». George Franklin lui dit : « Est-ce vraiment toi ? »

« Je lui ai dit alors que je l'ai toujours aimé, que je

retrouve en moi beaucoup de ses propres qualités, que je ne le hais pas et ne pourrai jamais le haïr. Je comprends ce que peut être la panique qui pousse à faire certaines choses à l'improviste. Je ne crois pas, lui dis-je, que ce qu'il a fait à Susan a été prémédité. La situation a dégénéré et il l'a tuée. Dire la vérité le libérerait. Sa liberté à lui, c'était peut-être d'être en prison, à l'abri des tentations. » Tuer quelqu'un c'est atroce, lui dit aussi Eileen, mais c'est encore pire d'être hypocrite et menteur.

Son père la déçoit, niant tout, indiquant que « la seule chose que tu peux faire pour moi, c'est de retirer ta plainte ».

« Au plus profond de moi-même, racontera plus tard Eileen, j'espérais qu'il me dirait qu'il n'avait aucun souvenir de ce qui s'était passé, que, comme en ce qui me concernait, l'oubli était resté total. » Sous-entendu : quand il récupérerait petit à petit la mémoire des faits, il finirait par avouer.

En Californie, toute affaire judiciaire grave suscite en fait deux procès : le premier, préliminaire, pour décider de la validité des accusations. Le deuxième et authentique procès ne reprend, généralement, que les arguments exposés lors du premier. Dans ce cas, avant même le début du procès préliminaire, la sélection des jurés s'avère compliquée. Il est dans l'intérêt du procureur d'éliminer tous les candidats qui expriment leur scepticisme au sujet de la mémoire récupérée, tout comme il est essentiel pour les avocats de la défense de les garder. L'avocat principal de la défense, Douglas Horngrad, insistera auprès de chacun d'eux : êtes-vous capable de croire en quelqu'un qui dit que quelque chose est vrai quand c'est manifestement faux ?

Dans sa déclaration préliminaire, Eileen Tipton, procureur de la cour, n'y va pas par quatre chemins. « Le 3 décembre 1969, Eileen Franklin, alors âgée de neuf ans, vit un événement horrible, dit-elle. Vingt et un ans plus tard, nous sommes ici pour revivre cette horreur. » Elle décrit, avec force détails, les circonstances de la mort de la petite Susan. « La terreur de Susan appartenait au passé. Celle d'Eileen venait de commencer. » Des photos atroces de son cadavre font le tour du jury.

Le procureur Tipton admet que « les relations entre le père et la fille sont complexes, fondées sur la peur, la violence, l'amour. Derrière les portes fermées de la maison familiale, il y avait de la violence, des abus sexuels ». Tipton admet qu'Eileen Franklin a lâché son histoire petit à petit, par bribes, mais c'était parce qu'elle « voulait l'assurance qu'elle serait protégée ». Tipton ajoute qu'on prouvera que, peu de temps après le meurtre de la petite fille, George Franklin a donné à sa femme une chemise tachée de sang pour qu'elle la nettoie, et qu'un an après le crime, comme dans beaucoup de cas de ce genre, il est allé se recueillir sur la tombe de la petite victime. Ces deux allégations sont fausses, mais sa remarque au moment de son arrestation est confirmée : se tournant vers les policiers il leur avait posé cette question ambiguë, devenue, avec le recul, extrêmement gênante pour lui : « Avez-vous parlé à ma fille ? »

L'avocat de Franklin ne manque pas de souligner qu'il n'a jamais été question d'une chemise tachée de sang, que Franklin n'est jamais allé sur la tombe de Susan. Mais sa véritable plaidoirie consiste à démolir la crédibilité de la vision d'Eileen, seul élément d'accusation dans le dossier. Le fait d'avoir eu une soudaine révélation est en soi étrange, et implique une certaine fragilité. Les contradictions sont nombreuses : « Son témoignage change constamment. Elle avoue avoir menti en disant que la chose lui a été révélée sous hypnose. Elle attend de trois à cinq mois avant d'en faire état. Pendant ce temps, elle va voir une autre thérapeute, mais ne lui dit rien. En racontant sa vision à la police par téléphone, elle ne parle pas de son père. Elle prétend avoir parlé du phénomène de mémoire récupérée avec son ami et thérapeute, Kirk Barrett, et lui avoir avoué que l'assassin était son père. Mais Barrett affirmera plus tard à la police qu'elle n'a pas parlé de son père, elle lui a dit : " Je n'ai pas vu son visage. " »

Pourquoi avoir insisté sur le fait qu'elle n'avait rien révélé sous hypnose ? Serait-ce parce que sa mère, avocate, lui aurait indiqué que les lois de l'État de Californie ne tiennent pas compte de révélations obtenues de cette façon ?

Il y a un conflit, également, au sujet de l'emploi du temps d'Eileen et de sa sœur Janice. Janice dit à la police que ce jour-là elle est arrivée à la maison à seize heures quinze, heure à laquelle elle a aperçu son père. Or, d'après Eileen, tout le monde était déjà parti en voiture à quatre heures. Dans ses premières révélations, il avait été question du matin. C'est seulement plus tard qu'Eileen avoue s'être trompée, qu'il s'agissait de l'après-midi. Car Susan était encore chez elle à trois heures et elle avait demandé la permission de sortir pour aller porter une paire de souliers à une amie. C'est d'ailleurs parce qu'elle n'est jamais revenue de cette course que ses parents ont commencé à s'inquiéter.

Tous ces détails, y compris l'heure de la disparition de Susan, les circonstances du meurtre, ses blessures, la découverte d'une bague tordue sous les coups, sont d'ailleurs de notoriété publique. Eileen n'a qu'à lire les journaux de l'époque pour tout reconstituer dans sa tête. Elle a d'abord parlé d'une « petite route de campagne ». Mais cela s'est passé près d'une autoroute, la 92. Et l'avocat de conclure : « Chaque fois qu'Eileen change d'avis, qu'il lui arrive de retrouver un détail supplémentaire, c'est parce qu'elle s'est rendu compte que sa révélation initiale ne correspondait pas aux faits. » Et il rappelle à la cour qu'au moment de la disparition de Susan, la police était sur une tout autre piste : une deuxième petite fille avait failli être victime d'un enlèvement. Elle avait pu se sauver, en signalant que son agresseur était « un homme dans une voiture bleue ». Cette voiture n'a jamais été retrouvée.

Enfin, il rappelle au jury que des producteurs et des maisons d'édition ont fait d'Eileen une vedette depuis ses révélations, et que son histoire sera plus médiatique – et plus rentable – si son père est reconnu coupable.

Mais au moment du procès véritable, le témoignage d'Eileen, habilement sollicité par le procureur Tipton, impressionne considérablement le jury.

« On était en train de jouer à l'arrière du minibus quand on s'est arrêtés. Mon père est sorti. Il a bu une bière et fumé une cigarette. Il est rentré dans le bus par la porte coulissante et on a commencé à jouer tous les trois. Puis je suis allée m'asseoir entre les deux sièges avant. Je me suis retournée, j'étais à genoux sur un des sièges. J'ai vu Susan, allongée. Mon père était sur elle. Ses petits bras étaient levés au-dessus de sa tête. » (L'avocat de la défense, Horngrad, notera plus tard que décrire ses « petits bras » était en soi l'aveu d'une reconstitution du témoin en tant qu'adulte.)

« Il lui tenait les poignets. Il se poussait contre elle. Sa robe s'était relevée. Lui avait gardé son pantalon, mais je l'ai vu, après, ajuster sa braguette. Susan gémissait : Non, ne fais pas cela.

– Qu'avez-vous fait alors ? lui demande Tipton.

– Je me suis roulée en boule par terre. »

Susan sort alors de la voiture en pleurant, raconte Eileen. « Mon père s'approche en tenant une pierre. Susan essaie de se protéger la tête avec ses mains. »

Après le meurtre, « mon père me secoue. Il me dit : c'est fini. Arrête maintenant. Il me dit aussi que si je raconte quoi que ce soit, si je ne m'arrête pas de pleurer, il me tuera. Je l'ai cru absolument ».

Eileen raconte que son père lui demande de l'aider à disposer le corps. Il lui dit : « Je vais faire en sorte qu'on croie qu'elle est tombée. »

De retour à la maison, Eileen commence à avoir peur, et par la suite récolte des mauvaises notes à l'école. « Je n'ai plus jamais pensé au meurtre. »

Tipton lui demande de décrire l'atmosphère familiale. « Il nous battait. » Et votre mère, lui demande Tipton, « quel était le degré de ses instincts maternels » ?

« Inexistants », répond Eileen.

Tipton lui demande des précisions sur les abus sexuels

dont elle a été victime de la part de son père. Eileen lui décrit une scène dans une baignoire, une autre en compagnie d'un ami de son père.

Elle se défend avec acharnement au cours du contre-réquisitoire de l'avocat de son père. Mais c'est le témoignage d'une psychiatre, le docteur Lenore Terr, qui a le plus d'effet. Terr, qui a examiné Eileen, non seulement croit qu'elle dit vrai, mais est convaincue que le phénomène de la mémoire récupérée est, dans presque tous les cas, digne d'attention. Elle a d'ailleurs écrit deux livres à ce sujet [1].

Kirk Barrett, ami (et l'un des thérapeutes) d'Eileen, témoin de la défense, a beau raconter à la cour comment les souvenirs flous du meurtre diffèrent du récit circonstancié qu'Eileen vient de faire, et qu'elle n'a que récemment pris connaissance des abus sexuels dont elle dit avoir été victime, il n'impressionne pas le jury. Tout comme George, le jeune frère d'Eileen, qui lui aussi relève les contradictions dans les aveux de sa sœur. « Je ne la crois pas », dit-il au procureur Tipton, visiblement agacée. Encore aujourd'hui, Horngrad s'indigne du fait que, contrairement à ce qui s'est passé au procès préliminaire, il ne lui sera pas possible de montrer les coupures de presse de l'époque au jury pour prouver que tous les détails du meurtre qu'Eileen a évoqués étaient déjà connus : le juge s'y oppose.

Le jury californien déclare George Franklin coupable. Le 28 janvier 1991, il est condamné à la prison à vie.

Comme le rapporte *Newsweek* [2] : « Si incroyable que cela puisse paraître, les souvenirs d'Eileen Franklin-Lipsker s'avérèrent assez précis pour convaincre un jury que son père était coupable... " C'est peut-être le seul cas où on a condamné quelqu'un pour meurtre uniquement sur la base d'une mémoire récupérée ", commente Elizabeth Loftus, professeur de psychologie à l'université de Washington, et témoin de la défense.

1. *Too Scared to Cry* et *Unchained Memories*, Basic Books, N.Y.
2. *Newsweek*, 11 février 1991.

« Il n'y a, en fait, ni témoin ni indice quelconque impliquant Franklin. Le procès tout entier se déroule autour de la question de savoir si un témoignage fondé sur la mémoire réprimée est valide. Selon Lenore Terr, psychiatre de San Francisco, témoin pour l'accusation, " des souvenirs traumatisants peuvent être bien plus clairs, bien plus détaillés et bien plus permanents que des souvenirs ordinaires – même s'ils sont refoulés depuis tant d'années ".

« Le verdict renforcera les convictions de tous ceux qui, en Amérique, croient dur comme fer au phénomène, généralisé, de la mémoire récupérée. Les psychiatres ne savent pas si de tels cas sont basés sur des faits ou des fantasmes. Aujourd'hui le phénomène reste tout aussi mystérieux que les circonstances de la mort de la petite Susan Nason [1]. »

En attendant, George Franklin reste en prison, libérable sous caution en l'an 2002.

---

1. *Newsweek*, 11 février 1991.

5

L'AFFAIRE MENENDEZ

Malgré son côté sensationnel, la condamnation de George Franklin n'eut, dans les médias, qu'une répercussion somme toute limitée. Il en fut autrement pour un double meurtre, commis en 1990, dont l'issue reste douteuse plusieurs années après malgré la culpabilité évidente, et d'ailleurs pleinement revendiquée, de ses auteurs.

Dans l'affaire Franklin, un jury californien a condamné un homme sans la moindre preuve matérielle de sa culpabilité. Dans l'affaire Menendez, un autre jury californien a refusé de condamner un couple de jeunes gens dont la culpabilité ne faisait aucun doute. Leur histoire démontre d'une façon exemplaire l'efficacité des nouvelles techniques utilisées par les avocats d'assises américains – et l'incroyable crédulité d'un jury manifestement hypnotisé par les arguments invoqués, si bizarres puissent-il paraître à un public européen. Les médias new-yorkais ont d'ailleurs souligné à plusieurs reprises que seul un jury californien pouvait agir de la sorte. Quoi qu'il en soit, et quel que soit en fin de compte le sort éventuel des accusés, le procès Menendez aura sa place dans l'histoire de la jurisprudence américaine : comme l'affaire Franklin, il prouve jusqu'où peut aller la disponibilité d'un jury confronté à des arguments psychologiques de ce nouvel âge américain – que ce soit dans le sens de la condamnation peut-être abusive (dans le cas de Franklin) ou du refus de condamner, également abusif, dans le cas des frères Menendez.

Dans toute affaire criminelle, quel que soit le régime politique ou social du pays concerné, il existe le risque d'une justice à géométrie variable. L'affaire Menendez en est une preuve presque caricaturale, dans cette Amérique où les plus grands avocats d'assises sont des vedettes à part entière, aussi célèbres, et presque aussi rémunérés, que les superstars des *talk shows* et du cinéma.

L'affaire débute le lundi 20 août 1990, avec la découverte, dans un somptueux ranch de Beverly Hills, des cadavres horriblement mutilés de José Menendez (quarante-six ans) et de sa femme, Mary Louise (quarante-quatre ans), « Kitty » pour les intimes. Ils ont été littéralement massacrés à bout portant au fusil de chasse, à tel point qu'ils n'ont, selon les enquêteurs du LAPD (Los Angeles Police Department), « plus guère forme humaine ». Ce sont les fils du couple, Lyle (vingt-deux ans à l'époque) et son frère Erik (dix-neuf ans), qui découvrent les corps. Sur la bande enregistrée du service d'urgence du LAPD, écoutée tant de fois depuis, la voix de Lyle, entrecoupée de sanglots, de pleurs, de propos incohérents, reflète l'horreur de ce qu'ils viennent de voir.

Il y a de quoi : dans le *den* de la maison, c'est-à-dire la salle de jeu et de télévision, les frères Menendez ont vu ce spectacle insoutenable : des corps déchiquetés, presque coupés en deux par les tirs répétés, des têtes éclatées, des morceaux de cervelle sur les murs. José, le père, a la tête presque arrachée : on lui a enfoncé le canon du fusil dans la bouche. Une balle à bout portant, tirée par-derrière, a également emporté une partie du crâne de Kitty. Quand la police arrive sur les lieux, Erik est roulé en boule dans le jardin, secoué par les sanglots. A un journaliste, deux mois plus tard, il déclare, encore tout hébété : « Je n'ai jamais rien vu de pareil, et j'espère que de ma vie je ne verrai rien de tel... Les corps étaient comme de la cire. Je n'ai jamais vu mon papa ainsi. C'est triste de penser qu'il n'a pas pu réagir, lui qui était si actif. » Et Erik ajoute : « A l'âge de seize ans, quand il est arrivé aux États-Unis, il était déjà seul, sans son père. Et maintenant moi, qui ai à peu près l'âge qu'il avait à cette époque-là, je n'ai pas de père non plus. »

José et Kitty Menendez n'étaient pas n'importe qui. P-DG de Live Entertainment, une des plus grandes boîtes américaines de distribution de disques et de vidéocassettes, José était un personnage connu et respecté, même s'il n'était pas très aimé, dans le milieu assez fermé et snob du cinéma hollywoodien. Kitty, elle, était une ancienne reine de beauté.

La police songe un moment à la possibilité d'un règlement de comptes de la Mafia, et les fils, interrogés (ils ont un alibi, bien qu'invérifiable – ils étaient au cinéma au moment du crime), penchent également pour cette explication : il est de notoriété publique que certains fonds de la Mafia proviennent du trafic de vidéocassettes piratées. En plus, José a eu affaire à un certain Noel C. Bloom, dirigeant d'une firme spécialisée dans les cassettes *hard* et soupçonné d'être en contact avec la Mafia. Il a également été en relation d'affaires avec un membre de la « famille » Genovese lors de l'achat, par Live Entertainment, de Strawberries, une chaîne de magasins de disques.

Mais les policiers savent également que la Mafia exécute rarement les femmes de leurs victimes, et qu'ils tuent plus proprement. Les affaires de José sont assez embrouillées, sa comptabilité n'est pas à jour, mais ses dispositions testamentaires sont d'une simplicité limpide. De son vivant, José a fait un testament, laissant l'intégralité de ses biens à sa femme. Si elle meurt à son tour, Lyle et Erik héritent de tout. On estime la fortune familiale à environ quinze millions de dollars.

Quinze jours après le meurtre, au cimetière, Lyle et Erik prennent la parole devant les deux cercueils et font un éloge dithyrambique de leurs parents, entrecoupé de larmes, qui dure au moins une demi-heure. L'assistance se compose de la famille Menendez et des nombreuses personnalités de Hollywood avec qui José travaillait – il avait, en fait, assez peu d'amis.

Contrairement à la plupart des personnalités du monde du cinéma et de la télévision à Hollywood, il sortait peu. Les Menendez vivaient en famille. José était d'ailleurs intarissable sur l'importance des vertus familiales, se vantant de dîner tous les soirs à la maison; intarissable, aussi, sur les prouesses de ses deux fils – d'Erik, surtout, champion de tennis depuis son enfance – et sur leur attirance pour la politique (Erik voulait, selon un ami, devenir le premier sénateur américain anticastriste d'origine cubaine).

La vie de José est l'illustration même du rêve américain accompli. En 1960, son propre père, champion de football cubain, vivant à La Havane et voyant le vent venir, expédie son fils, déjà champion de natation, en Amérique. Comme beaucoup de Cubains aisés, il vient d'être exproprié par le régime castriste et songe à un avenir meilleur pour ses propres enfants. José obtient une bourse d'athlétisme à l'université d'Illinois du Sud, qu'il quitte sans diplôme pour s'établir à New York. Il vient de se marier avec Kitty, qu'il a rencontrée à l'université. Son père lui écrit qu'il le trouve trop jeune pour se marier, et José répond : « Si j'étais suffisamment adulte pour me retrouver aux États-Unis sans un sou à l'âge de seize ans, je suis suffisamment adulte pour me marier à dix-neuf. »

Après des études enfin réussies, il devient aide-comptable chez Coopers & Lylbrand, une des plus grandes firmes de New York. Il impressionne un de leurs clients, dirigeant une compagnie maritime de fret, devient leur employé et bientôt leur contrôleur financier. Puis il entre chez Hertz, où il se fait remarquer par sa capacité de travail et son esprit d'initiative. Hertz est racheté par RCA, un des grands conglomérats de Hollywood, et José devient très vite un des hauts cadres de leur département de disques, s'occupant des Duran Duran et d'autres groupes de choix. En 1980, il est recruté par un concurrent de RCA, la maison de production Carolco, qui achètera Live Entertainment, dont Menendez sera nommé P-DG. « Je n'ai jamais vu quelqu'un travailler avec un tel acharnement, dit de lui Bob Stone, P-DG de Hertz. S'il était resté chez Hertz, je suis persuadé qu'il en serait devenu le président. »

José Menendez est aussi exigeant en ce qui concerne ses fils qu'il est dur avec lui-même. Obsédé par son propre passé d'athlète, il veut qu'ils excellent dans le sport de leur choix. Il se trouve que tous deux sont doués pour le tennis. José engage des professionnels pour des cours privés trois fois par semaine ; le week-end, il les regarde jouer pendant des heures, les conseille, les encourage, les rabroue aussi. « Nous sommes des répliques de mon père, dira Erik peu après la mort de celui-ci. Il voulait qu'on soit exactement comme lui. »

Avant de faire partie de Carolco, José Menendez ne vivait pas à Los Angeles, mais à Princeton, ville universitaire, petit bijou d'architecture traditionnelle, qui ressemble fort au Cambridge anglais. Erik et Lyle vont à la Princeton Day School, école réputée dont la plupart des anciens décrochent une place à l'université de Princeton, l'une des plus prestigieuses des États-Unis. Malgré l'engouement des jeunes Américains pour le sport, les deux fils Menendez, en dépit de leur niveau de tennismen quasi professionnels, n'y ont pas beaucoup d'amis. Dans ce milieu de fils d'intellectuels aux revenus corrects, mais sans plus, ils font trop figure de « nouveaux riches », avec leur Alfa sport décapotable rouge, leurs costumes Cardin et leurs blousons en peau. Ils ont aussi beaucoup plus d'argent de poche que les autres, à tel point que Lyle devient l'argentier de sa classe. On le surnomme l'« usurier » (*loan shark*), car s'il prête volontiers, c'est toujours dans l'intention de gagner plus.

Lyle entre à Princeton, comme prévu, et devient tout de suite membre de l'équipe universitaire de tennis. Mais, surpris en train de tricher pendant un examen de première année, il est renvoyé pour six mois. Admis de nouveau, il reprend sa place dans l'équipe mais n'y deviendra jamais une star : ses coéquipiers lui reprochent son arrogance, son côté renfermé, son manque d'esprit d'équipe et ses colères sur court à la John McEnroe.

En fait, et malgré l'apparente fierté du père pour ses fils, son éloge intarissable des vertus familiales, la famille Menendez n'est ni unie ni heureuse : Kitty apprend très vite que José a des liaisons, passagères mais innombrables. Elle devient dépressive, neurasthénique, se met à boire, se bourre de calmants, prend des kilos. Les fils, eux, sont excédés par l'autorité excessive de José à leur égard, par son comportement dominateur et les remarques blessantes qu'il ne cesse de leur prodiguer en privé.

Après avoir quitté Princeton, la famille se fixe dans une banlieue cossue de Los Angeles : Calabasas. Là, les choses se gâtent sérieusement. Erik est arrêté pour des cambriolages de maisons voisines, pris la main dans le sac en train d'essayer d'écouler des bijoux volés. Les policiers croient Lyle également coupable, mais ne peuvent le prouver. Le père rembourse les sommes relativement importantes (il s'agit de plus de cent douze mille dollars en tout), dédommage ses voisins et engage un avocat réputé qui obtient une simple mise sous surveillance pour Erik. Pour changer d'ambiance, et de voisins, on change de quartier. C'est ainsi qu'après ce premier drame, la famille s'installe à Beverly Hills, dans une maison de plus de cinq millions de dollars : c'est l'ancienne demeure d'Elton John, puis de Michael Jackson.

Après la mort de José et Kitty Menendez, les deux frères refuseront d'y vivre. Ils prétendent être en danger de mort, cibles de choix de la Mafia, et préfèrent l'hôtel, changeant d'adresse toutes les semaines.

Pendant les six mois qui suivent la mort de leurs parents, Lyle et Erik semblent se remettre assez bien de leur épreuve. Ayant vite accès à l'argent de l'héritage, ils dépensent sans compter : quatre jours après la mort de ses parents, Erik achète une montre Rolex pour neuf mille dollars, et échange sa vieille Thunderbird contre une Jeep neuve. Lyle choisit une Porsche. Ils louent des suites de luxe au Beverly Hills Hotel, voyagent, font la fête, il y a des sorties nocturnes presque tous les soirs avec des amies dans des restaurants à la mode. Lyle achète un restaurant à Princeton, « Buffalos », Erik se dote d'un *coach* de tennis à domicile qui lui coûte cinquante mille dollars par an – bref, ils claquent au bas mot sept cent mille dollars en trois mois.

Mais ce n'est pas cette orgie de dépenses qui justifie leur arrestation six mois presque jour pour jour après le double meurtre, ni le fait que les deux frères semblent se désintéresser complètement de l'enquête, ni même que les policiers découvrent qu'Erik a écrit un scénario, deux ans auparavant, dont l'histoire ressemble étrangement au drame qui vient de se produire (c'est d'ailleurs Kitty, toute fière de cette nouvelle preuve de talent de son fils, qui l'a tapé à la machine), mais un coup de téléphone, d'abord anonyme : selon une voix féminine, bientôt identifiée comme étant celle de Judalon Smith, trente-six ans, les frères Menendez auraient avoué leur double crime à leur psychiatre. Cachée dans l'antichambre, elle a tout entendu – y compris leurs menaces de mort à l'égard du psychiatre si jamais il révélait quoi que ce soit à la police. Leurs propos, ajoute-t-elle, ont été enregistrés à leur insu. Elle était présente parce que le psychiatre voulait qu'il y ait un témoin secret, « au cas où ça tournerait mal ».

Judalon Smith est, depuis peu, l'ancienne maîtresse de Jerome Oziel, le psychiatre engagé par José Menendez pour soigner Erik après les cambriolages. Petit à-côté du drame : son coup de téléphone représente une vengeance envers son amant. Marié, Oziel lui a fait croire pendant longtemps qu'il était sur le point de divorcer pour l'épouser. Elle appelle la police peu après avoir compris qu'il n'a nullement l'intention de quitter sa femme.

Oziel accompagne la police dans les locaux d'une banque sur Ventura Boulevard et leur remet dix-sept cassettes, jusqu'alors en sécurité dans un coffre. Une heure et demie plus tard, des mandats d'arrêt sont lancés. Lyle est arrêté tout de suite. Erik, en tournée de tennis en Israël, après quelques jours de flottement, décide de rentrer. Il est arrêté à sa descente d'avion, à l'aéroport de Los Angeles.

Le contenu de ces cassettes se révèle sensationnel : non seulement les deux frères décrivent comment ils ont tué leurs parents, mais expliquent, comment ils se sont procuré les fusils de chasse trois jours auparavant, dans la ville de San Diego toute proche, utilisant la carte d'identité (volée) d'un ami. Les mêmes armes sont restées cachées des jours durant dans un coffre de voiture du garage familial, qu'étonnamment la police n'a jamais fouillée. Ils racontent aussi comment ils en ont finalement disposé – ils les ont jetés dans un ravin.

Selon Erik, l'idée de tuer leurs parents leur est venue à la suite de leur découverte d'une note écrite de la main de Kitty, annonçant qu' « elle n'en pouvait plus », et qu'elle s'apprêtait à mettre fin à ses jours. Sur la bande, la police entend Lyle dire à Oziel : « On a découvert cette note griffonnée dans un livre qui disait : je vous aime tous les deux, mais je n'y peux rien, il n'y a aucune solution à mes problèmes, bla bla bla et bla bla bla, des trucs comme ça. En quelque sorte on voulait leur rendre service. D'un certain point de vue, c'était un suicide. »

Alors pourquoi avoir aussi tué votre père ? leur demande Oziel. Les fils répondent qu'ils savaient depuis longtemps que leur père trompait leur mère, que c'était pour ça qu'elle se bourrait d'alcool et de tranquillisants. Lyle dit : « On a pensé tuer papa pour se débarrasser du problème. » Erik ajoute : « Après toutes les tortures qu'il a infligées à maman... »

Et l'héritage ? demande Oziel. On a dit que votre père était sur le point de vous déshériter ?

« Ça n'a pas grand-chose à voir avec ce qui s'est passé », répond Lyle froidement.

« Le tuer, c'était en finir avec un tas de choses, reprend-il. Mon père rêvait de me voir faire de la politique. Maman n'aurait jamais supporté cela. Elle voulait

102

qu'il cesse de travailler pour s'occuper d'elle, qu'il mette fin à cette vie de dictateur. Si j'avais fait de la politique, il aurait voulu être là, il aurait été encore moins à la maison.

« Toutes ces bonnes petites choses qui faisaient partie de notre intimité me manquent, poursuit Lyle. Une des douleurs les plus vives que je ressens, c'est qu'ils ne soient plus là. Oui, ils me manquent. C'est comme le chien que j'avais dans le temps, et qui me manque aussi, si je peux faire cette comparaison... Tous ces trucs, cette partie de pêche qu'on a faite ensemble le jour avant... » Effectivement, la veille du meurtre, un dimanche, tous les quatre ont passé la journée en mer, pêchant le requin au large de la côte dans un somptueux hors-bord loué pour l'occasion.

Pendant les trois ans qui vont suivre, les frères Menendez restent en prison alors que se poursuit un combat juridique autour de ces cassettes. Seront-elles ou non admises au cours du procès ? Les avocats de la défense sont contre, et on les comprend : l'amoralité, le froid détachement des deux jeunes gens faisant le rapprochement entre l'assassinat de leurs parents et la mort de leur chien seront, ils le savent, du plus mauvais effet sur n'importe quel jury. Après la décision du juge de les verser au dossier et de les faire entendre au jury, presque tous les experts s'attendent à leur condamnation – et à leur exécution, puisque la peine de mort existe encore en Californie. Il faut noter, aussi, que si l'image qui se dégage du couple assassiné est sensiblement différente de celle que voulait donner José Menendez de son vivant (et très différente, aussi, des descriptions élogieuses de ses deux fils au moment de leurs funérailles), à aucun moment il n'est question d'abus sexuels : il est évident que si Erik, enfant, avait été abusé sexuellement par son père, il en aurait fait part à son psychiatre au début de sa propre thérapie, bien avant le meurtre – c'était une excuse parfaite pour expliquer son comportement et ses cambriolages. A plus forte raison, si, comme l'affirmait Lyle, Erik n'avait cessé d'être victime de la conduite de son père, il est également certain qu'au cours de la conversation secrète qu'ils ont eue avec leur psychiatre *après* le meurtre de leurs parents, les deux frères auraient évoqué les sévices commis sur eux par leur père, pour expliquer et excuser leur crime. Il n'en a rien été. Or, on pouvait reprocher à José Menendez d'être coureur, hypocrite, excessivement dur en affaires, et dur aussi, à certains égards, avec ses fils, mais en aucune façon, avant le début du procès, d'être un monstre, dont la mort serait non seulement excusable, mais honorerait les justiciers. Quant à Kitty, délaissée, humiliée, seule, méprisée par ses fils (elle fait part à une amie, trois jours avant sa mort, d'une conversation « excessivement pénible » qu'elle a eue au téléphone avec Lyle, où il l'insulte), elle inspire surtout de la pitié : c'est ce qui fera dire plus tard à Alan Dershovitz, le grand avocat d'assises et professeur à Harvard, que « si les procureurs s'étaient concentrés sur le meurtre de Kitty Menendez par leurs fils, à l'exclusion de toute autre chose, ils auraient sûrement gagné [1] ».

Mais c'était oublier la présence à la barre du chef de file des avocats de la défense, la redoutable Leslie Abramson. La cinquantaine, élégante, personnalité en vue de Hollywood, mariée à un journaliste du *Los Angeles Times*, Abramson est, en quelque sorte, le Me Vergès américain. Comme l'écrira plus tard Charles L. Lindner [2], ancien président de l'Association des avocats d'assises (Criminal Courts Bar Association), « il y a trente-cinq mille avocats à Los Angeles, mais seulement quarante d'entre eux sont capables de défendre un meurtrier. Sur ces quarante, il y en a trente-neuf, et puis il y a Abramson. Quand elle fait son numéro, elle hypnotise même ses collègues les plus blasés... C'est le Bobby Fisher, le Horowitz des affaires criminelles. Au procès des frères Menendez, ce n'était pas Kitty Menendez qui était la mère des accusés, mais elle. Elle ne s'est pas embarrassée d'arguments juridiques, c'était plutôt la mère louve défendant ses chiots. Pour Abramson, Lyle et Erik Menendez étaient des Rémus et

1. *The Abuse Excuse*, Little Brown, NY, 1994.
2. *Los Angeles Times*, 16 janvier 1994.

Romulus modernes, et José et Kitty Menendez, loin d'être des parents, des loups sauvages, qu'il fallait abattre parce qu'ils s'acharnaient sur " ces gosses " – qui étaient, rappelons-le, bel et bien des adultes au moment du crime. C'est pourquoi elle les dorlotait, leur apportait des gâteaux, vérifiait leur tenue, injuriait tous ceux qui mettaient en cause son argumentation clé, selon laquelle les deux frères avaient été abusés sexuellement par leurs parents. Ce qui a donné lieu à des moments assez cocasses, comme cette intervention du juge Stanley M. Weisberg, président de la cour : " Maître Abramson, arrêtez votre numéro de maman juive. J'estime que votre client a démontré, de la façon la plus éclatante possible, qu'il n'a plus besoin d'une mère. " »

Adopter ses clients accusés de meurtre, les traiter comme ses propres enfants, les materner, « fait partie de son jeu, dit Lindner. Au cours d'un procès, elle entre littéralement dans un état second, qu'elle communique à son entourage, et surtout au jury. Dans un certain sens, l'observer au cours d'un procès est l'équivalent de suivre une performance de Jack Nicholson. On se dit : peut-être n'est-ce pas un jeu, peut-être est-il réellement fou!... Son autre qualité est sa rage dévorante. Un gouvernement qui tue est un gouvernement barbare. Pour Mᵉ Abramson, la chambre à gaz n'évoque pas San Quentin, mais Auschwitz. Les gens qui envoient ses clients à la chambre à gaz ne sont pas des procureurs, ce sont des nazis ».

Ce que Lindner ne dit pas, c'est que Mᵉ Abramson est aussi un prodigieux metteur en scène, un *coach* qui donne, des jours durant, avant le procès, de véritables cours d'art dramatique à ses clients, pour qu'ils jouent le jeu le plus apte à influencer un jury dans un sens favorable.

Dès le début du procès, l'intention de Mᵉ Abramson est claire : justifier le meurtre des parents en les présentant comme des monstres. Elle n'y va pas par quatre chemins. Ainsi, appelé à témoigner, Lyle prétend que « depuis l'âge de sept ans, mon père introduisait une brosse à dents dans mon anus. Je devais aussi le sucer ». D'après lui, ce sont les confidences d'Erik (qu'il lui aurait faites peu avant le drame) qui ont provoqué la tuerie. Erik avoue avoir été lui aussi victime, pendant des années, d'abus sexuels infligés par son père, et que, loin de s'arrêter avec l'adolescence (les abus sur Lyle n'ont eu lieu que dix-sept ans auparavant) son père continue d'en abuser sexuellement. A tel point qu'Erik lui confie qu'il met des clous de girofle dans la tasse de café de son père, « parce que comme ça, au moins, son foutre a meilleur goût »!

Peu importe que ces accusations soient entièrement inédites et nullement corroborées, ni par le psychiatre, auprès de qui les deux frères n'en ont jamais fait état, ni par l'entourage familial, ni par les petites amies des deux frères, qui ne leur en avaient jamais parlé, ni par les domestiques.

Mais la stratégie de Me Abramson ne vise pas seulement à justifier le crime par ces prétendus abus sexuels. Elle sait que, même dans les cas les plus atroces, nul n'a le droit de se faire justice soi-même. En droit américain, la seule circonstance atténuante reconnue est celle de la légitime défense, dans le cas où le ou les meurtriers estiment qu'ils sont eux-mêmes en danger imminent de mort. C'est, contre toute vraisemblance, ce qu'elle va essayer de démontrer.

Les deux frères, parfaitement à l'aise dans leur nouveau rôle de victimes, répètent inlassablement qu'ils se croyaient menacés par leurs parents – qu'il étaient convaincus qu'on voulait se débarrasser d'eux. Le motif, tout trouvé : Lyle prétend avoir affronté son père au sujet d'Erik, l'avoir sommé d' « arrêter ses cochonneries ». José Menendez lui aurait répondu : « Mes rapports avec mon propre fils ne regardent personne. J'ai le droit de faire ce qu'il me plaît. »

Pour étayer sa thèse, Me Abramson fait comparaître une brochette d'experts. Il y a notamment Paul Mones, juriste spécialisé, auteur d'un livre intitulé *Les Enfants victimes d'abus sexuels, meurtriers de leurs parents*. Sa thèse : les parents tués par leurs enfants sont entièrement responsables de ce qui leur arrive. « Je lutte contre ceux qui sont coupables d'abus sexuels envers leurs enfants, raconte-t-il volontiers avec un certain cynisme, seulement, dans mon cas, quand je m'y mets, les parents sont déjà morts. » Il soutient que les enfants victimes d'abus sexuels sont tellement traumatisés par ce qui leur arrive qu'ils sont incapables de faire la distinction entre fantasmes et réalité. Ainsi, le moindre geste, la moindre allusion ou remarque d'un parent abusif peut déboucher sur une perception de la part des victimes d'un « danger imminent » justifiant la légitime défense. Mones gagne très bien sa vie : expert itinérant – il ne fait que cela –, il se loue à prix d'or dans des cas de ce genre. Il fait d'ailleurs partie de l'équipe qui a entraîné les deux frères avant le procès, il les dirige discrètement, de son siège, tel un chorégraphe.

Me Abramson a néanmoins du pain sur la planche. Il y a cette partie de pêche, le jour avant le meurtre, la référence à « ces petites choses si agréables » dont Lyle avait parlé au psychiatre. « Mais vous ne vous rendez pas compte, sur le bateau, nous nous sentions à chaque instant en danger de mort », répètent les deux frères avec des accents on ne peut plus sincères.

Plus grave pour la défense, il y a le fait que les deux frères ont tué non seulement leur père, mais aussi leur mère, et que la tactique de Me Abramson ne leur permet plus de revendiquer « une sorte de suicide » qui aurait été un acte de bienfaisance, comme ils l'avaient prétendu lors de leur conversation avec leur psychiatre. Interrogé par le procureur, Lyle assume froidement sa responsabilité. « J'ai aperçu un mouvement là où devait être ma mère. Alors j'ai rechargé, j'ai fait le tour et j'ai tué maman, à bout portant. » Là aussi, il y aurait légitime défense. Peu importe qu'en réalité, au moment où débouchent les deux fils avec leurs fusils de chasse (achetés depuis trois jours seulement), leurs parents sont assis devant leur poste de télévision en train de déguster des fraises à la crème –

107

Kitty Menendez est même en train de remplir des formulaires pour inscrire Erik à l'université de Berkeley. « J'étais convaincu, dit Erik à la barre, qu'en réalité, quand ils sont entrés dans le *den*, c'était pour comploter, qu'ils se préparaient à nous tuer tous les deux, qu'il y avait urgence, qu'il ne nous restait que quelques secondes à vivre. » Peu importe aussi que dans cette maison, chez ces parents prétendus tueurs, la police n'ait retrouvé aucune arme.

Kitty méritait-elle aussi l'étiquette d' « abuseur sexuel » ? Oui, affirme Erik, bien dressé par ses avocats, qui débite avec cynisme les preuves de sa culpabilité, ou plutôt de l'amour excessif qu'elle avait pour son fils : « Quand j'étais môme, elle entrait dans la salle de bains et me lavait partout. Il m'est arrivé de coucher dans son lit jusqu'à l'âge de treize ans. »

Malgré l'évidente mauvaise foi des frères Menendez, l'inconsistance de leurs témoignages, la preuve de leurs mensonges répétés, l'absence de tout témoignage concordant avec leurs allégations si tardives, le jury semble n'avoir entendu que Me Abramson. Les jurés ne pouvant se mettre d'accord sur la culpabilité des frères Menendez après des semaines de débats houleux, le procès a été tout simplement annulé.

Les frères Menendez restent en prison en attendant un deuxième procès, avec un autre jury. Certains juristes californiens pensent même qu'étant donné les sommes déjà dépensées et le temps perdu, on s'achemine vers un compromis : plutôt que d'ouvrir un deuxième procès avec un deuxième jury aussi divisé que le premier, il est possible, disent-ils, que les procureurs acceptent que les frères Menendez passent quelques années en prison, puis qu'ils soient discrètement relâchés.

En tout cas, ils n'ont plus un sou. C'est une des ironies de cette affaire que le crime n'a, en définitive, profité qu'aux avocats et à la société de production Carolco, propriétaire de deux contrats d'assurance sur la vie du P-DG de Live Entertainment. Le premier, de l'ordre de quinze millions de dollars, leur a été immédiatement versé. La deuxième assurance, celle-ci pour cinq millions de dollars, devait être à la disposition de José Menendez lui-même – mais puisqu'il n'avait pas rempli les papiers nécessaires à temps, ni indiqué à qui elle devait profiter, c'est également à son émetteur, Carolco, que la somme a finalement été attribuée.

La situation financière de José Menendez n'était d'ailleurs pas aussi brillante que le supposaient ses enfants : la maison de Calabasas, qui avait coûté un million et demi de dollars, n'avait pas trouvé d'acquéreur ; la maison de Beverly Hills était, pour sa part, lourdement hypothéquée – les banques réclamant la somme de deux millions de dollars, soit, en remboursement des hypothèques, environ cinq cent mille dollars par mois. Les avocats, aussi, ont coûté cher : un million de dollars pour la seule Leslie Abramson, autant sans doute pour le reste de son équipe, et les divers experts. Il en résulte que les frères Menendez ne sont plus en mesure de trouver des fonds équivalents pour s'assurer sa collaboration, dans le cas d'un deuxième procès.

Les affaires sont les affaires : Mᵉ Abramson a beau être une « mère louve » pour ses petits clients, elle ne travaille pas au rabais. Or, si elle consent à les représenter aux frais de l'État de Californie, elle ne peut s'attendre à gagner plus de deux cent mille dollars, et elle a fait savoir que cela serait, pour elle, inacceptable.

Ce qui explique le contenu d'une circulaire, signée par Leslie Abramson elle-même, à en-tête de l'Erik G. Menendez Legal Defense Fund (Fonds de défense juridique Erik G. Menendez), qui a passablement surpris ses destinataires, même les plus rompus aux coutumes hollywoodiennes. Il faut dire que le mélange de sentimentalité et d'arnaque en fait un modèle du genre.

Mᵉ Abramson remercie les trois mille supporters qui ont adressé des cartes de vœux et des messages d'encouragement à Erik.

« Pour ceux d'entre vous qui ont partagé avec nous

votre douleur, vous savez bien l'étendue de notre amour et de notre compréhension. Vous seriez stupéfiés de savoir à quel point vous nous avez aidés. A ceux d'entre vous qui ont écrit simplement pour faire partager votre amour et votre sentiment de solidarité, merci d'avoir pu faire comprendre à Erik qu'il existe tant de bonté dans le cœur des gens. Cela n'a certainement pas été la leçon qu'on lui a apprise, enfant. »

Viennent les choses sérieuses. « Mais défendre Erik efficacement coûte cher. Alors que l'État de Californie est censé payer pour la défense de ceux qui, comme Erik, risquent la peine de mort, la cour a déjà refusé de rembourser certaines dépenses du premier procès. Si nous devons dépendre de leur financement, nous n'aurons pas assez d'argent pour procéder comme nous l'avons fait antérieurement, et nous risquons donc de perdre, faute de moyens.

« Comme vous le savez, mes dépenses ont été réglées sur les fonds de l'héritage, dont il ne reste rien. Si j'étais riche, je le défendrais cette fois gratuitement. Mais la dure réalité est que j'ai une famille à charge, et que je suis déjà endettée du fait de l'insuffisance de mes honoraires lors du premier procès.

« C'est pourquoi nous demandons à tous ceux qui ont exprimé leur encouragement à Erik de donner ce qu'ils peuvent... Il nous faudrait plus d'un million de dollars... Qu'il vous soit possible ou non de contribuer à ce fonds de défense, je tiens à vous dire à quel point vos efforts nous ont touchés, surtout Erik, au cours de l'épreuve du premier procès. Que Dieu vous bénisse tous. »

Pour les fans des frères Menendez qui trouveraient cet appel irrésistible, je signale, à toutes fins utiles, que le bureau de Me Abramson, qui se charge de la collecte des fonds, se trouve au numéro 4929 du Wilshire Boulevard (suite 940), Los Angeles, CA 90010 (téléphone : 213-933 9364)...

6

L'INNOCENCE BAFOUÉE

En 1989, un différend mineur met aux prises Betsy Kelly, directrice d'une école maternelle, et une mère de famille connue pour son caractère opiniâtre et dominateur, membre influent de la ville d'Edenton, en Caroline du Nord.

Cette bourgade de cinq mille habitants, fondée au début du XVIIIe siècle, véritable petit joyau historique situé au bord de l'eau, avec ses grandes maisons coloniales blanches, son port de plaisance, sa *Main Street* digne d'une toile de Norman Rockwell, est, jusqu'en 1989, une ville paisible et sans histoires.

Le désaccord est minime, clochemerlesque : la mère de famille s'indigne que Betsy Kelly, qui, avec son mari Bob, est également propriétaire de l'école Little Rascals (« Petits Chenapans ») a osé, en classe, gifler son petit garçon. Plusieurs fois, elle exige des excuses de Betsy Kelly. Celle-ci l'envoie promener. L'enfant, extrêmement turbulent, avait, paraît-il, dépassé les bornes.

Peu de temps après, des bruits se répandent dans la ville. Il « se passerait quelque chose » à Little Rascals. La mère de famille indignée n'est pas étrangère à ces rumeurs. Des lettres commencent à circuler, les rumeurs s'amplifient, et quelques parents sollicitent le concours d'assistantes sociales pour en savoir plus.

Interrogés par trois thérapeutes rémunérées par l'État

de Caroline du Nord – Susan Childers, Betty Robertson et Judy Abbott –, tous les enfants dont les parents ont accepté de coopérer avec les enquêteurs (il y en a quatre-vingt-dix en tout) nient en bloc. Mais, d'après les trois thérapeutes, « cette réaction est typique des victimes d'abus sexuels ».

Les quatre-vingt-dix enfants (ils ont entre deux ans et demi et sept ans), questionnés sans relâche – certains quotidiennement pendant plus de neuf mois –, harcelés par leurs parents, les policiers, les procureurs, soumis à une épreuve interminable et difficilement supportable, commencent à montrer des signes alarmants – insomnies, accès de colère, crises de larmes. C'est bien la preuve qu'il leur est arrivé quelque chose, affirment alors les thérapeutes, car les enfants victimes d'abus sexuels présentent ce type de symptômes. Parmi les parents, peu relèvent le fait que ces mêmes enfants, avant le début de leurs interrogatoires, ne manifestaient aucun de ces symptômes et semblaient tout à fait équilibrés.

Enfin, les aveux commencent, mais toujours provoqués par les questions pressantes et détaillées des thérapeutes, dont les séances n'ont été ni enregistrées ni filmées. Les enfants craquent parce qu'ils ont fini par comprendre ce qu'on attendait d'eux. Pour mettre un terme aux interrogatoires interminables auxquels ils sont soumis, ils disent oui à toutes les questions posées par les thérapeutes. Oui, on a abusé d'eux sexuellement, et de toutes sortes de façons. Dans leur désir de se libérer, ils dénoncent non seulement Betsy et Bob Kelly, mais une vingtaine d'autres habitants de la ville. Bob et Betsy Kelly sont arrêtés, ainsi que deux de leurs assistantes et le propriétaire d'un magasin vidéo qui n'a jamais mis les pieds à l'école. Deux autres employés de l'école sont également inculpés, mais laissés en liberté provisoire. Tous seront jugés séparément. Bob Kelly restera en prison préventive pendant deux ans et demi, Betsy sortira sous caution au bout d'un an. Quant au propriétaire du magasin, Scott Privett, sa détention préventive durera trois ans et demi.

Quand les enfants témoigneront, il n'y aura pas de huis clos : les parents sont là, dans la salle. Ils restent silencieux, mais leur présence même est une forme de contrainte : les enfants ont tout intérêt à bien énoncer les phrases qu'on leur a rabâchées.

Avant l'ouverture du procès, l'avocat de Bob Kelly se bat sur un autre terrain : si invraisemblable que cela puisse paraître, Kelly n'a aucune idée précise des accusations portées contre lui. Aux États-Unis où la justice criminelle est pointilleuse, si soucieuse des droits des accusés que bon nombre de criminels se voient acquittés faute de preuves, le contenu des charges, obtenues grâce à une thérapie quelconque, est censé rester secret. Les thérapeutes eux-mêmes, ainsi que les parents et les procureurs, sont bien sûr tout à fait au courant des allégations des enfants – dans la majorité des cas, ils les ont même inspirées. Mais les détails de ces accusations ne sont pas communiqués à la défense, la raison invoquée étant le secret médical entre le thérapeute et le patient, et le fait que « toute révélation prématurée pourrait avoir une conséquence fâcheuse en ce qui concerne la réhabilitation des enfants » !

L'histoire du procès des dirigeants de Little Rascals n'est pas sans rappeler le cas Ingram. Certaines des allégations sont grotesques, et aucun témoignage n'existe en dehors de ce que les enfants, savamment manipulés par les thérapeutes, racontent. Quant aux parents, ils entrent dans le jeu car « nos enfants ne mentent pas ». « Bien sûr, dit la mère d'un petit garçon de cinq ans, mon fils a dit qu'il ne s'était rien passé. Mais on m'avait prévenue que, dans des cas de ce genre, les enfants commencent toujours par nier. » « Il a fallu dix mois, raconte la mère d'une petite fille de quatre ans, avant qu'elle soit suffisamment en confiance pour avouer qu'il s'était passé quelque chose. »

Les trois enfants de Brenda Ambrose fréquentaient l'école. Elle-même y travaillait comme aide-cuisinière. « Si quelque chose d'anormal s'y était passé, dit-elle, je m'en serais rendu compte. » Ses enfants, après des mois de séances thérapeutiques, mettent en cause Bob et Betsy Kelly. « D'après leur témoignage, je suis forcée de constater ce qui s'est passé. Mais j'étais là, juste à côté, les parents allaient et venaient sans cesse, il y avait un va-et-vient continuel. Si on me demande : avez-vous vu quelque chose ? je serai forcée de dire que je n'ai rien vu. » Un enquêteur la prévient : qu'elle garde ses impressions pour elle, autrement, on pourrait l'inculper, elle aussi [1].

Avant le début de l'enquête, les Kelly sont des gens respectés, aimés même – Betsy, surtout, connue pour sa droiture, sa passion du travail, sa nature généreuse. A sa sortie de prison préventive, elle est incapable de croire à ce qui lui est arrivé. « J'avais lu les comptes rendus des enfants. C'est horrible, un cauchemar, je ne comprends toujours pas ce qui nous est arrivé, ni pourquoi. »

« C'était difficile d'y croire, avoue une jeune mère convaincue de la culpabilité de Betsy. Il est tellement facile de s'en faire une amie, je l'aimais beaucoup. Le fait que Betsy était impliquée était pire que le récit de l'abus sexuel lui-même. »

Parmi les enfants qui fréquentaient l'école, se trouvent les trois enfants de Betty Forrest, qui avait quitté la ville au moment où l'affaire avait éclaté. Elle refuse de les envoyer chez les thérapeutes d'Edenton, mais les fait examiner par un psychologue spécialisé qui ne décèle aucune trace d'abus sexuel. Les rapports de médecins sont d'ailleurs négatifs en ce qui concerne tous les enfants impliqués (qui entre-temps ont accusé les enseignants de l'école de viol et de sodomie). « Je suis convaincue qu'il ne s'est rien passé, dit Betty Forrest. Je travaillais à plein temps, j'avais des horaires impossibles. Bob et Betsy Kelly ne savaient jamais quand j'allais rendre visite à mes enfants et, à l'école, les portes étaient toujours grandes ouvertes, on entrait et sortait de toutes les pièces comme

---

1. Je dois la plupart de ces témoignages à Ofra Bikel, réalisatrice d'un documentaire remarquable, « Innocence Lost », diffusé par PBS (chaîne américaine non commerciale) en 1993.

on voulait. D'ailleurs, mes enfants me racontent toujours tout. » Les enfants d'Elen et de Clem Bloom, qui ont également fréquenté l'école, paraissent tout à fait normaux et indemnes au psychiatre (indépendant) qui les examine. D'après les Bloom, « dans la région d'Edenton, à l'époque, il était quasiment impossible de trouver des enquêteurs ou des thérapeutes impartiaux. Tous étaient convaincus que les Kelly étaient coupables ».

Le procès débute non loin d'Edenton en août 1991, c'est-à-dire deux ans et demi après les faits reprochés aux accusés. Il durera huit mois. On apprendra plus tard que les enfants choisis comme témoins ont été soigneusement dressés par leurs parents et leurs thérapeutes pour répondre de manière convaincante aux questions des procureurs et des avocats de la défense. Ellen, quatre ans et demi au moment des faits supposés, a maintenant sept ans et demi. Devant le juge et les douze jurés, elle raconte que « Monsieur Bob a mis sa chose dans mon derrière ».

« As-tu raconté ça à ta mère le jour où ça s'est passé ?
– Non.
– Pourquoi ?
– Monsieur Bob m'a dit qu'il nous tuerait, ma maman et moi.
– Et tu l'as cru ?
– Oui. »

Bridget, également quatre ans et demi au moment des faits, raconte à peu près la même chose. Plus tard, on apprendra les détails de son conditionnement. A la deuxième séance, son thérapeute a remis un livre à sa mère, *Patty le lapin*, pour qu'elle le lise tous les soirs à sa fille. Patty est un petit lapin qui fréquente une école. Il y avait un grand lapin dont on disait qu'il était l'ami de tout le monde, et qui s'occupait des plus petits. Mais c'était un méchant, il « leur faisait des choses ». Une petite fée lapine conseille à Patty de raconter la vérité à ses parents, « et tu te sentiras mieux ». Après lecture, Bridget nie toujours qu'il lui soit arrivé quelque chose. La thérapeute remet alors à la mère un deuxième livre, *Kitty et le méchant chat jaune.* L'histoire est sensiblement la même. Bridget nie toujours. Ce n'est qu'après lecture d'un troisième livre et interrogatoires répétés, tous les soirs, qu'elle commence à raconter que « Monsieur Bob lui faisait des attouchements. Pendant le procès, elle ajoute : « Et ce n'est pas tout. Monsieur Bob avait un revolver. Il nous le prêtait, et il nous faisait tuer des gens avec. »

Parmi les aveux de Bridget, non évoqués au procès : « Betsy [Kelly] a éborgné ma petite sœur... Monsieur Bob et Betsy se déguisaient en sorciers pour nous faire peur... Betsy a égorgé un chat noir et l'a jeté sur le feu... Dawn Wilson [une des assistantes également inculpée, mais jugée séparément] dansait nue dans la cour. »

Le témoignage d'un petit garçon de six ans et demi est hautement significatif. Doucement, pour ne pas l'effaroucher, l'avocat de la défense le questionne.

« C'est vrai que Monsieur Bob et Betsy ont tué des petits enfants ?

– Oui.

– Qui les a tués, Monsieur Bob ou Betsy ?

– Parfois les deux.

– Et où ça s'est passé ?

– Je ne me rappelle pas.

– Tu as vu les bébés mourir ?

– Parfois.

– Tu as vu le sang couler ?

– Oui.

– Et après, qu'ont-ils fait des cadavres ?

– Je ne me rappelle pas.

– Ils ont *vraiment* tué ces bébés ?

– Euh... Parfois.

– Quand tu as parlé à Miss Judy [la thérapeute], tu lui as dit que ça ne s'était pas passé à l'école. Tu lui as dit que ça s'était passé dans un astronef, dans un ballon à air comprimé, quelque part dans l'espace, n'est-ce pas ?

– Oui.

– C'est bien là que ça s'est passé ?

– Oui.

– Et ils les ont tués ?

– Oui, mais c'était dans une soucoupe volante.

– C'est vrai ?

– Oui.

– C'est aussi vrai que toutes les autres choses que tu viens de raconter ?

– Oui.

– C'est de tout cela que vous avez parlé, Miss Judy et toi ?

– Oui. »

Quand les enfants ne répondent pas de manière satisfaisante, les procureurs n'hésitent pas à les rabrouer, malgré les protestations des avocats de la défense constamment rejetées par le juge. Bobby, trois ans au moment des faits, qui a maintenant six ans, subit le questionnaire suivant :

« Monsieur Bob t'a forcé à te mettre sur le corps de Bridget, n'est-ce pas ? Et où était ta petite chose ?

– J'ai oublié.

– Mais tu te rappelles avoir dit à Miss Judy que tu devais mettre ta petite chose dans son petit trou ?

– Non, monsieur.

– Qu'est-ce que tu viens de dire ?

– Non, monsieur. »

Le procureur, d'un ton menaçant : « Alors, c'est oui ou c'est non ?

– Oui.

– Alors, maintenant, tu viens enfin de dire la vérité ?

– Oui, monsieur. »

Nancy Lamb, un des procureurs les plus acharnés, interroge une autre petite fille de six ans (trois ans et demi au moment des faits).

« Tu te rappelles que Monsieur Bob a mis son pénis dans ta bouche ?

– Non, madame.

– Tu ne t'en souviens pas ?

– Non, madame.

– Monsieur Bob n'a pas mis son pénis dans ta bouche alors que tu ne le voulais pas ? »

117

Silence de la petite fille.

« Qu'est-ce que tu viens de dire ?

— Oui, madame.

— Et a-t-il fait autre chose quand il a mis son pénis dans ta bouche ?

— Non, madame.

— Et tu te rappelles que Monsieur Bob t'a fait faire quelque chose avec ta bouche, lui lécher le derrière ?

— Non, madame.

— Tu ne te rappelles pas que c'est ce que tu as dit au docteur ? C'est bien ça ? Tu as fait ça et tu ne voulais pas ?

— Oui, madame. »

Le procureur s'était trompé. La petite fille venait d'avouer quelque chose dont Bob Kelly n'avait jamais été accusé.

Edenton est un centre de voile. Plusieurs des petits témoins évoquent leurs promenades en bateau. Ainsi Jamie, quatre ans au moment des faits, témoignant deux ans et demi plus tard :

« Tu te rappelles être sorti en bateau avec Monsieur Bob ?

— Oui.

— Raconte ce qui s'est passé.

— Il m'a jeté à l'eau et il y avait un requin... c'était la nuit. »

Le témoignage d'Andy est plus dramatique. A un avocat de la défense, il raconte :

« Il y avait des requins tout autour de nous.

— Et Monsieur Bob était sur le bateau avec vous ?

— Oui.

— Il a parlé des requins ?

— Non, parce que les requins, c'étaient des chouchous d'un de ses amis. Il les gardait chez lui.

— Quel ami ?

— Scott Privett.

— Où est-ce qu'il les gardait, ces requins ?

— Il y avait une mare dans son jardin. Il y mettait de l'eau salée.

« – Comment est-ce qu'il les mettait à l'eau ?

– Il avait un engin spécial qui les ramassait, les mettait dans un aquarium, et puis il transportait l'aquarium en mer.

– Et comment est-ce qu'il les attrapait ?

– Il a cette machine qu'il a inventée.

– Il a inventé une machine pour attraper des requins ?

– Oui.

– Tu l'as vu faire ? C'est vrai, ça ?

– Oui. »

Le jury discute des faits pendant trois semaines. Parmi eux, plusieurs sont convaincus de l'innocence de Bob Kelly. Oswood Streeter, machiniste, dira plus tard : « Encore maintenant, je ne comprends pas comment je me suis laissé faire. Je pense à ce procès tous les soirs. Ma conscience ne me laisse aucun répit. » Mary Nichols, autre membre du jury et grand-mère, est d'accord avec lui. « Tout ça n'était pas crédible. »

Kelly sera pourtant condamné à l'unanimité. Le climat passionnel d'Edenton l'emportera, malgré l'absence de preuves, et l'absurdité de la plupart des témoignages enfantins. La majorité des jurés croient fermement à la culpabilité de Bob Kelly. Les autres, par lassitude, capitulent. Comme le dira plus tard le juré Marvin Shackleford : « J'ai finalement dit oui, simplement pour pouvoir enfin m'en aller. » Après l'annonce du verdict, le juge condamne Kelly *quatre-vingt-neuf fois* à la prison à vie, ce qui, commentera plus tard un spécialiste du code pénal, est largement supérieur à la plupart des condamnations de tueurs en série. Les enfants, encouragés par leurs parents, entourent la voiture de police qui ramène Bob Kelly en prison, en criant : « Je vous hais ! je vous hais ! »

En 1992, débute un autre procès, celui de Dawn Wilson, ancienne assistante des Kelly. Elle vient de passer dix-sept mois en prison. Elle est convaincue qu'on l'a arrêtée (elle est mère-célibataire, sa fille a sept mois) uniquement dans l'intention de lui offrir un arrangement. Qu'elle plaide coupable, pour donner un semblant de vraisemblance à l'affaire, et on lui infligera une sentence minimale. Son amour pour sa fille l'emporte : elle craint, plaidant coupable, d'être considérée comme mère indigne et qu'on lui enlève la garde de son enfant.

Son procès, avec quatre témoins enfants, suit le même cours que celui de Bob. Mais le procureur, cette fois-ci, termine son réquisitoire en distribuant au jury un document établi par les trois thérapeutes, qui ne seront jamais appelées à témoigner et qui n'ont d'ailleurs jamais été interrogées au cours de l'enquête par la police. Malgré les protestations de son avocat, le juge le laisse faire. Comme le dira plus tard le docteur Philippe Esplin, spécialiste d'enfants victimes d'abus sexuels, « à la simple lecture de ce rapport, j'aurais sans doute moi aussi conclu à la culpabilité de Dawn Wilson. Ce document n'expliquait pas comment les aveux avaient été obtenus, et ne comportait aucun compte rendu précis des questions-réponses. Or, à cet âge-là, les enfants sont extrêmement influençables. On peut leur faire dire à peu près n'importe quoi. En plus, les thérapeutes assignaient des devoirs aux enfants. Ils devaient répéter leurs accusations à leurs parents tous les soirs, et les parents prenaient la relève des thérapeutes ».

Comme l'ont admis plus tard certains membres du jury, « c'est uniquement sur la base du rapport des thérapeutes qu'on a pu établir la culpabilité de Dawn Wilson ».

Celle-ci, condamnée à la prison à vie, est actuellement en liberté surveillée en attendant un procès en appel. Betsy Kelly et Scott Privett ont reconnu les faits (*no contest*) pour être enfin libres – le juge prenant en compte leur temps de prison préventive. Robert Kelly, lui, reste en prison. Il a fait appel à la Cour suprême de la Caroline du Nord, mais ses chances d'obtenir un revirement du jugement sont, paraît-il, minces.

L'émission « Innocence Lost » racontant l'histoire de Little Rascals eut un certain nombre de répercussions – mais celles-ci ne seront sans doute pas décisives. Il existe depuis peu un « comité de soutien Bob Kelly ». Ofra

Bikel, auteur de ce remarquable documentaire, a reçu un courrier d'une abondance exceptionnelle, lui démontrant qu'une quantité insoupçonnée de procès analogues en Amérique sont en cours. Elle souligne par ailleurs qu' « il aura fallu plus longtemps aux thérapeutes pour obtenir des aveux de la part des enfants, qu'il n'en a fallu aux procureurs de Mao et de Staline pour faire admettre leur culpabilité à leurs prisonniers politiques ».

7

L'ENGRENAGE

Ces procès spectaculaires soulignent à la fois la fragilité, le conformisme et l'extrême crédulité d'un nombre assez surprenant d'Américains moyens peu enclins, toutefois, à faire ouvertement étalage d'hystérie, ainsi que certains aspects troublants de la justice américaine, pourtant si réputée pour son souci du droit des accusés.

Ils témoignent aussi de la confiance aveugle que policiers et procureurs accordent à la pseudo-science des thérapeutes, quel que soit leur degré de compétence, de naïveté ou de fanatisme. La mémoire récupérée semble obséder des policiers, des procureurs et des juges même chevronnés, et explique le nombre considérable d'erreurs judiciaires commises en son nom.

En filigrane de tous ces procès, il faut souligner l'importance considérable de toute une catégorie de livres grand public, best-sellers pseudo-scientifiques mais habilement orientés – véritables détonateurs pour esprits fragiles ou crédules.

L'évolution de la mémoire récupérée de Paul Ingram et d'Eileen Franklin, et les déboires des petits enfants de Little Rascals seraient incompréhensibles sans le rappel d'un certain nombre d'événements qui, au cours des années 80, ont secoué l'Amérique et continuent de la marquer.

Il y eut d'abord la sortie de *Michelle Remembers*

« Michelle se rappelle ». Ce livre, écrit par Michelle Smith et Lawrence Pazder, un psychiatre qu'elle épousa par la suite, et tiré à des centaines de milliers d'exemplaires en 1982, raconte la participation forcée de l'auteur à des réunions sataniques, avec magie noire, orgies sexuelles et sacrifices rituels d'humains et d'animaux, dans le nord du continent américain, à Victoria, Colombie-Britannique. D'après Michelle, ce fut sa propre mère (décédée avant la parution du livre) qui l'amena à participer à ces cérémonies, connues officiellement dans le jargon socio-psychologique américain sous le nom de *Satanic Ritual Abuse* (SRA). A l'origine des révélations de Michelle, une mémoire récupérée au cours d'une thérapie pour guérir une dépression provoquée par une fausse couche.

Recueillis par Pazder, le véritable auteur du livre en question, les confessions de Michelle sont hallucinantes. Chaque fois qu'elle se souvient de ces rites sataniques, Michelle parle avec une voix d'enfant – c'est, selon Pazder, la preuve de sa personnalité multiple. L'enfant Michelle est victime d'un certain nombre de satanistes qui reviennent sans cesse dans sa mémoire – il y a l'infirmière, le docteur, un personnage maléfique qu'elle appelle « Malachi » – et, pour les grands jours, le diable lui-même, « avec ses longues jambes et ses drôles d'orteils, qui me brûle le cou avec sa queue ». Les enfants qu'on sacrifie devant elle sont, dit-elle, des fœtus recueillis dans un hôpital, car parmi les satanistes participants il y a, en plus de l'infirmière, plusieurs médecins d'un hôpital de Victoria, et les faits se déroulent toujours à l'occasion de fêtes religieuses catholiques – Pâques, Pentecôte, etc. La mémoire récupérée de Michelle rappelant ses supplices lui revient, d'ailleurs, au moment de ces mêmes fêtes, vingt ans après, et jour pour jour.

Les confessions de Michelle attirent l'attention de l'évêque de Victoria, Remi de Roo, qui l'emmène à Rome, où elle raconte ses épreuves à un cardinal – mais les fonctionnaires du Vatican restent perplexes. On les comprend, car le livre détonne à plus d'un titre : les participants du rite s'expriment en anglais, en vers assez bancals, et dans ces vers il y a des références historiques dérisoires et surtout obsolètes (les rites sataniques que Michelle évoque se sont déroulés en 1975, 1976 et 1977). Il est ainsi question de l'Iran, de l'Irak et de l'URSS, qui, sous l'emprise du diable, « dominera bientôt le monde », l'Iran et l'ancienne URSS figurant parmi les pays conspirateurs les plus marqués. Enfin l'auteur, avec le plus grand sérieux, soutient que plus d'un millier d'habitants de Victoria font partie de l'Église de Satan, « elle-même antérieure à l'Église catholique », dont les deux centres mondiaux sont Victoria (« la plupart des hommes d'affaires respectables et des journalistes en font partie »)... et Genève.

Malgré ses invraisemblances, ce livre a un énorme retentissement au sein de l'Église pentecôtiste américaine. Il est également à l'origine d'une émission télévisée (vue entre autres par la famille Ingram) du très populaire Geraldo Rivera, spécialiste du scabreux et du sensationnel.

Les incidents présumés de SRA se multiplient : en 1983-1984, soixante-trois cas présumés sont signalés dans la seule région de Los Angeles. L'un des plus célèbres concerne un jardin d'enfants de Manhattan Beach, en Californie du Sud. La directrice de ce centre, Peggy McMartin Buckley, son fils Raymond Buckley et cinq employés sont inculpés d'abus sexuels (dont la plupart sont liés à d'autres accusations de SRA) sur trois cent soixante-neuf enfants fréquentant l'école sur une période de dix ans.

L'affaire commence avec une déposition faite par une mère de famille qui, au cours d'une thérapie, est convaincue que son fils, alors âgé de deux ans, a été victime d'abus sexuels pendant sa fréquentation (d'ailleurs rarissime) du jardin d'enfants en question. Ce qui provoque une série d'interminables interrogatoires d'enfants très jeunes par des thérapeutes qui, posant habilement et sans relâche leurs questions, recueillent des histoires incroyables : sacrifices rituels d'animaux, vols à travers les airs, rites satanico-sexuels dans diverses églises, etc. La jeune mère de famille responsable des accusations initiales sera finalement hospitalisée, atteinte, selon ses médecins, de schizophrénie aiguë et de délire de persécution grave. Elle décédera peu après d'une cirrhose alcoolique. Entre-temps, elle aura accusé son mari (et trois employés d'un gymnase qu'elle fréquente) de viols et d'abus divers. Les policiers qui l'ont longuement interrogée ne se sont doutés de rien. Pour eux, elle semblait parfaitement normale.

Une organisation soi-disant charitable aux origines plus que douteuses, la Children's Institute International, dès le début de l'enquête, prend les choses en main : l'institut envoie plus de deux cents lettres aux parents des élèves et anciens élèves du jardin d'enfants, leur annonçant la chose et suggérant la mise en thérapie immédiate de tous ces petits ; les malheureux enfants ainsi répertoriés vont se souvenir, par la suite, d'avoir volé dans l'espace, déterré des cadavres et assisté aux ébats de prêtres et de nonnes nus dans les couloirs souterrains du jardin d'enfants en question. Les enquêteurs mettront l'immeuble à sac pour découvrir cette cache secrète. En vain : le bâtiment ne comporte aucune cave, aucun couloir souterrain. Autre élément qui aurait dû alerter les enquêteurs les plus motivés : parmi les violeurs, les gosses livrent les noms de Chuck Norris, la vedette hollywoodienne, et de James Hahn, célèbre avocat de Los Angeles, tous les deux très présents à ce moment-là sur les écrans de télévision. Le préprocès initial durera vingt mois, et coûtera des centaines de millions de dollars (c'est le procès le plus cher dans les annales de la justice américaine), mais le procès lui-même sera abandonné au bout de deux semaines.

Pendant que l'enquête se poursuit, le dirigeant de ce Children's Institute International, grâce à un membre de la Chambre des représentants particulièrement naïf, obtient la permission de s'adresser au Congrès, où il témoigne de l'existence « à un échelon national » d'un réseau de « pédophiles sataniques » gérant ces centres comme couverture pour, en réalité, recruter un nombre toujours croissant d'adeptes de leur secte et propager leur mouvement. Aux sceptiques qui demandent pourquoi on n'a trouvé aucune trace de cadavres, le conférencier a une réponse très simple : les membres de ces mouvements satanico-sexuels pratiquent le cannibalisme...

Parmi les parents des très jeunes enfants ayant fréquenté cette école maternelle, depuis longtemps fermée, il y en a qui croient encore aujourd'hui à la culpabilité des accusés (officiellement lavés de tout soupçon) et qui restent groupés au sein d'une association intitulée « Croyez nos enfants ». Car dans la majorité des cas, tout comme dans l'affaire Paul Ingram, les parents ne peuvent admettre que leurs enfants aient menti ou fantasmé. On enseigne d'ailleurs aux thérapeutes – et c'est sans doute ce qui a contribué au déni de justice de Little Rascals – qu'après avoir repêché les souvenirs des enfants, il faut alors croire à tout ce qu'ils racontent, car « si on ne les croit pas, ils ne guériront jamais ».

En 1986, il y a aussi l'affaire de l'école maternelle de Sequim, tout près d'Olympia, dans l'État de Washington, sorte de répétition générale de l'affaire Little Rascals : cinq très jeunes enfants, encouragés par des adultes, prétendent avoir pris part à des rites de ce genre. Les dirigeants de la maternelle sont arrêtés, mais le manque de preuves suscite un non-lieu.

A Seattle et à Tacoma, principales villes de l'État de Washington, 25 % des thérapeutes en exercice affirment avoir eu affaire à des adeptes, ou prétendus adeptes, de rites satanico-sexuels; des psychiatres s'intéressent à ce nouveau syndrome clinique, se manifestant par l'évocation d'abus sexuels, mutilations d'animaux, sacrifices humains, cannibalisme, etc. – véritable duplication des allégations contenues dans *Michelle Remembers*. Quelques psychiatres, et non des moindres, sont même convaincus que, dans certains cas, les accusations sont justifiées. Au cours des années 80, un ensemble de théories fondées sur l'existence d'un réseau pratiquant le SRA voit le jour dans divers centres psychiatriques (surtout en Californie) et chez des milliers de thérapeutes américains. Certains praticiens estiment même qu'environ cinquante mille enfants et nouveau-nés disparaissent chaque année, victimes de ces pratiques !

L'absurdité des chiffres témoigne de l'ampleur de la psychose : si toutes les accusations de meurtres, au cours d'une seule année d'investigations pour des rites satanico-sexuels, étaient prises en compte, il y aurait eu, aux États-Unis, dans la seule année 1984, non pas vingt-cinq mille morts violentes, mais plus de soixante mille. Un des grands spécialistes mondiaux de cas de ce genre, Kenneth V. Lanning, agent spécial du FBI, professeur à la FBI Academy et membre du National Center for the Analysis of Violent Crime, a étudié toutes les affaires où des abus sexuels accompagnés d'allégations de SRA ont été signalés sur le territoire américain depuis 1980. « Non seulement il n'y a aucune trace de meurtres commis, ni de disparitions de nouveau-nés, malgré des enquêtes extrêmement approfondies, écrit-il, mais les chiffres véritables en ce qui concerne les disparitions d'enfants ne correspondent en rien aux allégations des prétendus spécialistes. » Tout au plus y a-t-il eu en Amérique, de 1983 à 1990, entre 52 et 158 disparitions inexpliquées d'enfants par an, dont les deux tiers étaient d'ailleurs des adolescents, donc des fugueurs présumés. Malgré des enquêtes minutieuses, sur plusieurs années, le FBI n'a pu découvrir la moindre trace de réseaux de cultes sataniques [1]. Une enquête du *Memphis Commercial Appeal*, quotidien principal de Memphis, Tennessee, confirme ces dires. En janvier 1988, ce journal dénombre 36 cas de ce genre suivis d'enquêtes policières dans la seule région de Memphis au cours d'une même année [2]. Toujours selon ce journal,

1. Kenneth V. Lanning, *Child Sex Rings – A Behavioral Analysis*, publié par le FBI et le National Center for Missing and Exploited Children, 1992.
2. Enquête de Tom Charlier et Shirley Downing, *Memphis Commercial Appeal*, janvier 1988.

il y eut 91 arrestations, dont 79 acquittements – mais les vingt-trois personnes reconnues coupables le furent pour des raisons n'ayant rien à voir avec des orgies satanico-sexuelles. Les 36 cas, relevés dans l'État du Tennessee, reposaient sur une seule allégation, émanant d'un seul enfant, manipulé par des fanatiques. La police de Memphis reconnaît que dans aucun cas il n'y eut le moindre indice de l'existence d'un rituel satanico-sexuel.

Malgré le manque de preuves de l'existence de sectes sataniques, certains policiers de l'Amérique profonde restent intimement persuadés qu'une conspiration satanique menace la survie même du pays. Ce n'est d'ailleurs peut-être pas un hasard si l'accélération de ce phénomène a coïncidé avec l'effondrement du communisme – comme si l'Amérique avait constamment besoin d'être confrontée à un ennemi idéologique de taille : dans ce cas précis, au communisme satanique succède Satan lui-même.

Le docteur Corydon Hammond, professeur à l'école de médecine de l'université d'Utah, est un des fervents propagandistes de la thèse du complot satanique perpétré par les ennemis de l'Amérique. C'est lui la vedette de la cassette projetée devant les enquêteurs du cas Ingram par le commissaire Neil McClanahan, ses cassettes étant à la disposition de toutes les polices d'État en Amérique. Ses propos, entrelardés d'allusions antisémites, sont significatifs.

« Ce qui se passe ici, dit-il en commentaire, va beaucoup plus loin que le lavage de cerveau sur les personnes de Patty Hearst et des vétérans de la guerre de Corée. Sont concernés des gens dont la première expérience de cultes sataniques coïncide avec leur naissance, car ces cultes ont leurs racines en Europe, et ceux qui sont à l'origine ne sont autres que des médecins nazis sataniques, arrêtés puis emmenés aux États-Unis par la CIA après la guerre. A l'origine du mouvement on retrouve aussi un certain docteur Green, juif hassidique (nom véritable : Greenbaum) qui n'aurait évité la chambre à gaz qu'en aidant les nazis et en leur enseignant les secrets de la Cabale.

« Vous vous demandez sans doute pourquoi ? poursuit Hammond. La réponse la plus probable est que ces gens-là veulent mettre sur pied une armée de candidats manchous [1], des dizaines de milliers de robots mentaux qui s'occuperont de prostitution, d'abus sexuels sur les enfants, de trafic de drogue, d'armement, et de la commercialisation des films sadiques et pornographiques. [Il faut comprendre] que toutes ces affaires sont hautement lucratives, le but étant d'œuvrer et de fournir suffisamment d'argent à leurs chefs, dont l'intention est de créer un véritable ordre satanique qui, finalement, contrôlera le monde. »

Malgré son aspect « Dr No », le docteur Hammond n'est pas sans influence dans son propre État : grâce à la pression de son mouvement, le gouverneur de l'Utah a dû nommer deux enquêteurs antisataniques à plein temps au bureau de son procureur général. Jusqu'à présent, malgré leur zèle, ils n'ont rien trouvé qui puisse confirmer les dires du célèbre Corydon Hammond. Pour les partisans sectaires qui croient à la thèse du complot sataniste mondial, Lanning, spécialiste du FBI, serait même un membre important de ce réseau...

Mais c'est un tout autre livre, *The Courage to Heal* [2] (« Le courage de guérir »), qui, sans référence particulière au satanisme, devient la véritable bible des partisans de la mémoire récupérée. Les auteurs, Ellen Bass et Laura Davis, ne sont ni thérapeutes ni psychologues, et se vantent d'ailleurs, dans une préface, de l'absence de tout bagage médical ou professionnel. Ce qui ne les empêche pas d'avancer comme vérités premières un certain nombre d'affirmations parfaitement contestables : « Si vous êtes incapable de vous souvenir d'une instance spécifique [d'abus sexuel] mais que vous avez la vague impression que quelque chose de cette nature vous est arrivé, c'est que l'abus sexuel a eu lieu. » Et ceci : « Si vous n'avez

1. Référence au livre *The Manchurian Candidate*, qui raconte l'histoire d'un candidat à la présidence des États-Unis savamment programmé par les communistes lors de son séjour dans un camp nord-coréen.
2. Harper & Row, New York, 1988.

aucun souvenir du tout, il vous sera peut-être difficile d'imaginer que vous avez réellement été abusé sexuellement. Il se peut que votre intuition vous paraisse insuffisante et que vous exigiez la preuve de cet abus. C'est un désir tout naturel, mais qui ne pourra pas toujours être exaucé. »

L'une des caractéristiques de *The Courage to Heal* (à part l'extravagance de ce genre de déclarations) est l'importance donnée aux thèmes suivants : les enfances dites « heureuses » cachent presque toujours des passés lourds et autocensurés; la rage des victimes après la découverte de ce qui leur est arrivé représente le début de leur guérison, et le meilleur moyen de guérir est de donner libre cours à cette rage, en la provoquant et en l'entretenant par des fantasmes de meurtre et de castration. Parmi les moyens non violents de défense (contre les perpétrateurs de ces abus sexuels), l'action judiciaire et la dénonciation aux autorités judiciaires constituent des recours efficaces.

Le succès de *The Courage to Heal* a suscité d'autres livres de ce genre [1]. Tous apportent, bien sûr, leur lot de révélations épouvantables – et leur publication, ainsi que de nombreuses émissions de télévision, est à l'origine de milliers de dénonciations (dont beaucoup suivies d'inculpations) venant de tous les coins des États-Unis. Selon eux, des cas d'abus sexuels seraient probables dans tous les cas suivants : panique non motivée, phénomènes maniaco-dépressifs, accès de colère non motivés, dépression, paranoïa, autodépréciation, tendance à l'automutilation, règles douloureuses, parents alcooliques, anorexie, boulimie, obésité, tendances suicidaires, troubles digestifs, migraine, etc. En somme, pour ces spécialistes, toute manifestation névrotique a sans doute comme ori-

---

1. Parmi les ouvrages où figurent des allégations peut-être encore plus extravagantes sur l'étendue de l'inceste et de l'abus sexuel infantile en Amérique : *Secret Survivors*, de E. Sue Blume, (Ballantine, New York, 1990); *Repressed Memories*, de Renée Frederickson, (Simon & Schuster, New York 1992); *Escaping the Shadows, Seeking the Light*, de Connie Brewer (Harper, San Francisco, 1991).

gine l'abus sexuel infantile, refoulé ou non. Selon E. Sue Blume [1], l'absence de contacts physiques n'est nullement la preuve de l'innocence d'un parent supposé incestueux. « L'enfant peut être victime de l'inceste au travers de phrases prononcées, de sons, ou parce que témoin de gestes ou de comportements à caractère sexuel, même si ceux-ci ne le concernent pas directement. » Pour Patricia Love, autre spécialiste [2], l'inceste est aussi « émotionnel ». Les victimes sont alors des enfants « dont les parents semblent dévoués et affectueux, omniprésents, les couvrant d'éloges et de cadeaux », car en vérité « ils font tout cela dans le but inavoué de satisfaire leurs propres frustrations ». Dans une émission de télévision à CNBC, « Real Personal », Brenda Wade, conseillère familiale, va jusqu'à affirmer qu' « au moment même où quelqu'un franchit la porte de mon bureau, je suis capable de diagnostiquer son traumatisme [d'abus sexuel infantile réprimé] ».

S'adressant aux « victimes », les auteurs de *The Courage to Heal* affirment que « même si vous avez occulté une large partie de votre enfance, il y a des éléments dont vous vous souvenez encore : vous n'aimez pas qu'on vous touche physiquement d'une certaine façon; certains mots, certaines expressions faciales vous répugnent; vous n'aimez pas vous déshabiller en public... Souvent, quand vous commencez à évoquer vos souvenirs par bribes, il en ressort une constellation de sentiments, de réactions, de faits qui, additionnés, constituent un ensemble de données substantielles. Pour affirmer " on a abusé de moi ", vous n'avez aucun besoin du type de preuve qui serait indispensable devant une cour de justice. Souvent, la perception d'avoir été abusé commence avec un sentiment indicible, minuscule, une intuition informe. Il est important d'avoir confiance en cette voix intérieure et de l'utiliser comme base. Il faut présumer que ces sentiments sont

1. *Secret Survivors, Uncovering Incest and Its After-Effects in Women*, ibid.
2. Patricia Love, *The Emotional Incest Syndrome: What to do when a Parent's Love Rules Your life*, Bantam Books, New York, 1990.

authentiques... Si vous avez l'impression d'avoir été victime [d'un abus sexuel commis sur vous enfant], et que votre vie reflète ces divers symptômes, c'est que vous l'avez été ».

Ce livre, et ceux de Blume, de Frederickson et de Brewer, dont on ne peut sous-estimer l'importance pour les dizaines de milliers de thérapeutes de toutes sortes, et même pour des psychologues diplômés, est à l'origine d'une véritable épidémie d'accusations, dont la plus étrange, sans doute, fut celle d'une femme de soixante ans (du Minnesota) qui traîna en justice son père, âgé de quatre-vingt-onze ans, sa mémoire récupérée lui prouvant qu'il avait abusé d'elle – cinquante-sept ans auparavant [1].

Même quand il y a des non-lieux, les conséquences peuvent être tragiques. Le *New Yorker* [2] cite le cas de Kaare et Judy Shortland, couple dirigeant une école maternelle à Tacoma, dans l'État de Washington. Accusés, en 1989, à tort (par une mère hystérique) d'avoir abusé des enfants de leur maternelle, ils sont interrogés après avoir été mis en examen, et comparaissent devant une cour servant de commission d'enquête. Ce grand jury va siéger pendant sept mois.

Les enfants nient tout. Les enquêteurs s'acharnent. Ils veulent à tout prix qu'ils avouent avoir été abusés sexuellement. « On les questionnera jusqu'à ce qu'ils aient vingt ans, s'il le faut, déclare un des parents, jusqu'à ce qu'on ait quelque chose de crédible à offrir au juge. » Mais la plupart des enfants persistent dans leur version des faits, et maintiennent que Kaare et Judy Shortland n'ont jamais eu le moindre geste ou propos déplacé à leur égard. Ceux qui acceptent enfin de témoigner contre eux y ajoutent des détails tellement bizarres (si visiblement inspirés par la science-fiction et les *soaps* TV) qu'on peut croire qu'ils

1. *Newsweek*, 13 décembre 1993.
2. 16 juin 1994.

insistent sur ces détails pour bien marquer leur invraisemblance [1].

L'affaire paraît d'ailleurs tellement suspecte au juge chargé de l'affaire qu'il ordonne un non-lieu, assorti du versement aux Shortland de la somme de cent trente-cinq mille dollars en dommages et intérêts. Mais l'histoire ne s'arrête pas là. Pendant les années qui suivent, les Shortland restent au ban de la communauté locale, et vivent en ermites. Enfin, en octobre 1992, le soir de Halloween, des inconnus abattent Kaare Shortland dans la cour de sa maison. D'après sa femme, il a dû reconnaître ses assassins – qui courent toujours –, car juste avant que des coups de feu éclatent, elle l'entend crier : « Mais puisque je vous dis que je n'ai rien fait! »

Les exemples d'intimidation des enfants dans des cas de ce genre sont si nombreux, et si flagrants, qu'on peut s'étonner du silence de la presse américaine, qui n'en rend compte qu'assez rarement. En 1985, par exemple, Margaret K. Williams, surveillante d'un jardin d'enfants à Mapleton, dans le New Jersey, également accusée d'abus sexuels sur les enfants dont elle a la charge, nie qu'il se soit passé quelque chose de scabreux. Les enfants, appelés à témoigner, disent comme elle. On relève le dialogue suivant au cours de l'enquête, entre l'enquêteur et une petite fille :

« Tu es d'accord qu'elle était méchante quand elle te faisait mal? »

– Elle ne m'a jamais fait du mal. Je l'aime bien.

– Je n'entends pas, il faut me regarder dans les yeux quand je te parle. Reprenons : quand elle était en train de vous faire des choses dans le salon de musique...

– J'ai enlevé mes chaussettes...

---

1. Il est curieux de noter que les procédures judiciaires américaines traitent ainsi les enfants – alors qu'en Amérique, l'enfant est censé être roi, et que les parents américains s'indignent régulièrement de la discipline « excessive » dont font preuve les parents européens et japonais. Encore une fois, c'est, semble-t-il, par conformisme (respect aveugle des procédures judiciaires) qu'il en est ainsi.

– Y a-t-il d'autres enfants qu'elle a forcés à se déshabiller ?
– Non.
– Moi je dis que oui.
– Non. »

Malgré de nombreux témoignages de ce genre, Margaret fut lourdement condamnée, et passa cinq ans en prison avant d'être mise en liberté provisoire, où elle attend toujours une révision de son procès. Le jury préféra croire non les enfants, mais un certain Roland Summit, psychiatre et « expert en abus sexuels infantiles », qui livra à la barre la formule du syndrome de l'acquiescence enfantine à l'abus sexuel (Child Abuse Accommodation Syndrome) dont il revendiquait la paternité – formule ubuesque qui disait ceci : « Quand les enfants nient avoir été abusés sexuellement, c'est en fait la preuve qu'ils l'ont été. »

L'acharnement des thérapeutes, de la police et des procureurs a peut-être une autre raison, bassement matérielle celle-là. En 1974, à l'initiative de Walter Mondale, alors sénateur démocrate (et ancien candidat à la présidence des États-Unis) [1], le Congrès vota en faveur du Child Abuse Prevention and Treatment Act, connu depuis sous le nom de « Mondale Act ». Cette initiative tout à fait respectable a eu des conséquences qui le sont moins. En premier lieu, tout policier, assistante sociale ou thérapeute qui omet de signaler des cas d'abus sexuel infantile à la police risque la prison – ce qui les encourage, par peur de la loi, à signaler *tous* les cas qui se présentent, y compris (on l'a vu avec la mère malade mentale de Manhattan Beach, Californie) les allégations les plus farfelues; mais cette loi a également des conséquences financières majeures : à la suite du Mondale Act, l'aide fédérale allouée aux États, c'est-à-dire à la justice et à la police locales, deviendra importante. Le coût des enquêtes, des procès, des thérapies sera remboursé par l'État fédéral – en somme, tout ce qui a trait à l'abus sexuel infantile ne

---

1. Actuellement ambassadeur des États-Unis à Tokyo.

sera plus à la charge des États, mais de Washington. L'appareil social, judiciaire et policier a donc tout intérêt à mettre au jour un maximum d'« affaires », car leur nombre sera en relation directe avec les sommes mises à la disposition des différents services sociaux, policiers et judiciaires des États concernés. Que le nombre d'affaires diminue, et leur allocation de fonds diminuera aussi.

Selon Pamela Freyd, directrice de la False Memory Syndrome Foundation, à Philadelphie, les accusations d'abus sexuels dus à la mémoire récupérée, portées par des enfants maintenant adultes contre leurs parents, sont devenues « un véritable et terrifiant fléau ».

« Pourquoi une épidémie de cette envergure s'abat-elle sur nous à ce moment précis ? se demande-t-elle en juin 1994 [1]. J'avoue que j'y pense sans arrêt, mais que je n'ai aucune explication sauf le vague soupçon que c'est toute une convergence d'idées propagées par des livres, par la télévision, et dans certains cas par d'éminents spécialistes, allant de pair avec la perturbation toujours plus forte causée par la véritable explosion de divorces et la désintégration de la vie familiale. On aurait pu croire que ce genre de crise serait plus fréquent dans les États où la religion fondamentaliste est la plus forte. Il n'en est rien. Nos chiffres montrent une progression à peu près égale dans tous les milieux, géographiques et sociaux, avec cette seule constante : la plupart des familles victimes de ce fléau viennent de milieux aisés, et prennent un soin particulier à favoriser le bien-être et l'éducation de leurs enfants. Au début, je pensais qu'il s'agissait d'une espèce de prurit. Force est de constater qu'il s'agit d'un véritable cancer. »

Depuis 1991, année de la création de la False Memory Syndrome Foundation, le chiffre de ses adhérents témoigne de l'escalade dans ce genre d'accusations : la première année, Pamela Freyd recueille mille deux cents témoignages ; en 1994, plus de treize mille parents y adhèrent. Prudente, Freyd se dit dans l'impossibilité de

---

1. Entretien avec l'auteur.

calculer le pourcentage de cas inscrits à la Fondation par rapport au phénomène lui-même. « Dans la plupart des cas, les gens sont tellement choqués par ce qui leur arrive qu'il leur est même parfois impossible d'en parler, dit-elle. Certains de nos adhérents nous avouent qu'ils ont hésité à entrer en contact avec nous pendant plus d'un an, espérant que " les choses s'arrangeraient d'elles-mêmes ". On ne connaîtra peut-être jamais l'étendue de cette véritable épidémie. »

Ancien professeur, épouse d'un professeur de mathématiques à l'université de Pennsylvanie, Pamela Freyd, fondatrice et directrice de la FMS Foundation, a elle-même été victime d'une mémoire récupérée – celle de Jennifer, sa propre fille. Au bord des larmes, elle raconte son épreuve.

« Nos relations étaient très affectueuses, nous étions une famille extraordinairement unie. Pour elle et nos deux petits-fils, nous n'avions que joie et amour, jusqu'au jour où, à l'âge de trente-trois ans, il lui fut révélé, sous hypnose, qu'enfant, elle aurait été abusée sexuellement par son père, pendant plus de dix ans, avec mon consentement virtuel [1]. »

Jennifer est elle-même psychologue, après avoir fait de brillantes études, mais elle a eu, comme beaucoup d'adolescentes américaines pendant les années 60 et 70, un certain nombre de problèmes : drogue, insomnies et anorexie occasionnelle. C'est à la suite de tout cela qu'elle se confie à une thérapeute, psychologue comme elle, qui, à leur troisième séance, lui prête un exemplaire du célèbre *Courage to Heal*.

« L'engrenage, se rappelle Pamela Freyd, a été immédiat. » Malgré les protestations de ses parents (son père se prêta même, avec succès, à une série de séances de détection de mensonges pour prouver son innocence), Jennifer reste convaincue, selon Pamela Freyd, que son père a abusé d'elle, enfant, « avec mon consentement tacite, et que nous sommes des êtres infâmes. Elle a physiquement

---

1. Entretien avec l'auteur.

peur de moi, d'être dans la même ville que moi. Et ceci malgré le fait que ses accusations ne reposent sur rien : notre maison était d'ailleurs si petite que, s'il s'était passé quelque chose, j'aurais été forcément au courant. Et si par hasard mon mari avait fait quelque chose de ce genre, croyez-moi, je ne serais pas restée sans réagir ».

Encore maintenant, Jennifer refuse de voir ses parents ou d'avoir la moindre explication avec eux. Ayant coupé les ponts avec ses parents, elle a également fait savoir à ses propres enfants, aujourd'hui âgés d'une dizaine d'années, que leurs grands-parents sont des monstres, « qui ont fait des choses terribles à votre maman quand elle avait votre âge ». Le père des enfants de Jennifer – fait courant dans des cas de ce genre, dit Pamela Freyd – a pris fait et cause pour sa femme.

La thérapeute de Jennifer, diplômée de l'université de l'Oregon, refusa d'abord de se faire connaître. Elle a, depuis, refusé tout contact avec les Freyd. « Selon sa prise de position, dans son propre système de pensée *(belief system)*, mon mari ne ment peut-être pas [quand il nie], dit Pamela Freyd, mais elle est incapable d'expliquer en quoi peut consister ce système de pensée et pourquoi il en est ainsi. Elle nous a fait savoir que, malgré ses propres qualifications, *The Courage to Heal* reste pour elle un outil majeur. Elle l'utilise toujours au début de n'importe quelle thérapie ; elle nous a ainsi avoué que c'est toujours à la troisième ou quatrième séance, après s'être assurée que sa cliente a lu le livre en question, qu'elle commence à soulever les questions ayant trait à l'abus sexuel infantile occulté, et que dans les trois ou quatre séances qui suivent, elle met ses clients sous hypnose. Dans 70 % à 80 % des cas, affirme-t-elle, ils finissent par révéler l'existence d'abus sexuels commis sur eux par des parents ou des proches, alors qu'ils étaient enfants en bas âge.

« Ce taux si élevé suppose que les faits évoqués sont monnaie courante aux États-Unis, continue Pamela Freyd. Cela, je ne peux pas le croire. J'ai enseigné, dans ma jeunesse, dans des classes où les enfants, en majorité noirs, venaient des bas-fonds de Philadelphie. Ces enfants étaient exposés à tout, mais les cas d'abus sexuels étaient rarissimes. Aujourd'hui, une véritable conspiration d'auteurs plus ou moins bidon, de psychologues crédules, de féministes toujours à l'affût du mâle, essaie de nous faire croire, en citant des chiffres tout à fait fantaisistes, que la pratique de l'abus sexuel par les parents américains sur leurs enfants est chose courante. C'est faux et c'est terrifiant – car quelles seront les conséquences sur la vie des accusatrices ainsi traumatisées, et sur des générations d'enfants encore à venir, dans une société où ce genre de comportement serait censé être complètement banalisé ? »

Une accusation émanant de Steven Cook, malade du sida, répercutée de manière sensationnelle par CNN et faisant la une des journaux américains, illustre les excès de thérapeutes peu scrupuleux [1]. Cook accusa le cardinal Joseph Bernardin, de Chicago, d'avoir abusé de lui sexuellement dix-sept ans auparavant. Le scoop de CNN ne comporta aucune enquête pour vérifier ses dires. Venant après un certain nombre de cas réels de prêtres pédophiles, dont les condamnations avaient fait grand bruit, l'affaire Bernardin fit sensation.

Il s'avéra que Cook avait consulté une thérapeute « pour alléger le stress causé par sa maladie » et que cette thérapeute, Michele Moul, l'avait, sous hypnose, convaincu qu'il avait été sexuellement abusé par le cardinal. Moul se disait « maître en thérapie », ayant suivi des cours par correspondance d'un certain John-Roger, personnage farfelu qui se proclame « émanation d'origine divine ». (Les cours de John-Roger exigent vingt séances de travail avant l'obtention d'un diplôme. Mool n'en avait suivi que trois.) Un tribunal, devant lequel Cook avait attaqué le cardinal, insista pour que Cook soit examiné par un vrai psychologue, qui conclut que ses accusations,

---

1. Il est ironique de constater qu'alors qu'on exige un certificat de compétence de la part d'un coiffeur avant qu'il ne puisse ouvrir boutique, pratiquement n'importe qui, en Amérique, peut apposer une plaque de « thérapeute » sur sa porte, faire de la publicité dans les journaux et recevoir des malades.

maladroitement provoquées par Moul, n'étaient que des affabulations, et conseilla à Cook de retirer sa plainte, ce qu'il fit. Le cardinal, profondément choqué par les accusations de Cook, qu'il s'empressa de nier, ne s'en est jamais complètement remis. Avant de l'accuser, Cook avait également incriminé un autre prêtre. Être falot, qui à l'âge de dix-sept ans voulait devenir prêtre, mais dont la vocation fut découragée par l'Église, Cook, selon le psychologue qui l'examina, était un malade mental.

Le témoignage indépendant d'un psychologue américain connu, Robert A. Baker, confirme cette véritable psychose de l'abus sexuel infantile. Dans son livre *Hidden Memories* (« Mémoires cachées ») il note la progression vertigineuse des cas : de 160 000 en 1967 à 1 700 000 en 1985, dont, selon les statistiques officielles, « 65 % sans fondement aucun ». « Chaque année, poursuit Baker, les policiers enquêtent sur 500 000 cas parfaitement inexistants », ce qui est « facilement compréhensible quand on connaît la prolifération de cassettes vidéo, de livres pour enfants et de conférences scolaires » sur ce seul thème. Il faut ajouter qu'il existe aux États-Unis environ 255 000 psychothérapeutes « avec licence » dont environ 50 000 ne traitent que des cas de mémoire récupérée. Mais il faut doubler ou tripler ce chiffre pour tenir compte des thérapeutes sans licence qui attirent des clients en faisant de la publicité dans les pages jaunes, dans les vitrines de magasins et même dans les marchés. Le *New York Review of Books* [1] estime à un million environ le nombre de cas de mémoire récupérée, ayant trait à des abus sexuels, répertoriés depuis 1988.

Pamela Freyd note qu'un réseau national d'aide aux rescapés de l'abus sexuel comporte également une bibliographie impressionnante de livres du type *The Courage to Heal*, dont certains écrits par des psychologues diplômés, et que des cas de mémoire récupérée sont constamment évoqués à la télévision américaine. Une forte campagne contre la FMS Foundation, menée, entre autres, par des

1. 17 novembre 1994.

psychologues, des universitaires, et beaucoup de féministes et de thérapeutes, s'acharne à détruire leur crédibilité. L'accusation la plus répandue est que la FMS Foundation n'est qu'un « ramassis de pédophiles » et que ces derniers financent secrètement toute l'opération. En fait, la petite équipe que dirige Pamela Freyd comporte surtout des femmes – médecins, sociologues, et ex-enseignantes pour la plupart – de plus de cinquante ans.

Il n'en reste pas moins que les accusations de mémoire récupérée – même si les cas qui en découlent n'affectent qu'un petit pourcentage sur l'ensemble de la population – ont déjà eu certaines conséquences dramatiques, transformant les rapports des parents avec leurs enfants, des enseignants avec leurs élèves, et les enfants, à qui on apprend que les abuseurs sexuels potentiels sont partout, se comportent, depuis peu, d'une manière différente. « La peur d'être accusé d'un acte pouvant être interprété comme un abus sexuel conditionne le comportement nouveau d'à peu près tous nos éducateurs, dit Pamela Freyd, alors qu'un enfant exige avant tout un contact physique avec une personne chère, et qu'il devient malheureux si on le prive de câlins. » Le 9 juin 1994, le *New York Times* soulignait, dans un long article, les nouvelles règles inculquées aux moniteurs de colonies de vacances. « Défense de prendre des enfants, si petits soient-ils, sur ses genoux, ni de les toucher, sauf sur la main, les épaules et le milieu du dos » – les dirigeants de colonies de vacances craignant avant tout qu'à la suite de gestes parfaitement innocents, ils puissent devenir la cible légale de parents intenteurs de procès. Les « cours de comportement » sont devenus obligatoires pour les moniteurs dans l'État de New York. Selon le docteur Jeff Ackerman, psychologue spécialiste des enfants, « les moniteurs ne sont pas aussi affectueux, et sont certainement moins spontanés. Il y a dix ans, on leur disait que leur rôle était celui de " grand frère " ou de " grande sœur ". Aujourd'hui, ils sont devenus des enseignants comme les autres ».

Newsweek, dans son numéro du 10 janvier 1994, va

beaucoup plus loin. « Quelque chose de précieux a disparu de la culture américaine, écrit Jerry Adler, et les Américains ne savent pas comment le retrouver... Ce que les Américains ont perdu dépasse largement la peur du crime. Il était un temps ou le consensus était général : les enfants formaient une classe privilégiée que les adultes étaient en droit de protéger. De plus en plus, ils doivent aujourd'hui se mouvoir seuls dans un monde d'étrangers hostiles, de provocations sexuelles et de mystérieuses forces économiques qui dépasse même les adultes. La mère est en voyage d'affaires, le père est en train de faire du ski avec ses enfants d'un précédent mariage, et le professeur a été suspendu pour avoir avoué à une fille de sept ans qu'elle lui rappelle Veronica Lake.

« Il est peut-être futile de pleurer l'innocence perdue à Petaluma, en Californie, ou certains mômes doivent dormir dans les baignoires pour être à l'abri des balles perdues. Mais la menace physique est hors de proportion avec la perception du danger. En 1991, il y avait 36 millions d'enfants âgés de cinq à quatorze ans, et seulement 519 d'entre eux ont eu une mort violente. Le véritable danger est aujourd'hui complètement disproportionné à la peur du crime. Certains parents, selon Michael Thompson, psychologue d'enfants, sont devenus obsédés par la menace qu'ils croient peser sur leurs enfants. »

Selon *Newsweek*, les enfants américains jouent de moins en moins dehors – leurs parents les séquestrent de plus en plus à la maison. « On ne peut leur en vouloir d'assurer leur sécurité, mais personne n'a fait le bilan du coût psychologique de cette hypersurveillance constante, du fait qu'on est prêt à donner l'alarme à la suite de la moindre petite caresse inconsidérée d'un oncle affectueux. »

« Je ne peux pas imaginer ce que c'est que d'être un enfant dans un monde comme celui-ci », dit à *Newsweek* la mère d'un enfant de cinq ans qui a été tellement dressé à voir des agresseurs sexuels partout qu'il prend peur quand une voiture passe devant chez lui. On lui a d'ailleurs appris à crier haut et fort si quelqu'un le prend dans ses bras.

Cette psychose est sans aucun doute liée aux thèmes nouveaux des livres pour enfants, ou figurent nommément incestes, abus sexuels, divorces des parents, les travers de la sexualité adulte et les méfaits du racisme. Elle a parfois des effets tragi-comiques : comme le rapporte *Newsweek*, quand un étranger s'est arrêté récemment pour contempler deux fillettes en train de pêcher le gardon dans une rivière, leur réflexe a été immédiat : paniquées, elles ont immédiatement pris la fuite. « Comment réagir à la menace de pédophiles » est un thème routinier enseigné à leurs enfants par les parents américains.

Cette pratique ne date pas d'hier. *Newsweek*, du 11 mai 1984, notait qu'une association bénévole, à San Francisco, apprenait aux enfants comment se défendre d'un agresseur quelconque en pratiquant le *self-defence yell* (hurlement d'autodéfense) et qu'un groupe de volontaires d'un théâtre pour enfants, l'Illusion Theater, (« théâtre de l'illusion ») à Minneapolis, se produisait dans des écoles avec des pièces spécialement écrites pour rendre les enfants conscients du danger permanent qui les guettait. Dans *Touch* (« Le toucher »), par exemple, il était question d'un charmant grand-père, qui, sous prétexte d'embrasser sa petite-fille, lui passait la main sous sa robe. Une autre pièce mettait en scène un baby-sitter qui, sous des prétextes divers, avait convaincu deux petites filles de se dénuder devant lui. Le public – et *Newsweek* – réagit, à l'époque, avec enthousiasme à ces initiatives. Nul, semble-t-il, ne se soucia du fait que de tels spectacles pouvaient inculquer, chez les tout jeunes spectateurs, des craintes et des soupçons s'étendant à *tous* les grands-pères, à *tous* les gardes d'enfants, provoquer de véritables psychoses et conduire à des accusations d'abus sexuels sans fondement. Là encore, c'est le dérapage systématique qui inquiète. Encore une fois, il n'est pas question de minimiser le danger que les enfants peuvent encourir au contact de déséquilibrés sexuels. Ce qui inquiète, c'est le *manque de mesure*, l'absence de discernement dans un ensemble de règles rigidement appliquées.

En conséquence, aujourd'hui, comme l'avoue une mère de famille, nos petits « ont de moins en moins la possibilité d'avoir une véritable enfance ». « On a peur tout le temps, avoue la petite Amy Fraser, onze ans (citée dans *Newsweek*). Si c'est comme ça maintenant, qu'en sera-t-il [pour nous] plus tard ? » Un psychologue enquêtant auprès des enfants d'une paisible banlieue de Chicago apprend que leur principal souci est la peur d'être enlevés. « Ils savaient tout sur Polly Klass (une fille de douze ans enlevée et assassinée en 1993) et sur les deux petits garçons anglais de Liverpool assassins d'un gosse de deux ans. Parmi ces enfants de huit ans, la tête remplie de détails de crimes horribles, un tiers, en sortant de l'école, se retrouvaient dans une maison familiale parfaitement vide. » Et *Newsweek* de conclure : « Qui a assassiné l'enfance ? Réponse : nous tous. »

Ce climat inquiétant ne peut qu'encourager progressivement des cas de fausse mémoire récupérée chez des enfants fragiles ou imaginatifs, une fois parvenus à l'âge adulte – ce qui explique, peut-être, pourquoi la False Memory Syndrome Foundation recueille, de semaine en semaine, de plus en plus de cas de ce genre.

Pour le psychologue Richard Ofshe, (personnage clé de l'affaire Ingram) la mémoire récupérée n'est que le dernier des remèdes-miracles qui se manifestent régulièrement dans les milieux médicaux américains. Dans *Society*[1], il note qu'ils comportent toujours une part de spectacle, de théâtre, et sont constamment repris par les *talk shows* à la télévision et par des vulgarisateurs qui en font des best-sellers. « Au mieux, dit-il, quand la nouvelle technique s'avère inopérante, ce n'est que du temps et de l'argent gâchés. Parfois les séquelles peuvent être très graves – comme la pratique de la lobotomie, très à la mode il y a quarante ans. La question que je me pose est :

---

1. Richard Ofshe and Ethan Waters, « Making Monsters », *Society*, vol. 30, mars-avril 1993.

comment la profession médicale a-t-elle pu tolérer ce genre d'excès ? »

« La mémoire récupérée, remède-miracle actuellement le plus à la mode, écrit Ofshe, a dévasté des milliers de vies. C'est devenu, en un temps record, un phénomène national, profondément ancré dans notre culture et dans les pratiques de nos spécialistes en santé mentale.

« Des professionnels, médecins ou thérapeutes, sont aujourd'hui convaincus que des centaines de milliers d'adultes, en grande partie des femmes, souffrent des conséquences d'un abus sexuel qu'ils auraient subi enfants. On dit aux patientes qu'elles ne peuvent avoir aucun souvenir de cet abus car leur mémoire a été occultée, mais qu'une clef magique leur permettra de récupérer leur santé en en prenant conscience.

« Le temps écoulé n'y est pour rien. Elles peuvent rester tout à fait inconscientes de leurs traumatismes pendant plus de trente ans. Une fois ces souvenirs récupérés, les professionnels encouragent leurs patientes à accuser, à confronter, et parfois à attaquer en justice ceux qu'elles désignent comme responsables. L'origine de la mémoire récupérée est presque toujours *iatrogénique*, c'est-à-dire provoquée par les thérapeutes eux-mêmes. Ils se jouent de leurs malades en leur faisant croire qu'ils se rappellent des événements qui n'ont jamais eu lieu. »

La question que pose Ofshe est double. 1) Cette « occultation » existe-t-elle vraiment, et fonctionne-t-elle selon les dires des thérapeutes ? 2) Les techniques employées sont-elles capables de susciter une fausse mémoire, même en l'absence de tout véritable abus sexuel ?

Mais, dit-il, la vraie question est politique : « Politiquement, nous traversons un véritable champ de mines car *tout* est devenu acte politique. Selon certains adeptes de la *political correctness*, la seule attitude convenable est d'accepter sans réserve les théories des thérapeutes qui croient dur comme fer à la mémoire récupérée, à l'étendue du fléau de l'inceste et des abus sexuels pratiqués par des parents sur leurs enfants, et à la véracité des accusations des " victimes " [1].

« Peu importe, d'ailleurs, si les méthodes utilisées sont valables ou pas. Ces pratiques se sont institutionnalisées si rapidement, ont été acceptées comme vérités premières si vite, qu'on voit mal comment on pourrait résister à leur prolifération. Même si un ensemble de professeurs, de chercheurs et de cliniciens décidaient que ce genre de thérapie était nuisible, ils n'arriveraient sans doute pas à l'enrayer ou à décourager ceux qui en vivent. »

Depuis Freud, note Ofshe, on a eu recours à des théories de mémoire récupérée pour expliquer pourquoi certaines pensées, certains souvenirs restent dans l'inconscient. La notion freudienne de refoulement a toujours été spéculative, un principe métaphysique plutôt qu'une hypothèse se prêtant à un véritable test, les théories freudiennes ayant de moins en moins de poids.

Mais les thérapeutes américains actuels, note Ofshe, vont beaucoup plus loin que Freud. Certains sont convaincus que des souvenirs d'abus sexuels peuvent être refoulés consécutivement, un à un – allant jusqu'à croire, par exemple, qu'un enfant, régulièrement violé par son père, peut occulter la mémoire du viol *immédiatement après l'acte en question*. Le lendemain, violé de nouveau, l'enfant n'aurait aucun souvenir du viol précédent. D'autres penchent pour la théorie d'une mémoire d'ensemble : on oublie les faits incriminés jusqu'au jour où, par une sorte de déclic, provoqué par le thérapeute, tout éclate.

Ces théories, souligne Ofshe, présupposent que le cerveau enregistre et retient tout ce qui est perçu. Dans des conditions appropriées, selon les thérapeutes, le « film » de la mémoire récupérée se déroule tout comme une cassette vidéo en marche.

C'est ignorer la véritable nature de la mémoire, mal-

---

1. Avant de devenir ministre de la Justice dans l'administration Clinton, Janet Reno a montré, en temps que procureur, sa conviction acharnée en ce qui concernait la culpabilité de prévenus accusés d'abus sexuels sur la seule base d'une mémoire récupérée.

léable, partielle, déformée, et la notion de suggestibilité. Pendant des années, rappelle Ofshe, le philosophe suisse Jean Piaget a eu à l'esprit un incident qui lui était arrivé à l'âge de quatre ans : un individu avait essayé de le kidnapper, alors que sa nurse le promenait dans un landau, en Suisse. Seule la courageuse attitude de la nurse avait fait fuir le ravisseur barbu. Adulte, Piaget « se rappelait » la scène, avec une infinité de détails – jusqu'au jour où, sur son lit de mort, la nurse en question avoua qu'elle avait tout inventé pour se faire bien voir des parents du petit Piaget. Jean Piaget avait entendu l'histoire tant de fois qu'il l'avait transformée en souvenir très précis.

Sans nier l'amnésie, dans certains cas, il est prouvé, dit Ofshe, que des enfants ayant subi des traumatismes graves (camps de concentration, accidents de voiture, kidnappings, etc.) se souviennent en général *de tout*. Mais les dizaines de milliers de thérapeutes exerçant en Amérique, adeptes de la mémoire récupérée, sont profondément convaincus de la validité de leurs thèses. Pour eux, la brutalité (physique ou morale, accompagnant l'acte de viol ou d'abus sexuel) a été si dévastatrice qu'elle a été totalement occultée par le malade jusqu'au début de la première séance.

Encore plus aberrant : les thérapeutes enseignent que quelle que soit la nature des souvenirs d'enfance – joyeux ou tristes – ce ne sont que des *façades cachant la réalité*. Là, dit Ofshe, nous ne sommes plus dans le domaine de la science, mais dans celui de la science-fiction.

Chez des malades fragiles ou influençables, les techniques recommandées par les livres spécialisés et appliquées par les thérapeutes facilitent la construction de cette mémoire récupérée. On apprend aux malades comment réagir au moment où surgit une bribe de mémoire récupérée : comment transformer de vagues réminiscences ou sentiments de malaise en conviction qu'on a été abusé; comment des événements de tous les jours peuvent être utilisés pour déclencher des souvenirs d'abus sexuels; comment recréer le souvenir de la douleur physique, et comment se « laisser aller » (par la rage ou la crise de larmes) pour extérioriser la souffrance émotionnelle provoquée par les souvenirs d'abus sexuels nouvellement récupérés. C'est d'ailleurs, ajoute Ofshe, le spectacle de ces crises de larmes qui devient le meilleur atout des thérapeutes. N'est-ce pas là, disent-ils, la preuve irréfutable qu'il est arrivé quelque chose de grave à leurs patients ?

Selon Ofshe, le monde médical est actuellement profondément divisé entre le scepticisme et la croyance totale. « La thérapie à la mode, s'appuyant sur le principe de la mémoire récupérée, est en train de prendre un tel essor dans les secteurs de santé mentale et de protection sociale que les conséquences risquent d'être gravissimes pour l'avenir et la crédibilité de la psychologie et de la psychiatrie dans leur ensemble. »

Ce phénomène, jusqu'ici surtout américain, est-il envisageable en France ? Même parmi ceux qui croient que tout fait social américain (qu'il s'agisse de mode, de *fast food* ou d'autres traits de style de vie) finit par traverser l'Atlantique et s'implanter en Europe, parfois avec quelques années de retard, on peut quand même avoir un certain scepticisme. Mais Pamela Freyd signale un fait d'assez mauvais augure. Elle reçoit depuis peu, dit-elle, de nombreux dossiers de cas de mémoire récupérée en provenance de Hollande, d'Angleterre et même du Japon.

En fait, ce phénomène, si bizarre soit-il, n'est que la partie visible de l'iceberg, car, comme le reconnaît le professeur Ofshe, « les partisans de la mémoire récupérée élargissent leurs frontières sans relâche pour satisfaire les exigences les plus bizarres et pour expliquer (et excuser) tous les abus imaginés et imaginables de leurs clients ».

A la lisière de la thérapie de la mémoire récupérée se trouvent non seulement ceux qui croient aux cultes sataniques, mais les partisans du phénomène de Multiple Personality Disorder (MPD), manifestation de plusieurs personnalités vivant dans la même « enveloppe » humaine. C'est le vieux mythe du « Dr Jekyll et Mr. Hyde », mis à

147

jour dans le langage pseudo-scientifique de la fin du XXe siècle.

En Amérique, le MPD commence à servir d'alibi dans un certain nombre de cas criminels : pour un avocat essayant à tout prix d'éviter à son client une lourde condamnation pour assassinat ou viol, plaider qu'il est gravement malade, atteint de désordre de la personnalité multiple, et donc non responsable de ses actes, représente un recours efficace. Les juges – toujours soucieux de ne pas se mettre à dos la profession médicale, surtout depuis que le MPD est devenu une maladie officiellement reconnue, interprètent la loi avec un scrupule qui n'exclut pas le ridicule : dans l'État du Wisconsin, il y a quelques années, un témoin annonça, avec le plus grand sérieux, qu'une de ses personnalités « autres » étant un chien, il témoignerait en temps que chien : le juge le laissa faire. En Arizona, en mai 1994, James Carlson, accusé de nombreux viols, déclara qu'étant donné que les viols avaient trait à huit des onze personnalités « autres » qui étaient entrées en possession de son corps et de ses facultés, il fallait que huit d'entre elles, « directement concernées », témoignent. Le juge accepta. Avec le plus grand sérieux, son avocat fit comparaître Carlson, et par son intermédiaire interrogea ces « personnalités autres ». Parmi elles, figurait une prostituée lesbienne et, pour l'occasion, Carlson se présenta à la barre en perruque, pull-over rose, et talons hauts. « Les juges sont complètement désemparés, commenta un expert d'Atlanta, le docteur George B. Greaves. C'est le chaos le plus total[1]. »

---

1. *New York Times*, 9 mai 1994.

8

HARVARD ET LES OVNIS

Aux États-Unis, les *multiple personality disorders* (MPD) – les désordres de la personnalité multiple – sont de plus en plus à l'ordre du jour dans les milieux psychiatriques, et de plus en plus évoqués dans des procès pour crimes de violence. Une littérature populaire leur accorde une large place sans, toutefois, refléter la moindre certitude scientifique. Un psychiatre britannique, Ray Aldridge-Morris, souligne d'ailleurs la spécificité presque exclusivement américaine de ce phénomène. Il écrit : « Dans la vaste majorité des cas, sinon leur totalité, le phénomène est américain. Une telle particularité exige une explication... Des psychiatres crédules sont-ils la proie de malades manipulateurs à la recherche d'une excuse pour leur conduite anormale ? Ou s'agit-il de psychiatres, soucieux de notoriété à tout prix, qui se jouent de malades crédules ? » Toujours est-il que « le nombre des cas ne cesse de se multiplier aux États-Unis, alors qu'on note son absence quasi complète ailleurs [1] ».

« Devant la multiplication inattendue de cas de ce genre, mes étudiants m'interrogent souvent sur la réalité de ce phénomène », écrit le professeur Paul R. McHugh, chef du département de psychiatrie du John Hopkins

1. *Multiple Personality : Exercise in Deception ?*, Laurence Erlbaum Publishing, 1989.

Teaching University, à Baltimore [1]. « Je leur réponds généralement que nous renouons là avec les paralysies hystériques et que nous devrions nous souvenir des leçons enseignées par des psychiatres il y a plus d'un siècle. »

Pour McHugh, ces cas relèvent des célèbres hystéro-épilepsies de Jean-Martin Charcot, à la Salpêtrière au XIXe siècle. « Charcot a cru à un moment qu'il avait découvert une nouvelle maladie... Il n'en était rien. Ses malades étaient victimes non d'une maladie mais d'une hypothèse... Mais les découvertes de Charcot et Babinski, confirmées par des dizaines d'années de recherches, sont aujourd'hui ignorées. Nous nous trouvons en face d'une prétendue épidémie de désordre de la personnalité multiple, qui sème la zizanie à la fois chez les malades et les thérapeutes. Le MPD est un syndrome iatrogénique, mis en valeur par la suggestion, et entretenu par l'attention que lui accordent les praticiens. Le MPD, comme l'hystéro-épilepsie, est l'invention des thérapeutes. Ce diagnostic rarissime n'est devenu populaire qu'après un certain nombre de livres et de films. »

Selon McHugh, « certains psychiatres américains n'hésitent pas à susciter des symptômes de MPD en manipulant leurs patients « de la manière la plus brutale », en provoquant des réponses positives par des questions du type : « Avez-vous jamais eu l'impression qu'une partie de vous-même commet des actes que vous êtes incapable de contrôler ? » C'est ainsi, dit-il, qu'on donne naissance à ce que le jargon psychiatrique américain appelle des « personnalités autres » (*alter personalities*). Une fois la barrière de la réalité rompue, les fantasmes les plus délirants ont libre cours. McHugh rapporte que, dans certains hôpitaux psychiatriques américains, « les praticiens n'hésitent pas à découvrir et à cataloguer de quatre-vingt-dix à cent personnalités autres au sein du même individu, y compris au moins une du sexe opposé, et parfois une d'animal – chien, chat ou vache... Au fur et à mesure que les médecins s'extasient sur l'apparition progressive de ces person-

1. Dans *The Harvard Mental Health Letter*, septembre 1993.

nalités multiples, il devient de plus en plus difficile pour le malade de les arrêter. Or nous savons tous qu'il s'agit, dès le début, d'une vaste blague ».

A l'origine de la vogue du MPD, on retrouve le même coupable : un traumatisme sexuel infantile tellement horrible qu'il s'est dissocié du conscient de la supposée victime pour se loger chez cette personnalité autre. Ainsi, selon McHugh, à la conviction des praticiens s'ajoute un sentiment de justice : « Le crime est enfin révélé. Le malade a maintenant un tel intérêt à maintenir la réalité de ses fantasmes que la recherche du MPD est presque devenue une fin en soi. » D'après McHugh, comme dans les cas d'hystéro-épilepsie de Charcot, seuls l'isolement du malade et des contre-suggestions mettront fin aux prétendus cas de MPD. « Fermez les services hospitaliers de disassociation, mettez les malades dans des services de psychiatrie générale, ignorez les *alters,* cessez de leur parler, de les analyser, d'en discuter dans des conférences de cliniciens. Traitez les vrais problèmes et les vrais conflits plutôt que ces fantasmes. Une fois ces consignes simples suivies, les personnalités multiples disparaîtront et la véritable psychothérapie pourra enfin commencer. »

Parmi les cas de MPD, on trouve non seulement des criminels ayant intérêt à prouver leur irresponsabilité, des malades mentaux de toutes sortes, mais aussi des innocents, victimes à la fois de psychiatres convaincus de la réalité du phénomène et de la cupidité d'établissements psychiatriques privés. Dans *Academy Forum* [1] un médecin spécialisé, Richard A. Gardner, dénonce non seulement l'hystérie collective [2] qui s'est abattue sur l'Amérique à la suite du Mondale Act, mais les nouveaux règlements administratifs qui ont fait du MPD une maladie officielle, reconnue par la très influente Diagnostic and Statistical

---

1. *Academy Forum* (volume 37, n° 3, automne 1993). Il s'agit d'une revue médicale et psychiatrique spécialisée dont le sérieux n'est nullement contesté.
2. Selon lui, l'hystérie collective des obsédés de l'abus sexuel infantile est un phénomène social aussi grave pour les États-Unis que cette autre forme d'hystérie qui rendit possible le maccarthysme pendant les années 50 et le procès des « sorcières de Salem » il y a trois cents ans.

Manual (DSM), véritable bible de la médecine psychiatrique américaine. Selon Gardner, cette classification (qui date de 1980) explique en grande partie la multiplication des cas de désordres de la personnalité multiple : cette maladie étant devenue très rentable, des centaines d'établissements spécialisés, presque entièrement rémunérés par des compagnies d'assurances médicales, ont vu le jour en Amérique, en ne traitant que des cas de dissociation de personnalités autres. Certains coûtent jusqu'à mille cinq cents dollars *par jour* et par malade, et quelques praticiens, motivés par ces raisons matérielles, estiment que la guérison ne peut s'échelonner que sur sept, voire dix ans. Dans la revue médicale *Insight* (1993), Eugene Levitt, psychologue enseignant à l'Indiana University School of Medecine, déplore la prolifération de milliers de cas de ce genre à la suite de sa nouvelle classification par le DSM, et le fait que certains thérapeutes en voient partout. Les causes, selon *Insight*, sont diverses : il y a, bien sûr, la possibilité de reporter sur un « autre » imaginaire la conséquence de ses propres actes ; mais aussi un malade, fragile et sous hypnose, y trouve la satisfaction de faire plaisir à son psychiatre, et le psychiatre lui-même se fait plaisir en explorant ainsi l'imaginaire de son patient. Enfin, rappelle *Insight*, il y a, pour certains, l'attrait d'être le point de mire de plusieurs millions de spectateurs, d'être peut-être sollicité pour un *reality show* télévisé...

Une autre revue spécialisée, le *Journal of Psychosocial Nursing*, s'est penchée (volume 32, 1994) sur les abus effarants d'une clinique privée texane, où une psychiatre faisait la joie des administrateurs en gardant en traitement pendant des années, et contre leur gré, des patients qu'elle avait systématiquement – et brutalement – convaincus sous hypnose qu'ils étaient tous atteints de MPD. Une cascade de plaintes judiciaires déposées par d'anciens malades convaincus d'avoir été à la fois bernés et exploités encombre actuellement l'appareil judiciaire américain, dans à peu près tous les États de l'Union.

Mais le phénomène ne s'arrête pas là : dans le monde

entier, on a recueilli de nombreux témoignages d'individus parfaitement respectables, dont la bonne foi ne saurait être mise en doute, qui prétendent avoir été victimes d'ovnis.

Ce qui étonne n'est pas le nombre d'Américains qui témoignent – l'expérience, somme toute, est banale – mais le nombre élevé d'hommes et de femmes, convaincus de les avoir vus et surtout d'avoir été enlevés et agressés par des extraterrestres. Cette expérience, révélée parfois spontanément, mais généralement au cours de thérapies particulièrement orientées, est presque toujours liée à un phénomène de personnalité multiple : c'est la personnalité autre de l'individu qui a généralement connu l'expérience et s'estime victime d'agresseurs extraterrestres. Il s'agit, dans beaucoup de cas, de gens qui n'ont aucune trace apparente de délire mental dans d'autres domaines, et qui racontent, détails à l'appui, comment ils et elles ont été enlevés, leur sperme ou leurs ovules prélevés, dans l'apparente intention de donner naissance à une colonie d'esclaves humains issus de la planète Terre, fabriqués soit par accouplement forcé, soit artificiellement.

Ce qui étonne encore plus est qu'une poignée d'universitaires américains, respectés chacun dans son domaine intellectuel ou scientifique, prennent ces témoignages (d'agression et d'enlèvement par des extraterrestres) au sérieux.

Le plus célèbre porte-parole de ces victimes, qui souligne par ailleurs que cette « aventure » est survenue à *plus d'un million d'Américains*, n'est autre que John E. Mack, ancien prix Pulitzer, professeur – et précédemment directeur – du département de psychiatrie à la prestigieuse Harvard Medical School, où il enseigne toujours, comme membre éminent de la faculté de médecine, la psychiatrie. (Rappelons que les professeurs d'université, aux USA, sont quasiment inamovibles.)

Il n'est pas unique en son genre : David M. Jacobs, auteur de *Secret Life : Firsthand Accounts of UFO Abduc-*

tions [1] (*Les Kidnappeurs d'un autre monde*, Presses de la Cité, 1994) est professeur d'histoire à la très respectable Temple University à Philadelphie. La préface de son livre, fournie par John Mack lui-même, est éloquente, habilement formulée, comme il se doit de la part d'une sommité scientifique mondialement connue. John Mack écrit : « L'idée que des hommes, des femmes et des enfants puissent être enlevés contre leur volonté de leurs maisons, de leurs voitures, de leurs cours d'école, par des humanoïdes étranges, arrivés dans des engins volants et soumis à des procédures contraignantes et terrifiantes, est si contraire à notre notion de l'univers que l'information a été ou rejetée ou bizarrement déformée par la plupart des médias. C'est tout à fait compréhensible... Mais le fait est là : depuis trente ans, et peut-être depuis plus longtemps encore, des milliers d'individus, apparemment sincères, sensés et ne recherchant aucune compensation financière, témoignent à tous ceux qui veulent bien les écouter de la réalité de tels événements. »

Le livre de David Jacobs comprend les témoignages de cinquante-sept « victimes » d'enlèvements de ce genre, et un dossier sur trois cents autres cas. Le docteur Mack ne cache pas que, pour en arriver là, Jacobs a « mis ses interlocuteurs en hypnose pour venir à bout de leur amnésie ». Conclusion de Jacobs – et de Mack : « Derrière ces enlèvements, il y a, semble-t-il, une sorte d'entreprise complexe de conception, de gestation ou d'incubation de fœtus humains, ou résultant d'unions d'extraterrestres et d'humains, le but étant la procréation. » Certaines victimes, amenées « en dehors du temps », contemplent également, du haut de leurs soucoupes volantes, mais sur des écrans de télévision intérieurs, « la vision hallucinante d'une terre entièrement dévastée ».

« Mes propres expériences, poursuit Mack, montrent à quel point de telles expériences débouchent sur une meilleure connaissance de soi... Les anciens " enlevés " manifestent une puissante conscience écologique et un souci

1. Simon & Schuster, 1992.

nouveau pour l'avenir de notre planète... En ce qui me concerne, et chez d'autres investigateurs, ce genre de recherche a eu un impact bouleversant sur ma conception de la nature du cosmos. »

Dans une interview au *Philadelphia Inquirer* [1], David Jacobs insiste sur le fait qu'au début de sa longue enquête sur les ovnis, il y a plus de vingt-cinq ans, il était lui-même profondément sceptique. « Mais comment ne pas y croire quand tant de gens, qui s'ignorent l'un l'autre et ne recherchent aucune publicité personnelle, vous racontent la même histoire avec les mêmes détails... Je suis parfaitement conscient du fait que ce livre ne fera aucun bien à ma carrière universitaire. Au contraire. » En fait, les autorités de Temple University ne semblent pas reprocher trop sévèrement son violon d'Ingres à l'un de ses historiens les plus distingués : à leur demande, David Jacobs donne chaque année une série de conférences intitulées : « Les ovnis dans la société américaine ».

Si le livre de Jacobs est l'aboutissement de six ans de recherches, rendues possibles grâce au don d'un « bienfaiteur anonyme » (et amateur d'ovnis sans doute richissime) de la somme de deux cent mille dollars, c'est la prestigieuse maison d'édition Scribner's qui avance la même somme au docteur Mack pour son livre *Abduction* (1994).

Contrairement à Jacobs, l'enthousiasme du docteur Mack pour les « enlevés » est relativement récente. « En 1989, raconte-t-il, une collègue me demande si je veux rencontrer un certain Bud Hopkins. Je demande qui c'est. Elle me répond qu'il s'agit d'un artiste new-yorkais qui travaille avec des personnes affirmant avoir été enlevées par des extraterrestres. Je lui réponds que Hopkins et ses enlevés doivent être aussi fous les uns que les autres. " Non, non, me dit-elle. Tout cela est très sérieux. " Le 10 janvier 1990 – une de ces dates qui vous changent la vie –, elle m'amène chez Hopkins. Rien dans mon expérience psychiatrique de près de quarante ans ne m'avait préparé à ce qui allait suivre. »

1. 12 mars 1992.

La nouvelle expérience clinique dont témoigne Mack dans son livre est réalisée en grande partie grâce aux volontaires, recrutés en premier lieu par Hopkins, et analysés par Mack, qui a le look, la présence magnétique, l'éloquence et le charme d'un grand acteur (son prix Pulitzer lui a été attribué pour une brillante biographie psychanalytique du mythique aventurier britannique T.E. Lawrence).

Sans trop s'attarder sur les phénomènes d'ovnis américains, ni citer les détails interminables de témoignages d'anciennes victimes d'enlèvements par des extraterrestres, il est néanmoins instructif d'avoir un aperçu du phénomène que constitue John E. Mack. Il est, rappelons-le, non seulement un ferme partisan de la réalité scientifique de la personnalité multiple, mais aussi un des maîtres à penser de l'école de médecine de Harvard. Or le brillant professeur a un passé pour le moins controversé : aujourd'hui passionné d'écologie, il était, dans les années 70, un admirateur passionné de la fondation *Est*, à Essalen, de Werner Erhard, aujourd'hui complètement discréditée. Ensuite il est devenu le disciple le plus éminent de Stanislas Grof, un Russe connu surtout pour sa technique de respiration holotropique, dont les adeptes sont censés entrer en transe et contempler *de visu* un passé normalement inaccessible. Pendant une de ces séances en Russie, Mack raconte avec le plus grand sérieux qu'il s'est trouvé dans la peau d' « un père russe, au XVIᵉ siècle, dont le fils a été décapité par les hordes mongoles ».

Selon Mack, seuls quelques témoins – en proportion minime – présentent des caractéristiques d'aliénation mentale. Parmi ceux qu'il a questionnés, presque toujours sous hypnose, il y a « des étudiants, des ménagères, des secrétaires, des écrivains, des commerçants, des psychologues et même un gardien de prison ». Certains sont convaincus de venir d'ailleurs ou d'avoir des parents extraterrestres (!), ce qui n'est pas pour Mack, semble-t-il, un signe de dérèglement mental. D'abord, Mack croit que le phénomène est plus fréquent dans la classe ouvrière mais il s'aperçoit vite que c'est faux : les ouvriers « sont simplement moins réticents ». On ne peut pourtant pas nier, ajoute-t-il, que parmi les cas examinés personnellement par lui, se trouve une proportion assez élevée de rescapés de familles « dysfonctionnelles » ou provenant de milieux alcooliques, et des cas d'abus sexuels infantiles. Il cite celui d'une femme « qui n'arrive pas à se souvenir d'avoir été traumatisée sexuellement enfant, mais qui, sous hypnose, se rappelle avoir été enlevée, à l'âge de six ans, par des homoncules sortant d'une soucoupe volante arrivée dans son jardin ». Dans les cas d'abus sexuels, les extraterrestres kidnappeurs « se conduisent d'ailleurs avec les enlevés d'une manière protectrice et rassurante ». Mais d'autres « sont enlevés de force et profondément traumatisés. Ils surmontent l'épreuve, pourtant, sans désordre psychiatrique apparent ». Dans seulement deux cas, relève Mack, il a été nécessaire d'hospitaliser des témoins présentant des signes alarmants.

Mack ajoute que les spécialistes du sujet savent que le phénomène d'enlèvement (par les extraterrestres) affecte tous les milieux sociaux et que parmi ses inconditionnels figure « un homme politique influent qui veut à tout prix garder l'anonymat ». Il rapporte un sondage, de l'Institut Roper, en 1991, qui « montre que plusieurs millions d'Américains ont été enlevés par des extraterrestres ou ont eu des expériences analogues ». Comment un sondage effectué sur six mille personnes peut aboutir à une telle conclusion, c'est fort peu clair, mais absolument sans importance, vu l'extravagance de ce qui va suivre.

Les histoires de témoins enlevés (dans ce livre de 432 pages) sont d'une répétitivité à la longue assez lassante : qu'ils soient au lit, en voiture ou en promenade, ils prennent conscience d'une étrange lumière, de vibrations inexplicables, ils « flottent ». S'ils sont en voiture ou dans une chambre à coucher, ils ont la sensation de passer à travers le toit de la voiture ou les murs de leur maison. A la campagne, les manifestations d'homoncules extraterrestres sont souvent précédées par des apparitions

157

de hibous, d'aigles, d'écureuils ou de cerfs. On note aussi un cas de « kangourou géant ». Selon les volontaires « débriefés » et hypnotisés par Mack, cela prouve que les extraterrestres sont capables de se transformer en animaux ou en objets.

Mack note aussi l'absence de corroborations extérieures sous forme de films, photos, etc., et un seul cas de témoignage indépendant : une femme dit avoir vu une soucoupe volante kidnapper une autre femme en la faisant sortir du douzième étage d'un immeuble donnant sur l'East River à New York, et la kidnappée, plus tard, confirme qu'elle a bien été enlevée ce jour-là, à l'heure précise signalée par le témoin. Un tel spectacle, dans un New York surpeuplé, parcouru, même de nuit, par des milliers de personnes, ne pouvait passer inaperçu. Justement, la femme dit avoir assisté à la scène en même temps que « deux gardes du corps du secrétaire général de l'ONU, passant dans leur voiture ». Les gardes du corps, eux, nient toute vision d'ovni – et la crédibilité de l'enlevée (ainsi que son équilibre mental) est assez sérieusement mise en doute quand elle affirmera par la suite que ces deux hommes ont tout fait pour l'empêcher de parler, l'ont enlevée à leur tour, et ont essayé de la violer!

Mack insiste surtout sur les corroborations indirectes : telle mère de famille constate l'absence mystérieuse de sa fille, précisément à l'heure où, d'après cette dernière, elle est entre les mains de mystérieux homoncules. Tel signalement de soucoupe volante dans une région déterminée correspondra à un enlèvement précis.

Certaines descriptions de l'intérieur des vaisseaux de l'espace sont difficilement supportables : containers remplis de fœtus, salles d'opération avec panoplies d'instruments bizarres. Les homoncules (dont certains sont de sexe féminin bien que leurs attributs sexuels soient généralement invisibles, « sentis » plutôt que vus) présentent parfois à des enlevés à répétition (car dans beaucoup de cas, ces phénomènes ne sont pas uniques dans la vie des témoins) des « enfants extraterrestres dont les victimes savent, intuitivement, qu'ils sont les leurs ».

158

Dans de telles conditions, comment les enlevés communiquent-ils avec les extraterrestres ? Eh bien, voyons, par transmission de pensée, de façon télépathique, non verbale. Mais à Porto Rico, le témoin du spectacle de « quatre homoncules gris au beau milieu de la rue » reçoit, le lendemain, un coup de téléphone anonyme [en espagnol ?] le menaçant du pire s'il en fait état.

Très souvent, les rescapés signalent à Mack qu'ils ont subi « de minuscules implants dans le corps, le cerveau et même le pénis », effectués par ces extraterrestres. Mais Mack avoue que, dans les rares cas où on a pu prélever un nodule sur le corps d'un témoin, les laboratoires médicaux n'ont pu identifier autre chose qu'un phénomène banal et sans intérêt, et les cicatrices, d'ailleurs bénignes, guérissent et ne se reproduisent pas. Une femme lui montrera un minuscule morceau de fil de fer qu'elle affirme avoir, à son retour d'enlèvement, sorti de son nez. Après analyse de laboratoire, cet objet se révèle d'une désespérante banalité – un mélange de métal et de plastique comme en fabriquent des milliers d'usines américaines. Mack admet, d'ailleurs, qu'aucun clinicien occidental ne verrait dans une substance rapportée d'un vaisseau spatial autre chose qu'un produit d'origine terrestre.

Le témoignage exemplaire aux yeux de Mack, choisi parmi ses nombreux cas, concerne un certain Ed, technicien dans une entreprise d'informatique, qui vient voir le professeur à Harvard avec une expérience peu banale, même parmi les enlevés. Il a fait l'amour avec une extraterrestre, à l'intérieur d'un alvéole transparent, alors qu'il avait peut-être quinze ans (il en a maintenant quarante-cinq). « Ça m'est revenu petit à petit », lui confie Ed. Il était au bord de la mer, en voiture, avec un camarade. Ils parlaient de filles. Vierges tous les deux, « ils ne pensaient qu'à ça ».

« Je l'ai hypnotisé, écrit Mack, pour en savoir plus. » Sous hypnose, Ed se rappelle qu'avant son enlèvement, de petits humanoïdes gris entourent son véhicule et le transportent, à travers le toit de la voiture, dans une espèce d'amphithéâtre spatial où on l'examine avec soin, et où on lui prélève son sperme. C'est seulement plus tard que, comme une sorte de récompense, il se retrouvera seul avec sa partenaire dans le petit alvéole. La créature a des seins, porte un médaillon autour du cou, et « le lit comme un livre ». Par transmission de pensée, il comprend qu'elle sait son nom, qu'elle est tout à fait consciente qu'il veut faire l'amour avec elle.

Mais l'hypnose révèle que l'acte sexuel n'est que le début d'une longue leçon. Elle l'endoctrine, lui communiquant des théories sur la politique, l'environnement, la violence, la nourriture. « C'est comme si elle me disait : vous autres, vous êtes en train de conduire du mauvais côté de la route, vous devez savoir ce qui vous arrivera, la tragédie est inévitable. » Elle lui révèle que le monde est en train de s'engager sur une pente destructrice, « dangereuse non seulement pour vous autres terrestres, mais pour nous aussi ». Elle lui montre des images apocalyptiques, mais lui dit qu'il a la chance d'avoir une sensibilité intérieure exceptionnelle : « Vous pouvez parler à la terre, et la terre vous parle. » Elle lui révèle les secrets du début de l'univers, il assiste même, grâce à elle, au spectacle du « big bang ». Elle lui montre aussi l'image terrifiante des forces du mal, « mais me dit – elle s'appelle Ageeka ou Ohgeeka – que j'ai dans mon for intérieur la capacité, la force nécessaire pour les contrer, grâce à ma " dimension additionnelle " ».

Soudain Ed demande à Mack : « Pensez-vous que je vous mène en bateau ? » comme s'il avait lui-même des doutes sur la validité de ce qu'il est en train de raconter. Mack lui affirme qu'il n'en est rien. Ed est un obsédé de l'écologie, convaincu de l'imminence d'une catastrophe cosmique qui, dans peu de temps, anéantira la terre entière. Il a été, enfant, sujet à des cauchemars affreux mais inexplicables ; il avait une peur morbide du noir. Lui et sa femme ont, sur le plan sexuel, des problèmes d'infertilité qui peuvent ou non, d'après Mack, être liés à l'enlèvement. Son témoignage, sous hypnose, est bourré de références télévisuelles. Mack admet quand même que lors de leur première rencontre, Ed donne le sentiment d'être « paumé, prêt à se taper la tête contre les murs ».

Alors que le docteur Mack insiste sur son « manque de suggestibilité », il saute aux yeux qu'Ed n'est pas (c'est le moins qu'on puisse dire) tout à fait normal – et il en sera de même avec la plupart de ses autres témoins –, que ses fantasmes d'enlèvement par des extraterrestres et ce qui lui arrive ensuite sont profondément liés à ses obsessions de fin du monde. Mais ce qui rend le livre – et Mack – plus suspect encore, c'est que les obsessions écologiques des enlevés rejoignent celles de Mack lui-même, et que presque tous les témoignages n'ont été exprimés consciemment que des années après, et sous hypnose.

Le célébrissime professeur de Harvard sait tout cela, mais n'en a cure. Au contraire, il y trouve, paradoxalement, la preuve du bien-fondé de ce que ses témoins lui racontent. « Dans le contexte de notre crise écologique mondiale, écrit-il, l'expérience des enlevés constitue sans doute une thérapie, une médecine administrée (par les extraterrestres) aux habitants des pays qui en ont le plus besoin – en premier lieu les États-Unis. »

Les témoignages dont il fait état ne sont, dit-il, que le prolongement de certains phénomènes vieux de milliers d'années, dont « les implications philosophiques, spirituelles et sociales m'ont conduit à mettre en question les idées courantes occidentales-newtoniennes-cartésiennes, selon lesquelles la réalité repose sur le monde matériel tel que nous l'appréhendons à travers nos sens physiques. Dans ce cas, l'intelligence est un produit du cerveau humain ou de celui des espèces avancées. Si, au contraire, l'intelligence appartient au cosmos plus large, cette perception-là n'est qu'un exemple de subjectivité, ou la projection de nos propres processus mentaux.

« Ce que le phénomène des enlèvements m'a (je dirais presque inévitablement) démontré, c'est que nous participons à un ou plusieurs univers intelligents dont nous sommes coupés... Les histoires d'enlèvement par extraterrestres ne sont pas foncièrement différentes de celles que rapporte l'histoire humaine depuis ses débuts, et qui évoquent les dieux, les esprits, les anges, les fées, les démons, les vampires, les monstres sous-marins ». Dans *Psychology Today* [1], Mack explique la transformation des extraterrestres en animaux par des analogies chamaniques, ajoutant que les témoignages de ses enlevés auraient pu se passer « dans une autre réalité », tout en demeurant aussi authentiques.

Les autorités de Harvard ne semblent pas autrement embarrassées par les convictions d'un de leurs plus célèbres professeurs. « Il y a quantité de grandes idées qui, au début, semblaient farfelues », confie au *Wall Street Journal* [2] l'actuel directeur du département de psychiatrie de Harvard, Malkah Notman. « Quoi qu'on en pense, je crois que le département estime qu'il est utile d'encourager le travail créatif, tant qu'il ne fait de mal à personne » – attitude qui reflète bien l'esprit *politicaly correct* des grandes universités américaines.

Plus étonnante chez Mack est son incapacité à percevoir la différence quelconque entre mythe et réalité. De même que thérapeutes et juges américains prennent – on l'a vu – pour argent comptant les divagations des sœurs Ingram et de la fille de George Franklin, ou les accusations tout à fait fantaisistes de jeunes enfants profondément marqués par certaines émissions de télévision, Mack semble incapable du moindre doute en ce qui concerne les témoignages extravagants dont il a fait un livre.

Ce qui en ressort, d'ailleurs, ne renforce pas nécessairement le sentiment d'une société à la dérive de par le nombre croissant de ses déséquilibrés mentaux – il est fort possible qu'en France, on découvrirait, si on s'en donnait la peine, des individus ayant les mêmes fantasmes, surtout si l'on faisait tout non seulement pour les retrouver, mais pour les encourager, les mettre sous hypnose et donner une importance indue à leurs délires.

1. Numéro de mars-avril 1994.
2. 14 mai 1992.

Paradoxalement, ce qui ressort du livre de Mack, fascinant malgré lui, n'est encore une fois que la preuve d'un certain conformisme américain : tous les témoignages des enlevés concordent. Les extraterrestres ont à peu près tous (et ceci est encore plus frappant dans le livre illustré du peintre Bud Hopkins) le faciès et la taille du petit homoncule du film de Spielberg, E.T.; l'intérieur des vaisseaux spatiaux qu'ils décrivent correspond parfaitement aux décors hollywoodiens de centaines de films et de *TV soaps* ayant trait aux ovnis et aux voyages intergalactiques. Au lieu d'y voir la preuve de leur répercussion sur certains sujets fragiles, Mack – et d'autres – n'y trouve qu'une preuve supplémentaire de l'authenticité des récits d'enlevés. C'est bien cela qui fait si peur.

DEUXIÈME PARTIE

RÉALITÉS

BIGOTS BLANCS, NOIRS À CRAN

Kweisi Mfume n'est pas ghanéen. Néanmoins, ce nom (qui au Ghana, veut dire « fils conquérant des rois ») témoigne de la durable fascination « africaniste » de certains Noirs américains – et non des moindres, car M. Mfume, né Frizzell Gray, à Baltimore en 1946, à l'ombre de la Bethlehem Steel Corporation, est membre du Congrès depuis 1986 et sans aucun doute l'un des parlementaires les plus respectés et les plus craints de Washington.

Chef incontesté du *black caucus*, sorte de comité informel des élus noirs, Kweisi Mfume, même du temps de George Bush, était en passe d'occuper le premier plan. Aujourd'hui, cet homme de quarante-huit ans, doté d'une très forte personnalité, d'un charme et d'un charisme incontestables, est incontournable. Qu'il s'agisse de la nomination d'un ministre appartenant à une ethnie minoritaire, de la répartition des fonds pour aider les Noirs les moins favorisés, ou de la décision présidentielle d'intervenir militairement à Haïti, Kweisi Mfume sait qu'il recevra en priorité un appel du président Clinton, lui expliquant ses intentions, lui demandant parfois conseil, et – dans le cas de mesures qui risqueraient d'attirer la foudre du *black caucus* – lui détaillant ses raisons, avec toute la persuasion dont il est capable. Avant tout, Clinton entend désamorcer toute velléité d'obstruction de leur part –

avant même d'en discuter avec son *kitchen cabinet* [1] pourtant tout-puissant. Selon certains observateurs de droite, l'influence considérable du « général Mfume » – un des plus importants lobbyistes du leader haïtien Jean-Aristide Bertrand – pèse lourd et explique en grande partie les méandres présidentiels de la politique américaine à Haïti en 1993-1994, ainsi que la décision de Bill Clinton d'y intervenir militairement en septembre 1994.

Mfume contrôle un véritable « bloc » de votes, ceux des quarante membres du *caucus*, à la Chambre des représentants et au Sénat, mais son influence s'étend bien au-delà de Washington : nombre des vingt-trois millions de Noirs américains le considèrent actuellement comme le personnage politique noir le plus « branché », le plus sensible à la fois à leurs aspirations (parfois contradictoires) et à leur état d'esprit, leur *mood*. Son étiquette « Fob [2] » y est pour quelque chose, mais deux autres éléments ont leur importance : d'une part, l'étoile de Jesse Jackson, malgré son image de « successeur officiel de Martin Luther King », s'est ternie au fil des ans; d'autre part, l'autre leader noir hautement médiatique, Louis Farrakhan, prêcheur-orateur de génie capable de galvaniser les foules, fascine énormément, mais, avec son antisémitisme primaire et son armée privée de gardes néofascistes, effraie tout autant [3]. Habile manœuvrier, Mfume a su se concilier à la fois Jackson et Farrakhan. Dans la lutte pour le partage des allocations budgétaires réservées à l'aide aux ethnies défavorisées, tout le monde politique, Clinton en premier, sait qu'il joue un rôle clé.

Son parcours politique est exemplaire, illustrant à la fois une certaine hypocrisie américaine « blanche » et – surtout – le gouffre moral, ou plutôt culturel, qui subsiste

1. Comité de direction.
2. FOB = Friend of Bill (Clinton).
3. Encore qu'un sondage a montré que 62 % des Noirs pensent que l'action du chef de la nation de l'Islam est « positive », et 82 % sont convaincus qu'il « dit la vérité » au sujet des juifs. Il faut noter que Farrakhan, comme d'ailleurs la plupart des dirigeants noirs passés et présents (Booker T. Washington, W.E. Dubois et Martin Luther King), est lui-même d'origine « mixte ».

entre Blancs et Noirs – gouffre dont peu de commentateurs américains ont analysé la cause ou osent même avouer l'existence, de peur d'être accusés de racisme par les chiens de garde omniprésents de la *political correctness.*

Car dans cette Amérique si soucieuse des valeurs morales, dans ce pays où la moindre incartade passée, même lointaine, où le moindre ragot concernant une vie privée tant soit peu agitée peuvent, du jour au lendemain, signifier l'échec irrémédiable d'une carrière politique si brillante soit-elle (on l'a constaté avec les cas d'Edward Kennedy et de Gary Hart, ou aujourd'hui avec les déboires de Clinton lui-même), la rigueur ne s'applique en fait qu'aux Blancs : les candidats noirs échappent à peu près totalement à ces contraintes. Il est probable, il est même certain, qu'un Kweisi Mfume blanc n'aurait jamais pu devenir membre du Congrès. Jugez plutôt.

Frizzell Gray est un des trois fils d'une mère catholique extrêmement pieuse, qui fait de son mieux pour les élever, seule, avec un salaire dérisoire de femme de ménage occasionnelle. Comme chez tant de familles noires, l'environnement familial est instable ; le logis, une succession de taudis. Le jeune Gray apprendra plus tard qu'il est illégitime, que son beau-père, brutal et peu présent, l'a reconnu à contrecœur. Le grand-père passe la plupart de son temps en prison pour de menus délits. Un jour le beau-père part sans plus jamais donner signe de vie.

Enfant très intelligent, passionné de lecture, Frizzell adore sa mère ; elle veut qu'il devienne quelqu'un. Mais elle meurt quand il a seize ans, laissant ses enfants dans le dénuement le plus complet. Frizzell Gray abandonne aussitôt ses études pour subvenir à leurs besoins. Sans formation aucune, sa voie est toute tracée : il entre dans un gang local et devient voyou. Sa spécialité : repérer les hommes saouls, leur voler leur portefeuille et rapporter l'argent au gang, qui partage le magot entre ses membres.

A l'âge de dix-neuf ans, Frizzell rompt avec le gang, non sans mal – il est passé à tabac et mis à l'amende. Il

s'imprègne alors de culture africaine et change de nom :
il sera Mfume. Beau parleur, drôle, s'exprimant facilement dans l'argot racé et inimitable des jeunes Noirs,
Mfume attire l'attention d'une vedette de musique Soul,
Kwa (alias James Brown), qui l'engage comme DJ *(disc-
jockey)* dans une petite station locale de radio, à Baltimore, dont il est propriétaire. Mfume devient, grâce à
son talent, une célébrité locale ; d'abord commentateur et
présentateur de disques de jazz (dont il est passionné), il
aura, très vite, sa propre émission, « Ebony Reflections »,
(« Réflexions d'Ébène »), mélange de musique et de
chronique « rap et libre ». Mfume songe même à une
carrière d'acteur, fréquente un temps les milieux du
spectacle à New York, mais reprend ses études inter-
rompues, d'abord au Community College de Baltimore,
puis à l'université de Morgan State, enfin à la prestigieuse université John Hopkins à Baltimore où il obtient
une maîtrise. Il est devenu, entre-temps, radical africaniste. Sa carrière politique s'affirme.

Sa vie privée est passablement agitée. A vingt-deux ans,
il est déjà père de cinq enfants illégitimes, tous de femmes
différentes, et il a été marié, mais pour très peu de temps,
à une sixième femme, dont il n'a pas d'enfant. Soucieux
aujourd'hui de son image, il soutient, auprès des journalistes, qu'il s'est toujours occupé de ses enfants – ce que
ses anciennes amies contestent : selon l'une d'elles, il n'en
est rien : « Il est resté un voyou. »

Loin d'essayer de minimiser son passé agité, Mfume le
revendique avec une fierté qui frise l'exhibitionnisme. En
1994, il écrit son autobiographie [1], où il sera beaucoup
question de sa participation à des coups et aux guerres de
gangs à Baltimore. Il sait que pour les électeurs noirs, son
passé de voyou – et sa réputation de séducteur viril – est
un atout majeur. Alors qu'en 1986, au cours d'une campagne électorale (il brigue un siège à la Chambre des
représentants), son adversaire républicain essaie de le dis-
créditer en révélant l'existence de ses cinq enfants natu-

1. Pas encore publiée.

rels, le résultat est le contraire de l'effet attendu : pour ses électeurs noirs, c'est la preuve que leur candidat est un *stud* (étalon), qu'il a du succès auprès des femmes. Mfume est élu – de justesse.

Depuis, ayant abandonné turbans et costumes exotiques panafricanistes, il porte des costumes sur mesure, habite une luxueuse maison dans la banlieue de Baltimore, circule en voiture avec chauffeur, mais n'a pas renoncé à son personnage d'homme à femmes. Selon la célèbre chroniqueuse politique Mary Matalin (ancien membre de l'équipe de George Bush et, depuis 1994, épouse de George Stephanopoulos, conseiller privilégié de Clinton, Mfume « compte parmi les dix hommes les plus sexy de Washington [1] ».

Il va sans dire qu'un passé de voyou et l'existence de cinq enfants illégitimes auraient été, pour un candidat blanc au Congrès, un handicap insurmontable. Nous touchons là à une différence fondamentale, à une « dimension variable » de la société américaine en ce qui concerne les relations Blancs-Noirs. Impossible de l'ignorer : les Blancs tolèrent chez un homme politique noir ce qu'ils ne toléreraient pas une seconde chez un candidat de leur propre race. Cette attitude démontre la persistance d'un véritable gouffre culturel entre les deux communautés; même après une trentaine d'années d'intégration « officielle », les valeurs ne sont pas les mêmes, et – ce qui est peut-être plus grave –, dans leur for intérieur, les Blancs trouvent cette différence toute naturelle : que Kweisi Mfume ait été voyou et coureur invétéré correspond à l'idée que les Blancs se font des Noirs en général : les stéréotypes font partie d'un certain folklore à l'usage des Blancs – dont, répétons-le, on se garde bien de parler, sauf entre soi.

Peut-être l'exemple le plus frappant de cet état de fait fut-il le retour en force de Marion Barry, ex-maire populiste de Washington, condamné pour drogue : en septembre 1994, il remporta une victoire éclatante dans les

---

1. *New Yorker*, 1ᵉʳ août 1994.

primaires contre un autre candidat noir, beaucoup plus représentatif celui-là de la bourgeoisie noire de Washington – victoire qui lui rapporta la mairie, en novembre 1994. Dans une ville où les Noirs constituent 70 % de la population, il ne faisait aucun doute qu'un candidat noir l'emporterait. Mais la plupart des démocrates libéraux blancs s'attendaient à la victoire de John Ray, candidat irréprochable ayant l'aval de la machine du parti démocrate, ainsi que du très influent *Washington Post*. Barry écrasa Ray dans toutes les circonscriptions à forte majorité noire (dans les quartiers pauvres sa supériorité était de 10 contre 1), mais – et ceci surprit les observateurs les plus avertis – il obtint aussi une victoire significative sur Ray dans les circonscriptions où vivent surtout des Noirs de la haute et moyenne bourgeoisie washingtonienne. Leitmotiv de Barry, au cours d'une campagne remarquablement bien organisée : « Ce qui est passé est passé. J'ai payé mes dettes à la société [il a fait six mois de prison pour utilisation et possession de drogue], je suis devenu conscient de mes problèmes [drogue, alcoolisme]. Je les ai surmontés, je suis maintenant l'homme qu'il vous faut. » Selon le *New York Times*, « le gouffre racial entre les deux communautés noire et blanche n'a jamais été d'une évidence aussi flagrante que dans la victoire de Marion Barry [1] »; pourtant un article au vitriol paru dans le mensuel intellectuel *Atlantic* [2] rappelait ses extravagantes frasques sexuelles.

Autre exemple : le succès d'un livre écrit par le journaliste au *Washington Post* Nathan McCall et publié en 1994. On y voit peut-être encore plus nettement le fonctionnement – « deux poids, deux mesures » – de la société américaine [3].

Né à Portsmouth, Virginie, McCall possède un certain nombre d'avantages sur Mfume : son environnement familial est beaucoup plus stable; son beau-père, vétéran

1. *New York Times*, 15 décembre 1994.
2. Septembre 1994.
3. *Makes me Wanna Holler*, de Nathan McCall, Random House, New York, 1994.

de la marine US, est strict avec ses enfants, mais il est présent et il occupe un emploi régulier et relativement bien payé. Alors que déjà, dans les années 60, de 40 à 50% des mères de familles noires élevaient seules leurs enfants, « Nate » fait partie de ces privilégiés dont les racines familiales sont fortes et sécurisantes, et le logement qu'il habite n'est certainement pas un taudis.

Cavalier Manor est une banlieue noire, certes, mais bourgeoise. Le quartier doit son existence à un célèbre promoteur immobilier blanc, dont les Noirs disent qu'il leur a fait une fleur pour qu'ils restent chez eux et ne se disséminent pas, petit à petit, dans les quartiers blancs avoisinants, qu'ils « dévaloriseraient ». Il ne fait aucun doute que ce quartier, quoique relativement bien construit et même coquet, est exclusivement destiné à une clientèle noire : les rues célèbrent la négritude américaine : il y a Belafonte Drive, Basie Crescent, Horne Avenue, et une des allées principales s'appelle Freedom Avenue (avenue de la Liberté).

Mais, malgré ces noms évocateurs, les jeunes de Cavalier Manor n'ont ni la tolérance raciale ni l'élégance physique et morale d'un Harry Belafonte ou d'une Lena Horne. Un des premiers souvenirs du jeune Nathan McCall est la mésaventure d'un jeune Blanc, un « étranger » à vélo, égaré par mégarde dans ce quartier, et qu'on prend immédiatement à partie. « On le tabasse férocement... Je lui fous des coups de pied dans l'estomac et dans les couilles, là où je sais que ça fait mal. A chaque coup je serre les dents en me disant : ça, c'est pour quand tu me surveillais dans les magasins, ça, c'est pour quand tu m'as traité de négro. Et ça, c'est pour le principe, parce que t'es blanc. » La meute ne se disperse que quand le cycliste, le visage en sang, perd connaissance.

« Foutre la merde chez les Blancs nous fait du bien », écrit McCall. Quand son frère s'achète une voiture, « on monte dedans à plusieurs et on va se balader dans le quartier blanc le plus proche. Quand on repère un groupe de Blancs, on sort et on leur fout une rouste. »

173

Avec le recul, tout cela paraît bizarre, ajoute-t-il. « Mais quand je pense à ce que les Blancs nous ont fait, la rage qui nous animait, sans aucune discrimination, me semble encore aujourd'hui parfaitement motivée [1]. »

Les Blancs des quartiers proches ne valent guère mieux. « Ils puent, ces négros, tu trouves pas qu'ils puent ? » se disent les jeunes Blancs entre eux, dans les autobus, espérant provoquer une bagarre. Au lycée que fréquente McCall, les heurts sont quotidiens. Il fait l'école buissonnière, recherche la compagnie des jeunes durs qui règnent sur Cavalier Manor dans l'espoir d'être accepté parmi eux. Dans le jargon noir, on appelle ça *hanging* (raccourci de *hanging out*). Il y a bien des inspecteurs censés faire la chasse aux absentéistes, mais ils sont débordés – et ils ont peur de ces jeunes, si violents, si agressifs.

Petit à petit, et malgré le désespoir de ses parents, McCall s'intègre au gang local. Leur quartier général, entre le boulevard Roosevelt et le « sentier Brigitte Bardot », devient sa véritable école. Comme les autres membres du gang, il chaparde dans les magasins et les supermarchés. De temps en temps il est pris en flagrant délit par un flic, qui le ramène chez ses parents où son père lui inflige une correction. Le lendemain, il recommence.

Son intelligence, sa précocité, son autorité naturelle, son éloquence ironique évoquent une « enfance d'un chef » noir. Pour l'instant, il n'a que quatorze ou quinze ans, et il est vierge. C'est un handicap, car le sujet de conversation privilégié du gang, c'est la description détaillée de leurs conquêtes féminines. Une des stars du quartier, qu'on appelle *Nutbrain* (« Tête de noix »), impressionne beaucoup McCall. Sa spécialité est de courir les filles, de les collectionner, sans s'embarrasser du moindre sentiment amoureux. Il n'y a là rien d'exceptionnel : seul compte, chez ces jeunes, l'acte sexuel : leur mépris des filles est total, surprenant même. Le gang, dans son lan-

---

1. *Makes me Wanna Holler*, *op. cit.*.

gage à lui, les traite de *bitches* (« chiennes »). Il faut les mettre en coupe, leur faire comprendre qu'une relation sexuelle n'entraîne aucun droit, aucun privilège : qu'elles ne s'attendent surtout pas à ce qu'on leur soit fidèle.

Nutbrain n'y va pas par quatre chemins. Sa devise est : « I want me some *pussy* » (« il me faut du con »). McCall se souvient de la brutalité du langage utilisé par le gang : « On utilise des expressions particulièrement violentes, excessives, y compris pour l'activité sexuelle. » Là encore le fossé culturel entre ethnies blanche et noire est évident : chez les amis du jeune Nate, on est à des années-lumière des stéréotypes blancs : leur comportement amoureux ignore tout du *dating*, des *girls friends*, de l'échange de bagues-insignes de collège, de la fidélisation du couple qui singe les comportements d'adultes – le tout idéalisé par des centaines de films hollywoodiens. Rien de cela n'existe à Cavalier Manor.

« La poursuite des femmes était un sport de macho[1]. » A la moindre velléité d'attachement sentimental auprès d'une fille, ses amis font tout pour sortir leur copain de cette mauvaise passe, le ridiculisant pour mieux le culpabiliser. « Alors, negro, t'es amoureux ? T'es faible ! Avec son con, elle te mène en bateau[2] ! »

A quinze ans, McCall commence à participer au rite du train. La première fois, se souvient-il, on lui mentionne seulement : « Il y a un train à Crystal Lake. » Il s'agit, en fait, d'un viol collectif en préparation : un des membres du gang a baratiné une fille, l'a fait monter dans sa voiture. Elle se doute bien qu'il va se passer quelque chose, qu'ils feront sans doute l'amour, mais ce qu'elle ne sait pas, c'est qu'elle sera mise à la disposition des membres du gang, qui passeront sur elle comme un train sur les rails.

« Différents groupes organisaient leurs propres trains, écrit McCall. Dans leur esprit, ce n'était pas du viol.

---

1. *Makes me Wanna Holler, op. cit.*
2. L'expression convenue intraduisible, est *pussy-whipped* – littéralement : « cravaché par le con ».

C'était comme un phénomène social, entre copains (*among hanging partners*), ni plus ni moins important que de fumer un joint ensemble. Le gars qui organisait le train était félicité : c'était un mec bien, digne de respect (*a real player, whose rap game was strong*). »

McCall décrit son deuxième train avec une captive non consentante, Vanessa, « une beauté noire de treize ans qui vivait chez ses parents, près de chez moi. J'avais pensé m'en occuper, voir ce que je pouvais faire avec elle (*I had wanted to check her out*) ». Mais c'était trop tard. Une fois qu'un train lui était passé sur le corps, impossible qu'elle devienne la régulière de quiconque, car en plus d'être violée, toute malheureuse victime d'un train devenait objet de dérision, de mépris – et, pour les violeurs, un jouet sexuel constamment disponible par la suite.

McCall écrit : « Elle était naïve, Vanessa. Elle pensait aller chez un copain qu'elle aimait bien, simplement pour bavarder. Les gars s'étaient cachés dans les placards et sous les lits... Il fallait la convaincre de nous laisser faire (*to let us jam her*). Elle ne voulait pas coopérer. Elle disait qu'elle était vierge. Un mec se met à faire le coup du méchant : il se précipite sur elle, en disant : " Si cette chienne n'en veut pas, jamais elle sortira d'ici. " De mèche avec lui, on fait semblant de le calmer... Un autre membre du gang – Buzzard – joue le rôle du gentil. Il essaye de la convaincre de se laisser faire, avec lui seulement. Il la rassure : c'est pour la forme, les autres comprendront, ils te laisseront partir sans te toucher... La fille, résignée, sait qu'elle n'a pas le choix. Elle avait l'air si triste que je voulais lui prendre la main, la sortir de là, lui demander pardon. Mais c'était trop tard. Si j'intervenais, les autres m'accuseraient d'être tombé amoureux. Tout le quartier saurait qu'avec les filles, j'étais un pauvre type. Sur le terrain de basket-ball, ils raconteraient comme je m'étais défilé, comment j'avais faibli pour une chienne. Pas question. Je me dis : Vanessa s'est mise dans ce pétrin. Qu'elle s'en sorte. »

Vanessa pleure à chaudes larmes, puis abdique.

« Dehors, le bruit se répand : Buzzard lui a enlevé sa culotte. » Le contrat, bien sûr, n'est pas respecté. Après Buzzard, c'est tout le gang, Nate compris, qui lui passe sur le corps.

Après ce train, ajoute McCall, « on a perfectionné l'art de piéger les gonzesses. On a fait un train à la maison, pendant que mes parents étaient ailleurs. On en a fait un chez Lep et même son petit frère y a participé, qui n'avait pas plus de huit ou neuf ans... Il imitait simplement ce qu'il nous voyait faire, de même que nous, nous imitions les durs qu'on admirait ».

McCall tombe quand même amoureux d'une fille, Denise Wilson. Il l'invite chez un copain qui lui a prêté sa chambre. Ils sont sur le point de faire l'amour quand huit membres du gang font irruption. Cette fois-ci, c'est McCall qui s'est fait piéger, car, sans qu'il le veuille, Denise sera l'objet du train – pourtant elle lui gardera une rancune toute compréhensible, car elle pense que c'est lui l'organisateur. Il en éprouve quelque remords. Sur le coup, il se demande s'il doit réagir, « mais je ne pouvais plus changer ma façon de vivre, il était trop tard pour reculer ».

Petit à petit, c'est une véritable descente en enfer. McCall se procure un revolver, et s'en sert pour une série d'attaques à main armée. Tout est bon : supermarchés, débits de boissons, marchands de glaces. Un gang rival estime que ceux de Cavalier Manor empiètent sur leur territoire, et c'est la guerre. Arrêté par la police avec un fusil de chasse à canon scié, il s'en sort en donnant des noms. « Tous les gars qui me faisaient chier, qu'ils aient fait partie du gang adverse ou non. » Il ne reste en prison que vingt-quatre heures.

Le rêve de McCall est devenu réalité : c'est maintenant un dur, adulé par les jeunes de son quartier. En plus des hold-up dans les magasins, il s'attaque aussi aux maisons particulières. L'argent, facile, est vite dépensé en fringues, en voitures.

Il est fasciné par l'album rap de Curtis Mayfield, *Superfly* [1].

> *I'm your mama, I'm your daddy,*
> *I'm the nigger in the alley.*
> *I'm your doctor, when you need.*
> *Want some coke? Have some weed.*
> *You know me. I'm your friend.*
> *Your main boy, thick and thin,*
> *I'm your pusherman...*

Malgré les paroles de *Superfly*, McCall, qui fume beaucoup de hash à cette époque, ne devient pas revendeur de drogue – du moins pas tout de suite. Il estime les risques trop élevés. Il a le béguin pour une nouvelle fille, Liz, qui se trouve enceinte. Un ancien ami insulte Liz, et McCall lui tire une balle dans le corps. Il est arrêté, mais la blessure n'est pas mortelle, et McCall est relâché. Ses parents engagent un avocat, qui plaide avec succès la légitime défense. Il est condamné à un mois de prison ferme et trois cents dollars d'amende. S'il s'en est tiré à bon compte, c'est que, pour éviter d'être appelé sous les drapeaux (on est en pleine guerre du Vietnam), il s'est inscrit dans un collège noir, sans, bien sûr, y suivre le moindre cours, et cette image factice d'étudiant impressionne favorablement le juge.

Sa chance ne dure pas. Il devient dealer. Son amie Liz est maintenant caissière dans un supermarché, et avec sa complicité il sort des quantités énormes de marchandises sans payer, acquittant simplement, au comptoir qu'elle gère, une somme dérisoire pour une bouteille d'eau minérale ou une paire de chaussettes. Ses braquages sont de

1. Ch'uis ta mama, ch'uis ton vieux
   Ch'uis le negro dans l'impasse,
   Ch'uis ton toubib, quand tu veux.
   Y t' faut d' la coke? Tiens, vise un peu.
   Tu m' connais, ch'uis ton pote
   Ta vraie branche, quoi qu'il se passe
   Ch'uis le revendeur qui passe...

plus en plus fréquents, et les risques augmentent d'autant : il songe à s'emparer de la caisse de l'hôtel Sheraton local, mais se rabat sur un McDonald's – ses copains ont repéré l'heure à laquelle l'employé vient pour ramasser l'argent. L'homme tant attendu ne se montrant pas, McCall décide de passer quand même à l'action. Il braque le caissier, prend l'argent et se tire, mais une voiture de la police le coince. Cette fois-ci, c'est sérieux : le caissier reconnaît le braqueur. McCall est condamné à douze ans de prison.

C'est une deuxième tranche de vie qui commence : son expérience de taulard. Il se jure de tenir le coup. Sa personnalité, son passé de casseur lui donnent une certaine autorité parmi les prisonniers. En même temps cet autodidacte se met sérieusement au travail. Il fréquente la bibliothèque de la prison, lit *Native Son*, de Richard Wright – le célèbre écrivain noir –, qui l'impressionne beaucoup. Il s'initie à la littérature, à la poésie, à la religion. Tant et si bien qu'après quatre ans de prison seulement (il a obtenu une rémission importante pour bonne conduite), il entre à Norfolk State College et en sort, diplômé, trois ans plus tard, en 1981. Un journal local lui donne sa chance. Il devient pigiste au *Virginian Pilot-Ledger Star*. Ses papiers, bien écrits, vivants, intriguent. Il brigue un poste de reporter au prestigieux *Louisville Courrier*, mais comme son CV comporte un vide de quatre ans, on lui pose des questions. Il est obligé d'avouer l'existence de son casier judiciaire, et on lui fait comprendre qu'on ne pourra pas l'engager.

Petit à petit, au *Virginian Pilot-Ledger Star*, il mettra en veilleuse sa rage et ses pulsions antisociales, sans pour autant cesser de se démarquer des Blancs, toujours considérés comme des êtres à part, de véritables Martiens, avec qui il ne pourra jamais avoir de relations affectives. C'est, entre eux et lui, une sorte de guerre froide latente, qui ne se manifeste que rarement. « Les garder à distance, ne jamais les laisser intervenir dans ma vie privée », telle est sa nouvelle règle de conduite. Il prend la précaution, aux

179

archives de son journal, de détruire les coupures de presse concernant ses hold-up et sa condamnation. Entre-temps, il s'est marié avec Debbie, qui lui donne deux enfants. (Il en a deux autres qu'il n'a jamais reconnus – un garçon et une fille – issus de liaisons passagères du temps de sa jeunesse.)

En 1983, McCall est un respectable journaliste. Cependant il n'a pas entièrement rompu avec son passé : Stanley, un des anciens membres de son gang de Portsmouth, devenu un important dealer, se cache chez lui pendant deux semaines, car il est recherché pour meurtre. La maison sert d'entrepôt occasionnel pour de petites quantités de drogue au bénéfice de cet ami à qui il ne peut rien refuser. Son journal, bien sûr, ignore tout, comme il ignore le passé de Nate. Celui-ci éprouve de temps en temps des envies de tout plaquer, de partir en Afrique. Mais il est engagé au prestigieux *Atlanta Constitution*, et décide de rester en Amérique.

Pour la première fois de sa vie, il se lie d'amitié avec un Blanc, Dan, un collègue journaliste qui a choisi de vivre dans le quartier noir d'Atlanta. Dan lui reproche son obsession contre les Blancs. McCall lui répond qu'il lui est impossible d'oublier une seconde qu'il est noir. « Si je me trouve dans un ascenseur, avec une Blanche, elle recule comme si j'allais la violer. Dans les magasins, on voit en moi un voleur. Si je passe devant des Blancs en voiture, j'entends les portes faire clic. J'ai compris, écrit McCall, à quel point même les Blancs les plus évolués, comme Dan, restent dans l'ignorance la plus totale de nos conditions de vie. »

A cette époque, Bill Kovach, un ancien du *New York Times* universellement respecté pour ses qualités professionnelles et son impartialité raciale, prend la direction de l'*Atlanta Constitution*, et c'est un nouveau petit pas, pour McCall, vers une sorte de réconciliation avec le monde blanc. Il lui demande un rendez-vous, lui révèle qu'il a fait quatre ans de prison, de 1975 à 1978, pour vol à main armée. Sans sourciller, Kovach lui demande : « C'est tout ? » Étonné, McCall répond : « Oui, c'est tout. – Et on vous fait des misères à cause de ça ? lui demande Kovach. – Non. – Si vous avez le moindre problème, dites-le-moi » conclut Kovach.

McCall accompagne Andrew Young, alors maire d'Atlanta, en Algérie, où ils sont reçus par le Polisario, et en Europe. En 1987 le *Washington Post* le sollicite : il est question de l'engager comme reporter. C'est le rêve de tout journaliste ambitieux. Mais Milton Coleman, directeur adjoint (noir) du journal, n'apprécie pas que McCall, au cours des conversations qu'il a eues avec la directrice du personnel, ait caché sa condamnation et ses quatre années de prison. McCall lui explique qu'il ne pensait pas pouvoir faire autrement, et lui raconte ce qui était arrivé après qu'il eut dit la vérité au *Louisville Courrier*. Coleman se montre compréhensif et continuera de suivre sa carrière de loin. Deux ans plus tard, en 1989, le *Washington Post* l'engage pour couvrir la ville. Il côtoie le légendaire Ben Bradlee, directeur du journal, et le non moins célèbre Bob Woodward, responsable de l'enquête sur le Watergate qui provoqua la démission du président Nixon. De temps en temps, dans les couloirs, il aperçoit de loin Katharine Graham, la propriétaire du journal. La couverture de son livre comporte deux illustrations : un McCall sombre et menaçant, en robe africaine, et un McCall souriant et cravaté, devant son ordinateur, dans l'immense salle de rédaction du *Post*.

Il n'a pas, pour autant, complètement changé, sa rage n'a pas entièrement disparu. Il avoue son horreur pour certains de ses collègues, « qui ne sont là que parce que ce sont de purs produits de collèges de l'Ivy League et de familles privilégiées », et également pour certains bourgeois noirs de Washington qui « singent les Blancs d'une façon pathétique ». Quand son mariage dégénère en divorce – Debbie, son ex-femme, s'arrange pour le faire arrêter et jeter en prison pour non-paiement d'allocations familiales –, les vieux réflexes, un instant, resurgissent :

« Peut-être pourrais-je payer quelqu'un ? Une balle dans la tête suffirait [1]. »

Il va parfois rendre visite à ses parents, qui habitent toujours Cavalier Manor, et réalise à quel point le bilan de sa génération est sombre [2] : presque tous ses anciens amis sont soit camés à mort, soit décédés de mort violente ou en prison.

McCall, ce rescapé, n'est pas pour autant porteur du moindre message optimiste : fataliste, il se contente de constater l'étrangeté de son destin, s'en étonne parfois, sans en tirer de conclusions. La seule leçon qu'il essaie d'inculquer à son fils naturel, maintenant adolescent : ne pas participer à des trains, ne pas considérer les femmes uniquement comme des proies sexuelles, mais comme des êtres humains. Que les réflexes des Blancs à l'égard des Noirs s'expliquent par la peur plutôt que par le racisme ne semble pas l'effleurer, ni le fait qu'il a lui-même, dans sa vie antérieure, largement contribué à cette peur.

Hollywood réalisera prochainement un film tiré de son livre, et on en comprend aisément l'intérêt : pour les Noirs, la réussite de Nathan McCall est la preuve qu'un dur, sans renier en rien sa négritude ou son passé violent, est capable d'accéder à la gloire, sans pour autant capituler, c'est-à-dire singer les Blancs. Pour les Blancs, la fascination est tout autre : McCall est la quintessence même du stéréotype noir qui les éblouit et les effraie à la fois : prédominent en effet chez lui violence, amoralité, sexualité débordante et une fidélité sans faille au gang, aux déclassés noirs victimes de la justice et de la police – toutes caractéristiques qui se situent à l'opposé des valeurs bourgeoises « blanches ».

Il ne s'agit pas de faire des généralités – ce qui est toujours risqué –, mais le cas McCall entraîne la réflexion suivante : si le culte de la violence n'est nullement l'apanage des Noirs, il est également profondément ancré dans

---

1. *Makes me Wanna Holler, op. cit.*
2. D'après les statistiques du *National Data Book* (1993) la mort violente est la principale cause de décès des Noirs américains de moins de quarante ans.

l'esprit américain blanc. Le respect de la loi et le culte du succès matériel font partie du bagage inconscient de l'Américain moyen, qu'il soit de vieille souche anglo-saxonne ou immigrant de fraîche date. C'est ce qui explique le mépris, ou tout au moins l'aveuglement, face à une *underclass* noire dont le manque de réussite découle, selon l'Américain moyen, – puritanisme oblige – d'une faute intrinsèque : s'ils sont mal aimés des dieux, c'est-à-dire prisonniers de leur condition peu enviable, sans possibilité d'en sortir, c'est que, comme l'avaient d'ailleurs noté Tocqueville et Tawney [1], malgré le fameux mythe égalitariste américain, la réussite matérielle demeure, aux États-Unis, le véritable critère de la valeur morale des Américains. C'est la preuve, selon l'éthique puritaine, qu'ils sont « sauvés », et donc qu'ils constituent un groupe privilégié digne d'accéder aux commandes des affaires.

Pour cet ensemble de raisons, la réussite de Nathan McCall déculpabilise les lecteurs blancs, leur sert d'alibi. Si, avec un tel passé, un voyou peut devenir un journaliste éminent du *Washington Post*, pas la peine de se tracasser ou de monter en épingle le « problème noir », car à l'évidence les choses ne vont pas si mal, le rêve américain peut décidément éclore même dans le milieu le plus rébarbatif.

Reste à se demander si le *Washington Post* aurait engagé un journaliste blanc avec le même casier judiciaire que Nate McCall...

---

1. B.H. Tawney, *Religion and the Rise of Capitalism.*

10

LA RAGE AU CŒUR

Tous les Noirs américains n'expriment pas leur rage de façon aussi violente ou caractérielle qu'un Nathan McCall. Malgré l'image monstrueuse qu'il peint de sa propre génération d'adolescents des années 70 (et, faut-il le rappeler, le degré de violence des années 90 est bien plus terrifiant), le multiculturalisme actuel révèle un nouvel état d'esprit dans une Amérique tardivement consciente de ses problèmes ethniques et profondément empreinte d'un véritable complexe de culpabilité. L'évolution de la minorité noire se poursuit inexorablement depuis près de trente ans. Daniel Moynihan, ancien sociologue devenu un des membres les plus éminents du Sénat (et l'un des rares intellectuels de premier plan ayant opté pour une carrière politique), se fit traiter de tous les noms pour avoir osé dire, du temps de la présidence Carter, que le meilleur service qu'on pouvait rendre aux Noirs américains était d'éviter, pour un temps, de trop évoquer leurs problèmes – qu'il valait mieux, selon sa formule très critiquée à l'époque, faire preuve de *benign neglect* (« indifférence bienveillante »).

Lancé sous l'ère Kennedy, poursuivi par Lyndon Baines Johnson (dont l'histoire retiendra surtout ses déboires au Vietnam, alors qu'on oubliera ses efforts considérables en faveur des minorités), un ensemble de décrets et de mesures juridiques, assortis d'un arsenal de mesures d'application contraignantes, a mis fin à une ségrégation qui s'apparentait, surtout dans le Sud, à un véritable apartheid. Grâce à une « action affirmative » ayant force de loi, l'écart économique entre Noirs et Blancs a été en partie comblé.

Bien avant que Clinton se détermine à constituer un gouvernement reflétant plus fidèlement la composition ethnique des États-Unis, le standing de certains membres de cette minorité (les Noirs représentent, rappelons-le, 12,5 % de la population américaine) s'est radicalement transformé : dans le service public, notamment, on a assisté à une véritable révolution. C'est d'ailleurs avec étonnement, lors de la crise du Golfe, que certains Français ont appris que le chef d'état-major inter-armes – grade militaire le plus élevé –, le général cinq étoiles Colin Powell, était noir (d'origine antillaise-britannique). Son cas n'est pas unique : le chef de la police de Los Angeles est noir, ainsi que nombre de maires des grandes villes. Vernon Jordan, avocat noir, ami et conseiller occulte de longue date du président Clinton, est une des « éminences grises » les plus influentes de Washington. Signe des temps : dans les *soaps* américains ayant trait à la vie des commissariats de police, le « patron » – qu'il s'agisse de *Miami Vice* ou du très remarquable *NYPD Blues* – est invariablement noir.

En tête de liste des gagneurs milliardaires du monde du spectacle, figurent Michael Jackson (en dépit de ses ennuis récents), Prince et les stars de la télévision américaine Opra Winfrey et Bill Cosby, dont les revenus dépassent ceux de toutes les autres superstars de Hollywood – y compris Barbra Streisand et Jack Nicholson. Dans le monde du sport, les stars milliardaires du basket-ball et du football sont en majorité noires (alors qu'en 1945, il n'y en avait pratiquement pas). La décision de Clinton de se doter d'une administration en rapport avec la composition ethnique du pays ne fait donc qu'officialiser une lente mais inexorable transformation qui se poursuit – pour certains – depuis trente ans.

L'égalitarisme, aux États-Unis, est une notion mythique, sacrée ; la plupart des Américains, y compris les plus sophistiqués, ayant voyagé et même vécu à l'étranger, sont persuadés que l'une des différences principales entre l'Amérique et l'Europe (qui explique la supériorité de l'Amérique sur le reste du monde) est due à l'existence – notamment en France et en Grande-Bretagne – de barrières de classe bien définies, quasiment infranchissables. Ce principe égalitaire est tel que l'euphémisme est de rigueur, jusque dans le vocabulaire. Ainsi la classe ouvrière se définit par ses emplois plutôt que dans sa spécificité : on parle plus souvent de « cols bleus » (*blue collar workers*), de « porteurs de casques de sécurité » (*hardhats*) que de *working class*, car, en tout cas aux États-Unis, tout le monde est censé travailler – cela fait partie d'une éthique puritaine.

On peut se hasarder à parler de « classe moyenne », mais le terme « bourgeoisie » provoque un certain malaise, celui de *ruling class* (classe dominante) encore plus – même si le processus de sélection ouvrant l'accès à cette classe dominante commence de plus en plus tôt – presque aussi tôt qu'au Japon, et plus tôt, certainement, qu'en France même. A New York, les directrices de certaines crèches – payantes – « auditionnent » les enfants-candidats de cinq ans, et les conditions d'admission sont, dans leur genre, presque aussi draconiennes que celles qui déterminent l'entrée à l'ENA. En effet, la tradition veut que leur accès soit la première étape d'un parcours qui conduira les heureux élus aux écoles prestigieuses telles que Groton ou Saint Paul's, elles-mêmes passages obligés pour accéder aux universités haut de gamme (l'Ivy League) comme Harvard, Yale ou Princeton.

Et les Noirs ? Justement, pour se conformer aux nouvelles règles d' « action affirmative », les devancer ou tout au moins prouver qu'on a pris à cœur la nouvelle politique de cette nouvelle société devenue plus libérale, un certain nombre d'écoles privées et la presque totalité des établissements universitaires favorisent ouvertement, et de façon délibérée, l'accès des minorités noires et hispaniques. A tel point que, dans certains établissements prestigieux tels que UCLA, Berkeley et d'autres collèges de l'Ivy League, d'autres groupes minoritaires (d'origine chinoise et vietnamienne, notamment) et aussi, dans certains cas, des candidats blancs malheureux, crient régulièrement au scandale : les porte-parole de groupes américano-asiatiques (et nombre d'étudiants blancs) se plaignent que malgré des notes largement inférieures aux leurs, des candidats noirs se voient accorder des places là où elles leur sont refusées. Dans *L'Éducation contre les libertés* [1], Dinesh D'Souza revient longuement sur ce point : « A Berkeley, dit-il, les postulants noirs et hispaniques ont *vingt fois* plus de chances de trouver une place que des étudiants américains d'origine asiatique avant des qualifications d'entrée identiques. » Il cite un fonctionnaire de Berkeley qui lui avoue que « le mérite n'est plus, en soi, un facteur principal d'admission », le critère de la moitié des admissions étant maintenant celui d'une « nécessaire diversité ». Ce que confirme le proviseur de l'université de Virginie, déclarant au *Washington Post* [2] qu' « on fait exprès d'admettre ceux qui ont des pièces justificatives plus faibles et de pénaliser les plus forts ». Le chancelier de l'université de Michigan impose un numerus clausus favorisant l'admission des étudiants noirs en augmentation régulière, et qui est censé atteindre, en 1996, 12,5 % de tous les étudiants admissibles en première année, reflétant ainsi la parité numérique noire-blanche du pays.

Cette politique d' « action affirmative », mise en veilleuse pendant les huit années de présidence Reagan, se poursuivra sans faille tout au long des années Clinton, et sans doute au-delà. Donna Shalala, ministre de Clinton chargé des Ressources humaines, en est un partisan acharné. Du temps où elle était encore professeur à l'université de Wisconsin, elle déclarait : « L'université [améri-

1. *Op. cit.*
2. 26 décembre 1988.

caine] est foncièrement raciste; la société américaine est raciste et sexiste. Le racisme caché et honteux est aussi général aujourd'hui que l'était le racisme manifeste d'il y a trente ans. A cette époque, nous étions dans l'impossibilité de faire quelque chose. Aujourd'hui, on peut. »

Depuis des années, donc, une nouvelle génération d'étudiants noirs, dont l'accès aux établissements universitaires prestigieux était jadis strictement limité (à Harvard, en 1929, il y avait *une seule bourse* réservée aux Noirs), profite de cet ensemble de mesures. On reviendra sur les conséquences académiques de cette politique, peut-être nécessaire, mais à la longue – selon certains – désastreuse, en tout cas en ce qui concerne le niveau intellectuel des universités américaines concernées. Ce qui est sûr, c'est qu'elle explique l'essor considérable (quantitativement) de ce qu'il faut bien appeler la bourgeoisie noire américaine, dont certains membres connaissent une réussite matérielle spectaculaire.

Ce qui n'empêche pas Ellis Cose, chroniqueur de *Newsweek* et de CNN, de publier en 1994 un livre au titre délibérément provocateur. Dans *The Rage of a Privileged Class* («La Rage d'une classe privilégiée »), véritable constat d'une certaine faillite sociale, Cose, loin de nier l'existence, toujours plus étendue, de cette bourgeoisie noire de plus en plus aisée, affirme par contre qu'elle souffre d'une « douleur atroce ». « Partout, écrit-il [1], j'ai entendu les mêmes propos : " J'ai fait tout ce que j'étais censé faire. Je n'ai jamais eu de problème avec la justice. Je sors des meilleurs lycées. Je travaille avec acharnement. Mais qu'est-ce qu'*ils* [sous-entendu : les Blancs] exigent de plus ? " »

Le thème de son livre est le suivant : l'accession des Noirs au *véritable* pouvoir reste un mythe – et le processus d'accès à la bourgeoisie noire, bien que se traduisant par des salaires élevés et un style de vie sans commune mesure avec celui des générations précédentes, n'est autre que la conséquence d'une stupéfiante hypocrisie blanche,

1. Harper & Collins, New York, 1994.

d'une application exclusivement formelle du principe de l' « action affirmative ».

Pour étayer cette thèse, Cose a enquêté auprès d'un nombre considérable d'avocats, d'entrepreneurs et d'employés de haut grade dans les grandes entreprises américaines, et il rapporte des propos pour le moins surprenants. Sa conclusion : dans les grandes boîtes d'avocats (même les établissements de taille moyenne en emploient une centaine), rares sont les Noirs qui accèdent à la véritable titularisation, au *partnership*. Il note qu'il n'y a pas un seul P-DG noir à la tête d'une des entreprises figurant dans les 500 de *Fortune* [1]. Finalement, et c'est peut-être sa conclusion la plus dévastatrice, nombre d'employés de haut grade au sein des entreprises type Fortune 500 estiment, selon lui, qu'ils sont là « pour la forme », qu'ils servent uniquement d'alibi à cette fameuse « action affirmative ». Trop souvent, explique Cose, ils ne resteront que de pâles figurants.

Car il ne suffit pas, selon Cose, de pouvoir démontrer à la face du monde qu'une boîte comme IBM ou General Motors comporte en son sein un nombre considérable de gradés noirs – encore faut-il les utiliser au mieux, leur donner des responsabilités en fonction de leur rang et de leur salaire.

Or, comme partout ailleurs dans le monde, le processus de sélection d'un P-DG (comme, en politique, celui d'un candidat présidentiable) obéit à des règles occultes, et les Noirs américains, affirme Cose, du seul fait de la couleur de leur peau, en sont généralement exclus.

En effet, pour avoir de véritables chances de promotion aux postes clés de l'industrie américaine, il faut dès le début appartenir, à l'intérieur d'une entreprise majeure telle que IBM ou GM, à un petit groupe privilégié et quasi clandestin, à un véritable clan. Or pour accéder à ce clan, il faut donner des preuves non seulement de compétences exceptionnelles, mais faire preuve de certaines

---

1. Chaque année, *Fortune* publie la liste des cinq cents plus importantes entreprises américaines.

qualités difficilement définissables qui ne sont examinées que dans des réunions restreintes et ultraconfidentielles.

Ainsi, dans ces sortes de discussions, toujours secrètes, figureront les questions suivantes : les candidats sont-ils socialement à l'aise partout, capables de fréquenter les milieux les plus divers, et de s'imposer, au cours de réunions importantes, devant des hauts fonctionnaires ou des ministres américains et étrangers ? Ont-ils eu des fonctions clés diversifiées au sein de leur entreprise ? Sont-ils capables, des années durant, d'y sacrifier loisirs et vie familiale ? Ont-ils la rage de réussir ? Chacun de ces critères, affirme Cose, éliminera toute éventualité d'un P-DG noir ou hispanique.

Car tout d'abord, poursuit-il, bien que soucieux d'admettre suffisamment de Noirs ou d'Hispaniques en leur sein pour satisfaire à la fois Washington, les médias et l'opinion publique, les grandes entreprises américaines affecteront en général ces derniers à des secteurs – direction du personnel, relations intercommunautaires ou relations publiques – respectables, certes, mais marginaux et sans intérêt pour les chasseurs de têtes à la recherche de P-DG d'entreprises type Fortune 500. Ce n'est pas à ces postes qu'on se formera suffisamment, qu'on accumulera l'expérience nécessaire pour avoir des chances d'accéder au fauteuil de P-DG. Au mieux, les Noirs ou Hispaniques recrutés dans les établissements prestigieux auront-ils une fin de carrière respectable à la tête de ces secteurs-là, mais ils resteront absents des secteurs clés, c'est-à-dire qu'*il leur manquera toujours le véritable pouvoir.*

S'y ajoute, déclare Cose, une hypocrisie d'un autre genre. Car au sein de la plupart des grandes boîtes américaines, les questions de race ne sont jamais tout à fait absentes. Au contraire, « c'est, trop souvent, le facteur principal qui définit notre existence ». Un avocat noir, « partenaire » d'une firme new-yorkaise prestigieuse, a confié à Cose : « Il ne s'agit pas de questions matérielles. Il s'agit du fait que n'importe quel plouc blanc *(redneck)* peut, sur un coup de tête et à n'importe quel moment, nier mon statut social, me traiter avec mépris dans un magasin, me considérer comme la lie de la terre, et cela sans le moindre recours de ma part. »

William Rasberry, chroniqueur au *Washington Post*, pense que « nous sommes incapables, du moins pour le moment, de réagir politiquement ou socialement en temps qu'individus, comme c'est le cas des Blancs... Quand il leur arrive des malheurs professionnels, ils les mettent sur le compte de la malchance ou d'un échec personnel dont ils sont responsables. Pour nous, l'échec sera toujours lié à la couleur de notre peau ». Selon Cose, on lui fera toujours sentir qu'il est en quelque sorte « à part », même dans le monde des médias, qui a – mieux que dans d'autres secteurs – intégré et promu des journalistes noirs à des rangs supérieurs. « J'ai toujours l'impression, dit-il, qu'on me réclamera des papiers ayant trait à des problèmes spécifiques – ethnicité, relations Blancs-Noirs – alors qu'on accordera à d'autres chroniqueurs (blancs) une liberté d'action plus grande dans le choix des sujets. »

« La fortune ou la promotion professionnelle n'empêchent pas le sentiment de rage, avoue à Cose Alvin Poussaint, psychiatre à Harvard. Si vous êtes bourgeois et noir, vous aurez tous les jours l'occasion d'exploser de rage. » Cose ajoute que, dans la vie quotidienne, certains comportements sont les mêmes pour tous les Noirs, quels que soient leur fortune ou leur rang. Dans les grands magasins, la psychose du vol est telle qu'avant de fréquenter Bloomingdale's ou Brooks Brothers, on se mettra sur son trente et un; on communiquera avec une agence de location d'appartements par téléphone ou par écrit, de préférence sur un papier à lettres à en-tête prestigieux. Les chauffeurs de taxi, à Manhattan et ailleurs, privilégient les clients blancs, ignorant souvent les appels répétés des Noirs. Cose habite, avec son épouse avocate d'origine portoricaine, un luxueux appartement à Manhattan. « Mon voisin de palier m'a longtemps fait la gueule, il me prenait pour un dealer, car pour lui, seuls des Noirs de cette espèce ont suffisamment de ressources pour habiter la Cinquième Avenue. Ce n'est qu'après m'avoir vu à la télévision qu'il est devenu tout souriant [1].

La mésaventure du juge Claude Coleman, dans le *shopping mall* de Short Hills, banlieue cossue de New Jersey, illustre ses dires. Le 11 décembre 1993, ce juge de New Jersey, ancien directeur de la police de Newark avant de poursuivre une carrière d'avocat, puis de juge, faisait des achats de Noël dans la succursale de Short Hills du célèbre Bloomingdale's. A sa sortie, arrêté par des agents de la sécurité du magasin, qui l'avaient confondu avec un voleur de cartes de crédit, on le garda d'abord à vue dans le magasin, les mains en l'air sous la menace d'un revolver. A l'arrivée de la police, on lui mit les menottes, et au poste de police on l'enchaîna au mur pendant plus de trois heures. Il ne put ni téléphoner à son avocat ni même aller aux toilettes. « Le flic qui le gardait, raconta Coleman plus tard, « semblait prendre un malin plaisir à m'embarrasser et à m'humilier. » Entre-temps les agents de la sécurité de Bloomingdale's reconnaissaient leur erreur – invraisemblablement, car le signalement de l'homme qu'ils recherchaient ne correspondait en rien à celui du juge. Entre-temps, aussi, les autorités judiciaires d'Essex County avaient eu vent de l'affaire, et – selon une pratique courante quand des fonctionnaires de l'État sont mis en cause pour une raison ou une autre – ordonnaient purement et simplement sa suspension « jusqu'à nouvel ordre ».

L'affaire se régla une semaine plus tard : le magasin retira sa plainte ; au cours d'une conférence de presse un porte-parole de Bloomingdale's exprima ses regrets et annonça la mise à pied des agents de la sécurité concernés. L'avocat (noir) du Bloomingdale's de Short Hills, Peter Harvey, en profita pour révéler qu'il lui était arrivé, à lui aussi, d'être suivi et humilié dans des magasins. Coleman, personnage de New Jersey universellement respecté, en tira publiquement la leçon suivante : « Peu

---

1. Entretien avec l'auteur.

avant de mourir, Arthur Ashe [le célèbre champion de tennis] m'a dit : quels que soient nos accomplissements, impossible d'ignorer le fardeau que constitue le fait d'être noir dans une société blanche. » Et Coleman d'ajouter : « Tant qu'il y a des gens qui vous considèrent comme un nègre, et tant que les gens de couleur seront humiliés, nous le serons tous, que nous soyons avocats, juges ou procureurs [1]. »

Il n'empêche que le livre de Cose vibre parfois d'une hypersensibilité presque maladive. Du célèbre avocat noir qui dit : « Oui, ils veulent bien qu'on réussisse, mais pas trop spectaculairement » (« *they want you to do well but not that well* »), et : « Si les dés n'étaient pas pipés, où serais-je aujourd'hui ? » (sous-entendu : ma carrière aurait été encore plus brillante), au professeur qui clame haut et fort que, pour réussir, il a perdu sa négritude, que toute sa vie, il lui a été nécessaire de « réagir comme un Blanc », on a effectivement l'impression que les chasseurs de têtes n'ont peut-être pas entièrement tort : les témoignages recueillis par Cose démontrent que chez beaucoup de personnalités citées, malaise social et sentiment d'insécurité sont patents : c'est peut-être inévitable, dans la conjoncture actuelle, car cette bourgeoisie noire, tout au moins de par son importance numérique, est relativement récente. Mais Cose va plus loin. « En Amérique, dit-il, si on est noir, on est toujours à l'essai, toujours en liberté surveillée. Le sentiment prédominant est le suivant : les Blancs nous ont beaucoup donné, mais il leur est facile de tout nous reprendre. »

Il exagère légèrement, sans doute, car la société américaine en général, et le monde des entreprises en particulier, peut se montrer brutal et sans pitié envers ses employés noirs et blancs confondus. Une des forces de l'économie américaine, une des raisons de sa puissante compétitivité et de sa faculté à renaître de ses cendres réside justement dans sa capacité de licenciement « sauvage », sans préavis et sans compensation, quels que soient

1. *New York Times*, 8 janvier 1994.

les grades, les fonctions, ou bien sûr, les origines ethniques, des licenciés. Le risque est sensiblement égal pour tous. La différence est sans doute ailleurs : au sein de toute entreprise, il existe un tissu de liens plus ou moins occultes parmi les « décideurs », une sorte de mafia intérieure. Du fait de l'avènement récent de la plupart des hauts gradés noirs aux postes les mieux payés, ils n'ont pas, du moins pour l'instant, le même accès à ce « club » privilégié et ultra-secret.

Mais le livre de Cose reflète aussi le sentiment d'une minorité qui n'a pas tout à fait pris la mesure du changement, dont les élites noires, dans le management d'entreprises type Fortune 500, ne se battent pas aussi férocement qu'elles le pourraient, étant donné la concurrence acharnée qui règne entre « présidentiables » au sein du même conglomérat, sorte de lutte permanente où tous les coups sont permis, thème archiexploité non seulement par des écrivains, mais aussi par des studios de Hollywood et même les producteurs de comédies musicales...

Cose lui-même cite des cas de managers noirs confortablement installés dans leurs fauteuils, soucieux avant tout de jouir de leur fortune et de leurs avantages, plutôt que d'accéder à des responsabilités nouvelles qui empiéteraient sur leurs privilèges acquis, et surtout sur leurs loisirs. Il y a bien sûr des exceptions, mais là encore la spécificité ethnique demeure. Ce n'est pas un hasard, par exemple, si les groupes financiers les plus attirés par les nouvelles possibilités d'investissement en Afrique du Sud sont en grande partie des groupes exclusivement noirs.

Un intellectuel afro-américain, Shelby Steele, professeur de littérature à l'université d'État de San José en Californie, stigmatise de la façon la plus intransigeante le penchant noir à se complaire dans sa propre victimisation. Dans *The Content Of Our Character* [1], il note cette tendance noire « à s'estimer toujours victime des autres », à une hypersensibilité « complètement inefficace ». Car « le

1. Shelby Steele, *The Content Of Our Character*, St. Martin's Press, New York, 1990.

sentiment d'infériorité du Noir, affirme-t-il, mène tout droit à la supériorité blanche, qu'il encourage – le pouvoir méchant des Blancs rend les Noirs bons. Ainsi, les deux races, secrètement, ont-elles intérêt à perpétuer à la fois racisme et conflits raciaux. » Tout en estimant profondément hypocrite la décision de Reagan de suspendre la coûteuse « action affirmative » de son prédécesseur Carter, Steele avoue qu'il lui est « difficile d'approuver entièrement un programme d'action fondé uniquement sur des quotas et ne laissant aucune place au principe du mérite récompensé ». Il était un temps, écrit-il, où les Noirs de génie (Louis Armstrong, Duke Ellington) passaient un marché tacite avec les Blancs : « Je ne ferai rien pour stimuler votre sentiment de culpabilité si vous me laissez jouer. » Le *soap* de Bill Cosby, vendu dans le monde entier, représente aussi selon lui une forme de marchandage. « La famille Huxtable [incarnée par Cosby et sa troupe] est une version noire du rêve américain. Ses si nombreux fans savent qu'il ne leur fera jamais le coup de la culpabilité raciale... Le marchandage qu'il propose aux téléspectateurs blancs – *Je confirmerai votre innocence raciale si vous m'acceptez* – est une bonne affaire pour tous : cela permet non seulement aux Blancs d'apprécier l'humour de Cosby sans perdre leur innocence, mais de renforcer cette innocence en laissant penser que les questions de race ne sont plus un problème sérieux pour les Noirs. Au contraire, l'image de cette famille noire prospère sous-entend que ce sont les Blancs qui ont transformé la société de fond en comble, aidant justement des familles comme les Huxtable à prospérer. Quand ils regardent le *Cosby Show*, les Blancs doivent se sentir bien dans leur peau. » L'extraordinaire popularité de ce *soap* et sa longévité « sont sans doute liées à ce sentiment de gratitude du public (blanc) en présence d'une commodité si rare : toutes les semaines, Cosby fait savoir aux Blancs qu'ils n'ont rien à se reprocher, que ce Noir-là, au moins, ne va pas les défier [1] ».

---

1. *The Content Of Our Character*, *op. cit.*

Mais Steele, avec une très grande lucidité, définit les limites d'une telle entente, notant que dans bien des villes, malgré l'épanouissement d'une nouvelle bourgeoisie noire, « on assiste à un phénomène alarmant : le déclin de la condition des Noirs en général... Toutes sortes de critères démontrent que la majorité – ceux qui n'ont pas encore rallié la bourgeoisie – sont plus défavorisés aujourd'hui qu'ils ne l'étaient avant l'obtention des droits civiques. Et si peu de Noirs sont prêts à examiner la cause de ce paradoxe, c'est parce qu'il en découle que la victimisation raciale n'est pas le véritable problème. Si notre style de vie s'est détérioré alors que le racisme recule, c'est que les problèmes doivent être de notre propre ressort. Mais admettre cette folie nous ferait perdre la fameuse innocence qui expliquerait notre victimisation ». De là, Shelby Steele en vient à penser qu'inconsciemment, victimisation et dénuement représentent, en quelque sorte, des droits acquis, des avantages cachés, « une sorte de justification à laquelle on ne veut pas toucher, car ils ont été les sources de notre seul véritable pouvoir ».

Steele ajoute que « voyant encore maintenant le racisme partout », la communauté noire ne profite pas suffisamment de l'évolution : « Par exemple, à peu près 70 % de mes étudiants noirs abandonneront leurs études avant leur licence. » Et il trouve étrange et défaitiste la tendance d'une certaine bourgeoisie noire à vouloir réclamer tous les avantages au sein d'une société qui les a si longtemps et injustement tenus à l'écart, tout en insistant sur la nécessité d'une nouvelle ségrégation tout aussi draconienne que celle des années d'avant guerre, imposée cette fois par les Noirs eux-mêmes. Il cite les propos d'une mère de famille noire, travaillant avec son mari au cœur de la Silicon Valley, et à l'abri de tout besoin matériel. Quoique intégrée d'une certaine façon au cœur de cette communauté prospère où tout le monde, ou presque, est d'un niveau bien supérieur à la moyenne, elle applique, à l'égard de ses propres enfants, les règles suivantes : ils ne doivent fréquenter que des amis noirs, et, quand viendra le moment de les inscrire à l'université, ils iront dans des collèges exclusivement noirs. Une telle rigidité, suppose-t-il, est la conséquence d'un malaise : « Ces gens-là, j'en suis certain, ont peur de quelque chose. »

Cette nouvelle ségrégation, voulue et parfois – dans les milieux universitaires tout au moins – brutalement imposée par les Noirs eux-mêmes, fait peur. On a vu comment un ensemble de groupuscules noirs, à l'université de Michigan, faillit avoir la peau du professeur Goldberg. Les associations noires de toutes sortes, au sein des universités les plus prestigieuses, au caractère foncièrement ségrégationniste, sont maintenant chose commune, sous l'appellation, plus politiquement correcte, d'organisations « séparatistes ». La plupart des dirigeants universitaires nient tout aspect négatif. Comme le soutien Rebecca Parker, directrice des admissions à Ohio State University, « il faut voir dans ces institutions séparatistes la célébration de nos différences ».

De même que beaucoup d'autres établissements, Brown University a sa maison noire – Harambee House – et les étudiants noirs qui refusent de s'y inscrire sont l'objet de harcèlements divers de la part de militants africanistes, comme le sont, à Duke University, les étudiants noirs qui se mélangeraient trop aux étudiants blancs. Ironiquement, alors que les mesures discriminatoires anciennes commencent à se fondre dans le passé, un nouvel esprit ségrégationniste issu de minorités qui se veulent agressivement multiculturalistes, gagne peu à peu d'autres ethnies, d'autres particularismes – hispaniques, mais aussi homosexuels.

Ce sectarisme racial voire sexuel risque de porter un coup majeur à l'une des forces principales des États-Unis. Bien avant Tocqueville, Hector Saint-Jean de Crèvecœur, quittant la France pour les « colonies américaines » en 1759, s'étonnait de trouver parmi ses co-émigrés anglais, écossais, irlandais, hollandais, allemands et suédois, « un étrange ensemble de sang » qui n'existait nulle part ailleurs. « De cet ensemble si différent, écrit-il dans ses célèbres *Lettres d'un fermier américain*, une race qu'on appelle américaine est née. » Qui sont ces nouveaux Américains ? se demandait Crèvecœur. « Eh bien, ce sont des gens qui, oubliant leurs préjugés et leurs coutumes, en adoptent d'autres du fait de leur nouveau mode de vie, du nouveau gouvernement auquel ils obéissent, du nouveau rang qui est le leur. L'Américain est un homme nouveau, mû par des principes nouveaux... Ici des individus venus de toutes les nations se transforment en une nouvelle identité raciale. » Comme le rappelle Arthur M. Schlesinger, ancien prix Pulitzer et collaborateur du président Kennedy, la devise américaine « E pluribus unum » est tout à fait symbolique. « Ces Européens intrépides qui abandonnèrent leurs racines pour oublier leur passé *s'attendaient à devenir américains* [1]. » Mais aujourd'hui, le particularisme, le multiculturisme, ont remplacé le principe du melting pot (mélange de races), ce que Schlesinger juge à la fois inquiétant et débilitant. Comme il estime proprement effarants les propos du sociologue noir Felix Boateng, de l'Eastern Washington University : celui-ci prétend en effet que les établissements scolaires américains sont à ce point « eurocentriques » que, tandis que les étudiants blancs reconnaissent facilement leur identité, les étudiants afro-américains sont complètement déculturalisés. De même, s'inquiète-t-il de l'opinion de Maulana Karenga, autre africaniste connu, qui estime que les étudiants noirs sont en passe de devenir d' « obscènes caricatures européennes, imitant pathétiquement leurs oppresseurs ».

Encore plus sidérantes, selon lui, les théories de certains « éducateurs » afro-américains qui tentent de donner au multiculturalisme une base scientifique : ainsi, selon Frances Cress, psychiatre, la prétendue suprématie blanche s'explique par le fait que « les Blancs essaient constamment, et par tous les moyens, de combler leur

---

1. *The Disuniting of America, Reflections on a Multicultural Society*, W.W. Norton, New York, 1991.

infériorité raciale, provoquée par l'impossibilité pour eux de fabriquer, génétiquement, les quantités de mélanine nécessaire à la coloration de la peau... La supériorité noire, en ce qui concerne le développement mental, la fonction neurologique et le développement psycho-moteur, est directement liée à leur niveau de mélanine, supérieur à celui des Blancs ».

Ces théories, reprises par des historiens africanistes dans de nombreuses universités noires américaines, rejoignent celles qui font de l'Égypte, donc de l'Afrique, donc de la culture noire, le *fons et origo* de la culture tout court. Le moment, selon eux, est venu de déboulonner une fois pour toutes la prétendue culture eurocentriste, au profit de l' « afrocentricité », seule source de la « régé-nération humaine ».

Tout cela n'est pas seulement le fait d'illuminés prô-nant une révolution culturelle noire. Un rapport officiel (*Task Force on Minorities : Equity and Excellence*) prit, en 1989, fait et cause pour les partisans de cette révolution à venir : « Les Afro-Américains, les Américains d'origine asiatique, les Portoricains, les Latino-Américains et les " natifs américains [1] " ont tous été victimes de l'oppres-sion scolaire et intellectuelle qui caractérise la culture et les institutions des États-Unis et du monde européen et américain de ces siècles derniers... »

Selon ce rapport, cette oppression a eu « un effet ter-riblement destructeur sur la psyché des jeunes d'origine asiatique, africaine, hispanique et « natif-américaine ». Seule la « prédominance de la perspective monoculturelle euro-américaine explique pourquoi les enfants d'origine non européenne ne réussissent pas comme ils devraient ». Le principal auteur de ce rapport, Leonard Jeffries, un des partisans les plus fanatiques des théories « mélani-nistes » sur la supériorité génétique de la race noire, estime dans le rapport que le curriculum scolaire améri-cain est imprégné d'une « profonde et pathologique haine

---

1. Expression « politiquement correcte » pour éviter de parler d'Indiens américains, dont la dénomination est maintenant jugée raciste.

raciale » – mais cette haine semble surtout être la sienne, convaincu qu'il est que les Européens blancs, originaires d'une « culture de glace et de caves », et donc « froids, individualistes, matérialistes et agressifs », n'ont apporté que « la domination, la destruction et la mort », alors que les Africains, élevés au contact du soleil, sont « chaleureux, humanistes et communautaires ».

Inutile de trop s'attarder sur les théories mélaninistes, dont Clarence Walker, de l'université de Californie, précise qu'elles sont « sans aucune valeur intellectuelle, réactionnaires, racistes et radicales », qu'elles constituent « un retour à des concepts du xixᵉ siècle sur l'origine des peuples, concepts complètement discrédités ». Il suffit d'évoquer de telles idées pour être taxé de raciste tellement elles sont simplistes et inspirées, à l'évidence, par un puissant sentiment d'infériorité refoulée. Par ailleurs, il est absurde de mettre *toutes* les minorités ethniques américaines dans le même bain, ou de prétendre que leurs problèmes sont identiques : au contraire, comme on l'a vu, la réussite, tant matérielle qu'académique, des immigrants chinois, vietnamiens et indiens, est proprement stupéfiante, tout comme dans les années 1890-1930 – qui virent une accélération de l'immigration – l'a été celle des immigrés irlandais et juifs de Russie et d'Europe de l'Est. Jonathan Alter, célèbre chroniqueur de *Newsweek* et subtil observateur de l'évolution sociologique américaine, soutient que, sans l'apport de ces immigrés, jamais l'Amérique n'aurait accédé au rang de numéro un mondial. Selon lui, plus l'accès au continent américain est ardu, plus il réclame de sacrifices, plus la réussite potentielle des nouveaux arrivés est grande. Par contre, Mexicains et Portoricains, dont l'accès aux États-Unis est relativement facile, se distinguent moins. La *volonté*, non seulement de réussir, mais de surmonter les obstacles, est considérée par un nombre de sociologues comme le facteur principal de sélection. Dans ce cas, bien sûr, le « problème noir » s'explique d'autant mieux que la motivation, chez nombre de Noirs américains dont les ancêtres ont été amenés de force aux États-Unis, est nulle...

Malheureusement les théories aberrantes et pseudo-scientifiques, voulant à tout prix privilégier l'afrocentrisme, se propagent de plus en plus, avec l'approbation officielle de diverses administrations scolaires, dans le curriculum de certaines écoles, voire d'universités.

La marge de manœuvre considérable au sein des cinquante États rend la propagation de théories de ce genre relativement aisée. Ainsi, dans l'Oregon, un document officiel destiné aux enseignants (*African-American Baseline Essays*), mélange de théories fantaisistes mélaninistes et ayant trait à l'origine de la culture (l'Égypte, territoire africain, est citée comme creuset de la civilisation universelle), a eu, surtout dans des écoles d'État à forte proportion d'élèves noirs, un impact considérable. Dans l'État de Washington, des cours obligatoires d'afrocentrisme ont lieu, y compris à l'université Glover, où 97 % des étudiants sont blancs. Difficile de ne pas soupçonner les étudiants de faire acte de présence en refoulant un certain scepticisme, un peu comme jadis les étudiants de l'ex-URSS forcés d'écouter des petits chefs leur rebattre les oreilles avec les merveilles du communisme soviétique, « seul pays où le rêve est devenu réalité ». Mais alors qu'en Union soviétique les jeunes raillaient ouvertement leurs commissaires politiques, discrédités, en Oregon les critiques – nombreux, blancs et noirs – se taisent presque tous, de peur d'être accusés de racisme ou d' « oncle-tomisme [1] ».

Faut-il alors s'étonner de voir surgir une certaine forme de discrimination au moment où les anciens de ces écoles et de ces universités se mettent à chercher un emploi ? Quel intérêt, pour IBM, AT&T ou General Motors de s'assurer des compétences d'un diplômé surtout préoccupé d'afrocentrisme, la tête bourrée d'un ramassis de théories pseudo-scientifiques, voire franchement racistes ? Ces entreprises font-elles preuve de discrimination raciale ou assurent-elles simplement leur

---

1. D'après la célèbre *Case de l'oncle Tom*, livre considéré aujourd'hui comme une apologie abjecte de l'esclavagisme.

propre survie en leur préférant des postulants autrement qualifiés? Que penser des thèses d'Ellis Cose, et des protestations de hauts salariés noirs déçus de leur manque d'avancement au fil des ans? Ne serait-ce pas la conséquence, gênante, d'un système pédagogique américain inapproprié, un système qui ne remplit pas sa fonction, à cause d'un contenu à certains égards outrancièrement afrocentriste et antieurocentriste, qui défavorise le potentiel et la carrière de ceux-là mêmes qu'il entend privilégier?

11

FAITS ET CHIFFRES

Jusqu'ici il a surtout été question de la « bourgeoisie » noire – même les conditions familiales d'un Nathan Mac-Call ne relèvent pas du prolétariat. Mais, si le nombre des « nantis » noirs s'est largement accru depuis 1961, ils représentent encore une très faible minorité par rapport à l'ensemble de la communauté noire, qui demeure, pour l'Amérique, la minorité ethnique la plus préoccupante – et pour laquelle personne ne semble avoir un commencement de solution.

On ne peut plus prétendre qu'elle soit la minorité la plus défavorisée. Au contraire, tous les spécialistes, depuis l'ère Kennedy, s'émeuvent du fait qu'aucune des mesures avancées depuis trente ans ne donne de fruits – surtout pas la dernière, cette « action affirmative » renforcée par la nouvelle législation. Déjà, en 1963, Daniel Moynihan, sociologue réputé mais pas encore sénateur, jette un cri d'alarme. S'il n'a, lui non plus, aucune solution précise, son rapport crucial, *La Famille noire américaine*, a au moins le mérite de poser les problèmes, de déceler les éléments d'une crise qui, déjà, au début des années 60, lui paraît énorme – mais qui n'a pas encore été médiatisée par les grandes émeutes de Washington et de Watts.

Moynihan, remontant le temps, cite l'historien Nathan Glazer : « Pourquoi l'Amérique a-t-elle connu la pire forme d'esclavagisme au monde ? » Moynihan cite aussi l'historien Frank Tannenbaum, auteur d'une étude comparative des différentes formes d'esclavagisme. Selon lui, l'américain a été bien pire que le « modèle » brésilien, car, écrit Moynihan, la société féodale brésilienne, avec ses traditions juridiques et religieuses, accordait à l'esclave une place d'être humain dans une société hiérarchisée – même si cette place était misérable et monstrueusement réduite. « Mais comme il n'y avait rien dans la jurisprudence anglaise ou la théologie protestante qui puisse se référer à la réalité de l'esclavagisme, les esclaves [américains] étaient réduits à l'état de possessions, de choses, souvent bien traitées, parfois même privilégiées – mais néanmoins d'objets. »

Au Brésil (Moynihan cite encore Tannenbaum), « l'esclave avait des droits qu'il n'avait pas en Amérique : il pouvait légalement se marier, être baptisé, devenir membre de l'Église catholique ; sa famille ne pouvait pas être dispersée, et on lui accordait un certain nombre de jours dont il pouvait disposer, soit pour se reposer, soit pour gagner de l'argent et, éventuellement, acheter sa liberté... L'esclave brésilien savait qu'il était un être humain, qu'il y avait, entre lui et son maître, une différence de niveau – mais ce n'était pas un être complètement à part.

« Aux États-Unis, aucune forme de protection dans l'organisation de la société ne les protégeait, aucune institution, religieuse ou laïque, ne les reconnaissait en tant qu'êtres humains ; ils ignoraient tout de leur passé dont ils étaient irrémédiablement coupés, et l'avenir ne leur offrait aucun espoir. Leurs enfants pouvaient être vendus, leurs mariages n'étaient pas reconnus, leurs femmes risquaient d'être violées ou vendues, ils étaient à la merci des barbaries les plus atroces – et il y avait sans doute, chez les propriétaires d'esclaves, la même proportion de sadiques, hommes et femmes, que dans n'importe quel autre groupe. L'esclave, de par la loi, n'avait droit à aucune forme d'éducation ; il ne pouvait pratiquer aucune forme de religion sans le consentement de son maître ; ne pouvait tenir aucune réunion avec d'autres esclaves sans sa permission, et la présence d'un Blanc était toujours obligatoire. Et s'il arrivait qu'un maître souhaitât libérer un de ses esclaves, la procédure était délibérément semée d'embûches. Dans l'ancien monde, au Moyen Age, aux Antilles et dans des pays comme le Brésil, l'esclavage signifiait tout autre chose.

« Les effets furent désastreux. Si nous comparons la situation du Noir américain avec celle, par exemple, du Noir brésilien, nous en voyons toute la différence. Les Noirs brésiliens sont des Brésiliens. Malgré le fait que (comme les Noirs américains) ils ont les emplois les plus durs et les moins payés, ils ne sont pas coupés de la société... Les relations entre Noirs et Blancs, au Brésil, ne sont jamais aussi irrationnelles que dans notre pays. »

Moynihan compare la dépendance à leurs maîtres des esclaves noirs américains aux rapports des détenus en camps de concentration avec leurs gardiens. « Les racistes du XIXe siècle, écrit Moynihan, croyaient que cette dépendance [noire] était innée », alors qu'elle était due à un ensemble de facteurs d'un tout autre type... L'esclavagisme américain, en coupant les Noirs de leur héritage africain, les avait placés dans un rôle de dépendance absolue, avait réduit leurs capacités d'accomplissement. Les récompenses n'étaient le fruit − non d'initiative individuelle et d'esprit d'entreprise − que d'une obéissance totale... Plus important encore, l'esclavagisme, en niant la vie familiale, a encouragé un système matriarcal, dont le père était complètement absent... »

Sans tomber dans les travers de l'archétype systématique et caricatural, il n'est pas difficile, en partant d'une telle analyse, de voir à quel point l'évolution des Noirs américains découle d'une condition lointaine, qui ne s'applique pas à tous les ancêtres des Noirs actuels, bien entendu, une certaine proportion ayant transité par les Antilles. Néanmoins, dans ces conditions, l'afrocentrisme n'apparaît plus comme un échafaudage pseudo-scientifique extravagant et même insensé, mais plutôt comme une recherche désespérée de racines abusivement occultées depuis des siècles, et une forme de revanche inconsciente sur le passé; l'absence du père, la dégradation de la vie familiale se sont en quelque sorte officialisées : l'un des mérites, il y a trente ans, du travail de Moynihan ayant été ce cri d'alarme – qui n'a, au demeurant, pas été entendu : « La détérioration de la situation familiale, écrit-il dans son rapport, est au cœur de la détérioration du tissu social noir. »

Cette dégradation de la vie familiale n'est pas perçue par les Blancs, poursuit Moynihan (toujours en 1963), parce que ces derniers présument que la stabilité de la vie familiale représente un ensemble de valeurs intrinsèques tellement évidentes qu'il n'y a aucun besoin d'en affirmer l'importance. « Dans leur majorité, les Blancs considèrent la discrimination et la pauvreté comme les obstacles les plus difficiles à surmonter pour les Noirs, si bien qu'ils ne mesurent pas l'effet de trois siècles d'exploitation sur le tissu social en général. Mais, à moins de remédier à cet état de chose, tous les efforts pour mettre fin à la discrimination, à la pauvreté et à l'injustice seront vains. »

Depuis, la situation a empiré – et pas seulement pour les Noirs : selon nombre de sociologues, deux tiers des familles américaines actuelles (toutes origines ethniques confondues) seraient à un degré ou un autre « dysfonctionnels » (père absent, parents divorcés, mère seule ou couple du même sexe élevant leur enfant). D'après un rapport du Census Bureau d'août 1994, un tiers seulement des familles serait encore du type « nucléaire » classique. Mais c'est au sein de la communauté noire que la structure familiale est la plus instable, pour ainsi dire inexistante. Déjà, du temps du rapport Moynihan, un quart des mariages noirs se terminait par le divorce. On en est maintenant aux deux tiers et plus (et près de la moitié en ce qui concerne les familles américaines toutes ethnies confondues); en 1940, il y avait 16 % d'enfants naturels noirs – 23,6 % en 1963. Aujourd'hui, le taux est de 68 %. En 1964, chez un quart des familles noires, le père était absent. Aujourd'hui le taux dépasse 60 %. Et si le nombre de mères noires adolescentes s'est vertigineusement élevé, c'est en partie dû au fait que, depuis le rapport Moynihan, l'aide financière aux mères les plus démunies a énormément augmenté.

L'exemple de Nathan McCall est là pour prouver que la présence du père n'est pas nécessairement une garantie, mais il est difficile de ne pas accepter l'analyse de Moynihan : « L'expérience de jeunes Noirs qui grandissent sans savoir grand-chose de leurs pères, et moins encore des activités de ceux-ci, est en contraste saisissant avec l'expérience des enfants blancs. Avec tous ses aléas, la famille blanche demeure non seulement un moyen de transmission de richesses, mais un moyen de transmission d'une certaine éthique fondée sur la valeur du travail et de l'éducation. » Même les enfants blancs dont les pères sont absents, ajoute-t-il, « perçoivent autour d'eux un modèle de société où les hommes travaillent ».

A contrario, « les enfants noirs sans père se débattent, pour finalement échouer ». Leurs échecs se détectent déjà dans les différents tests scolaires destinés à déterminer leur potentiel intellectuel et leurs possibilités d'avenir. Selon Moynihan, cela n'a rien à voir avec une différenciation génétique quelconque, car c'est « la société américaine elle-même qui défavorise le potentiel noir ». Les sociologues sont convaincus que l'absence du père et d'un environnement familial stable est directement liée à ces résultats « qui montrent, dans des écoles à Harlem, que les enfants ont un QI moyen de 87,7 %, autrement dit qu'un tiers de ces enfants sont proches de l'arriération mentale ».

Le témoignage d'Ellis Cose, de *Newsweek*, confirme ces observations. Cose, dont l'origine sociale est modeste, eut la chance de se retrouver très vite, à Chicago, dans une école spécialisée pour enfants surdoués, mais reconnaît que le stéréotype noir, *du point de vue des Noirs eux-mêmes*, n'encourage pas la scolarité. Car « si vous êtes vraiment noir, vous vous intéressez plus aux sports qu'aux livres. Il est plus difficile pour les gosses noirs de suivre le trajet des enfants blancs, parce que l'excellence scolaire n'est pas un objet de fierté, au contraire, un enfant noir qui aime lire est un objet de suspicion [1] ». C'était également la conclusion de Nathan McCall, dont le destin aurait pu être tout autre s'il avait pu tranquillement satisfaire sa passion de lecture sans pour autant devenir objet de dérision au sein de son gang.

Selon Cose, ce préjugé en faveur des sports et contre tout ce qui peut paraître « intellectuel » est « extrêmement pernicieux, car les enfants noirs grandissent avec ce genre de préjugé. C'est non seulement un élément majeur de division au sein de la société, beaucoup plus décisif que la pauvreté classique, mais de plus en plus important à mesure que la connaissance de l'ordinateur s'impose dans la société " productive " comme le facteur de la réussite, quelle qu'elle soit ». Il faut ajouter une autre différence majeure entre les deux ethnies : du temps de l'esclavagisme, la seule qualité reconnue aux Noirs (mâles) était leur force physique – ce qui explique pourquoi l'athlète noir – et non l'intellectuel – est encore au sein de sa propre communauté le seul authentique héros.

Le contraste avec d'autres catégories d'immigrés est frappant : tous les spécialistes estiment que la réussite des immigrés d'Europe centrale et de Russie, arrivés à partir du xixᵉ siècle, s'explique par l'importance des liens familiaux. Le souci omniprésent des immigrés de la première génération, souvent incapables de parler l'américain et relativement incultes, était d'assurer à leurs enfants la meilleure éducation possible. Le succès matériel des immigrés plus récents, en provenance d'Asie, s'explique également par le sentiment d'appartenir à une même communauté où l'entraide et le soutien des plus défavorisés (prêts, tontines) restent un devoir. C'est à cette forme de tissu social que Moynihan fait allusion en notant qu'il fait si cruellement défaut dans la communauté noire américaine. Et peut-on même parler de communauté, quand

1. Entretien avec l'auteur.

les noirs « nantis » rejettent, comme ils le font en majorité, toute responsabilité en ce qui concerne les Noirs les plus défavorisés ? Même Ellis Cose, si lucide à certains égards, considère que la classe privilégiée noire n'est pas directement concernée – que tout retombe sur les Blancs, responsables, depuis trois cents ans, de cette situation de plus en plus critique [1].

Bien sûr, les vedettes du monde du sport et du rock ne sont pas des vedettes « pour Noirs exclusivement » – la société américaine tout entière leur accorde un statut privilégié. L'annonce de la séropositivité de Magic Johnson, superstar du basket-ball, a eu, en 1991, l'effet d'une bombe médiatique – *Newsweek* et *Time* lui consacrant leur couverture, le *New York Times* la une du journal plusieurs jours de suite. De même l'arrestation (pour meurtre de sa femme – blanche) de l'ex-vedette du football américain O.J. Simpson, devenu vedette tout court de cinéma et de télévision, suscita un déploiement de forces médiatiques jusque-là sans précédent pour un fait divers. Seul le meurtre du président Kennedy avait provoqué un intérêt comparable.

L'attitude des Américains au sujet de l'affaire O.J. Simpson se divise d'ailleurs très vite selon des critères raciaux, une vaste majorité de Noirs croyant dur comme fer à son innocence et à l'impossibilité, du fait de sa couleur, d'être jugé équitablement, alors qu'une majorité encore plus large de Blancs s'est très vite convaincue de sa culpabilité – déterminée par des circonstances matérielles indiscutables.

Venant après les déboires de Marion Barry (ex-maire de Washington, accusé de délit de drogue, et redevenu maire), de Michael Jackson (accusé de délits sur mineurs)

---

1. On aurait tort, pourtant, de trop idéaliser. L'écrivain Calvin Trillin montre très justement, dans le *New Yorker* (juillet 1994), que nombre d'éminents banquiers juifs new-yorkais d'origine allemande voyaient d'un très mauvais œil, en 1890, l'arrivée en masse de Juifs russes, considérés comme socialement inférieurs, et – pour ne pas se sentir « contaminés » – qu'ils encourageaient certaines catégories d'immigrants à s'installer directement dans le Middle West et au Texas, loin de New York.

les ennuis de O.J. Simpson portent un coup dur à la communauté noire américaine. Certains n'y voient, d'ailleurs, qu'un exemple de plus de persécution raciale...

Inévitablement, la plupart des Américains – même si la peur d'être accusé de racisme les empêche d'en parler ouvertement – ont tendance à rapprocher ces cas, notamment celui de O.J. Simpson, du stéréotype explicite dans le livre de Nathan McCall : celui du taux de criminalité noir supérieur à celui des Blancs. Un observateur aussi fin qu'Ellis Cose rejette cette position, et montre que l'explication vient au contraire de la tendance des Blancs à privilégier l'arrestation et la condamnation de Noirs pour des délits qui ne provoqueraient aucune sanction pénale chez les Blancs.

Il y a certainement une part de vrai dans cette thèse. Malheureusement, certains chiffres la battent en brèche : les statistiques ayant trait à la mortalité comparée des Blancs et des Noirs « par homicide ou à la suite d'intervention judiciaire », publiées dans le *Statistical Abstract of the United States*, sont particulièrement significatives. (Rappelons que la population mâle noire y est de 14 753 000, soit inférieure de près d'un cinquième à la population mâle blanche.) Pour 1990, dernière année dont les chiffres sont connus, la mortalité blanche par homicide était de 9 pour 100 000 habitants, alors qu'elle était *huit fois supérieure* (69,2 par 100 000 habitants) pour les Noirs. La répartition par groupe d'âge est encore plus significative (les chiffres sont cités par unité de 100 000 habitants) :

de 15 à 24 ans (blancs, mâles)	107,3
de 15 à 24 ans (noirs, mâles)	208
de 25 à 34 ans (blancs, mâles)	97,4
de 25 à 34 ans (noirs, mâles)	218,1
de 35 à 44 ans (blancs, mâles)	25,8
de 35 à 44 ans (noirs, mâles)	176,6

de 45 à 54 ans (blancs, mâles)   82,3
de 45 à 54 ans (noirs,   mâles)   138,5.

Autre statistique terriblement révélatrice : le taux de mortalité par arme à feu chez les jeunes (pour 1990 et également par 100 000 habitants) :

moins de 5 ans	(mâles blancs)	0,4
moins de 5 ans	(mâles noirs)	0,8
de 5 à 9 ans	(mâles blancs)	0,6
de 5 à 9 ans	(mâles noirs)	1
de 10 à 14 ans	(mâles blancs)	1,3
de 10 à 14 ans	(mâles noirs)	6,9
de 15 à 19 ans	(mâles blancs)	9,7
de 15 à 19 ans	(mâles noirs)	105,3
de 20 à 24 ans	(mâles blancs)	12,9
de 20 à 24 ans	(mâles noirs)	140,7

Ou encore cette autre statistique effrayante : celles des victimes d'homicide (chiffres pour 1990) :

taux d'homicides (blancs)	9,0
taux d'homicides (noirs)	69,2

Toutes ces données montrent également que les chiffres « noirs » sont supérieurs *à la fois en ce qui concerne les perpétrateurs et les victimes*, ce qui explique également en partie pourquoi la durée de vie *(life expectancy)* est si disproportionnée : pour les Blancs (mâles), elle est de 72,7 ans (79,4 chez les femmes), alors que pour les Noirs (mâles) elle est de 64,5 (73,6 pour les femmes).

Il n'y a pas que les morts violentes qui distinguent le monde des Blancs de celui des Noirs. A ce sujet, la ville de Detroit est exemplaire pour un ensemble de raisons, spécifiques d'ailleurs à Detroit, qui en font une des villes les plus étranges du monde occidental (mais dans d'autres cités industrielles telles que Denver, Cleveland et Saint Louis, on retrouve certaines des mêmes caractéristiques).

Il faut remonter aux années 30 pour expliquer ce phénomène. En 1933, la mise en œuvre d'une machine à cueillir le coton met au chômage des millions d'ouvriers agricoles africains noirs. Cinq millions émigrent vers le Nord. Pour eux, Detroit apparaît alors comme une véritable Terre promise, dont la richesse est liée à l'essor de l'industrie automobile, puis, après décembre 1941, à l'entrée en guerre des États-Unis qui provoque la création de toutes sortes d'industries de guerre – véhicules, armements, etc. Comme le rappelle un vétéran de la presse de Detroit en parlant des années 1935 à 1950 : « Le vieux Ford n'est pas raciste. Il s'en fout que ses ouvriers soient blancs ou noirs, diplômés ou non, qu'ils ignorent l'anglais, qu'ils soient ou non quasiment analphabètes. La seule chose dont il ne veut pas, c'est qu'ils boivent. » Pour un ancien ouvrier agricole noir, Detroit représente la quasi-certitude non seulement d'un emploi, mais d'un salaire correct. L'industrie automobile américaine se porte merveilleusement bien dans l'euphorie de l'immédiat après-guerre, ainsi que pendant les années 50 et jusqu'en 1965. Puis c'est l'entrée en concurrence des voitures japonaises – concurrence d'autant plus réussie, à partir des années 70, que ces dernières consomment moins, et que les événements du Moyen-Orient provoquent, en 1973, une pénurie de pétrole, proprement impensable aux États-Unis, entraînant des réactions à la limite de l'hystérie.

Detroit s'étend, interminablement, sur des centaines de kilomètres carrés. Pendant la période bénie de l'après-guerre, des quartiers entiers, à prédominance noire, voient le jour. Loin d'être des taudis ou des HLM sans personnalité, ce sont des quartiers vivants, faits de coquettes maisons individuelles, bien construites, au fini exceptionnel. Les différents quartiers ont tous leur complément de magasins, de restaurants, mais aussi des centres de finition, d'outillage, travaillant pour les « trois grands » de l'automobile – Ford, Chrysler, General Motors, dont les patrons (qui ont une énorme influence sur les hommes politiques locaux) sont tellement convaincus de leur avenir radieux qu'ils découragent la mise en place de transports en commun efficaces : ils veulent que tout le monde achète leurs voitures. Ce qui fait qu'en 1960, les transports en commun de Detroit, s'ils n'ont pas disparu entièrement, sont en piteux état, comparés au réseau étendu qui existait dans les années 30. Ils deviendront, avec le temps, de moins en moins fiables.

La grande crise, qui débute à la fin des années 60, sera d'abord mal perçue par les spécialistes, qui n'y verront qu'un élément passager. Mais les ouvriers blancs sont les premiers à s'en inquiéter. Ils commencent à quitter Detroit pour de nouvelles zones industrielles plus prometteuses : le Texas, par exemple, ou les lointaines banlieues de Detroit, où de nouvelles industries légères commencent à s'implanter, qui n'ont rien à voir avec l'automobile. Ces départs en provoquent d'autres, car les écoles deviennent de plus en plus fréquentées par les Noirs, et les familles de Blancs ne veulent pas envoyer leurs enfants dans des classes noires à plus de 60 % – non pas nécessairement par racisme, mais en obéissant au même principe que des parents français qui préfèrent envoyer leurs enfants au lycée Henri-IV que dans un établissement de banlieue à majorité maghrébine. Ils pensent, avec raison d'ailleurs, que le niveau de l'enseignement sera supérieur dans un établissement à majorité blanche. En 1994, sur 170 000 écoliers de Detroit arrivés en fin de parcours, 10 000 seulement poursuivent des études universitaires, mais les spécialistes reconnaissent que ce chiffre comprend un nombre considérable d'étudiants qui n'y sont admis que grâce à l'« action affirmative » – c'est-à-dire, pour parler crûment, par traitement de faveur *parce qu'ils sont noirs*, et que parmi eux, environ *1 000 seulement* ont des notes qui justifieraient leur entrée à l'université de Michigan s'ils avaient été blancs. Ce n'est pas une vérité bonne à dire. Un professeur de Harvard s'est vu traiter de raciste par une étudiante noire (dans le *Harvard Crimson*, journal des étudiants) pour avoir osé soupçonner dans cette « action affirmative » un traitement préférentiel gouvernemental, car, comme le dit un membre de la faculté des études afro-américaines, également à Harvard : « Par convention, il y a certaines choses dont on ne peut parler dans les salles de classe. »

La crise de Detroit qui s'aggrave amène Chrysler au bord de la faillite, conduit General Motors à fermer un nombre impressionnant de vieilles usines – ce qui provoque des départs de plus en plus nombreux. Detroit est le type même de la ville dont l'essor commence avec la révolution industrielle : en dehors de l'industrie automobile, c'est l'industrie lourde qui prédomine – et celle-ci subit également la concurrence progressive d'aciéries coréennes.

Le résultat sera catastrophique : entre 1955 et 1990, Detroit est passée de plus de 2 millions à 700 000 habitants. Même une fois la crise de l'automobile révolue, les américaines concurrençant de nouveau les japonaises, beaucoup de nouvelles usines appartenant aux trois grands se sont installées ailleurs, et – robotisation oblige – les emplois nouveaux sont relativement rares. Quand on ajoute que Wayland Young, maire (noir) de Detroit pendant plus de vingt ans de crise, s'est systématiquement mis à dos non seulement les dirigeants des trois grands, mais aussi toute une série de présidents – et pratiquement tout ce qui comptait à Washington –, on comprend que les nouveaux investisseurs potentiels se soient installés ailleurs. Le franc parler de ce Wayland Young, politicien chevronné, vétéran de la lutte pour les droits civiques, n'a rien arrangé, d'autant qu'avec l'âge, il est devenu paresseux, excentrique et passablement sectaire. Il s'est constamment refusé à une réhabilitation de certains quartiers aisément transformables en résidences de luxe pour yuppies sous prétexte que « tout cela n'attirera qu'un ramassis de pédés – blancs par-dessus le marché ». Ses mots – innombrables – ont même fait l'objet d'un « petit livre rouge », à la façon des citations de Mao. Il restera dans l'histoire comme le maire qui en public traita Reagan de « vieille prune ridée ». « Après cela, me dit un des dirigeants de la *Detroit Free Press*, comment voulez-vous qu'on reçoive une aide fédérale quelconque ? » Mais il avait également provoqué l'hostilité farouche de l'administration précédente, celle de Carter, bien plus sensibilisée aux problèmes noirs. Son successeur, le nouveau maire (également noir), Dennis Archer, est d'une tout autre trempe : jeune, énergique, passionné et FOB[1], il essaie de son mieux de rattraper vingt années perdues – mais la situation reste désespérée.

On comprend aisément pourquoi, à certains égards, des quartiers entiers de Detroit ressemblent aujourd'hui à Sarajevo dévastée. Au moins, à Sarajevo, la vie continue, alors que la plupart des quartiers de Detroit sont entièrement morts.

Le promeneur en voiture dans East Detroit traversera des rues continuellement vides, aux maisons rasées, dévastées, ou tout simplement abandonnées. Les rares voitures qui y stationnent sont des épaves. Les reporters de la *Detroit Free Press* – qui tire la majorité de ses revenus publicitaires non de la ville même, mais des banlieues environnantes –, sillonnant plus d'un millier de kilomètres de rues dans cette ville (ou ex-ville) si étendue, ont récemment comptabilisé *dix-huit mille maisons ou immeubles à l'abandon*. Même les rues « habitées » d'East Detroit le sont à moins de 18 ou 20 %. De Harding Street, un quartier à dominance noire, mais aussi autrefois polonaise, arabe et hispanique – quartier jadis vivant, avec bars et restaurants ethniques de toutes sortes –, il ne reste plus rien : on ne voit que des façades cadenassées et à l'abandon, avec, ici et là, les traces d'une vie antérieure – enseignes, de moins en moins lisibles, de blanchisseries, d'imprimeurs, de restaurants mexicains ou chinois, de discothèques, de bars, de salons de coiffure et d'entreprises de pompes funèbres. Même les McDonald's et les stations d'essence ont fermé. Pour tout Detroit, il existe aujourd'hui un seul restaurant chinois, Chung's, qui sur-

1. « Friend of Bill » (Clinton).

vit tant bien que mal. Les admirables restaurants mexicains que j'avais connus en 1973 (au moment du tournage d'un documentaire sur la crise de l'automobile, justement) ont tous mis la clé sous la porte. A Warren et Conner Streets, l'herbe sauvage envahit tout – on y voit même, occasionnellement, des faisans. Parkside Homes, un immense complexe HLM, n'a jamais été achevé, Lakewood Manor non plus – autre projet ambitieux et coûteux. On ne compte pas le nombre d'écoles fermées, à l'abandon.

Quelques squatters occupent les maisons les moins abîmées. Leur choix est énorme, mais petit à petit, les tuyauteries, les cheminées, même les briques – tout ce qu'un casseur/démolisseur peut emporter et revendre – disparaissent et laissent des ruines difficilement habitables, surtout en hiver, quand il gèle. Seule l'absence de trous d'obus différencie certains quartiers de Detroit de villes bosniennes dévastées.

La diminution quasi générale de la population a naturellement eu des conséquences majeures : dans la plupart des quartiers d'East Detroit on a renoncé depuis longtemps à recueillir le moindre impôt local. Postes, communications, services d'eaux sont supprimés ou font terriblement défaut. Beaucoup d'habitants n'ont pas de domicile fixe, ne sont plus que des squatters errant de maison en maison. Complètement démunis, ils ont en principe droit à une aide de l'État. Mais les services postaux sont si réduits que le bureau des changements d'adresses n'existe quasiment plus – et d'ailleurs, dans ces quartiers-là, il n'y a presque plus de facteurs. De ce fait, à chaque fois qu'ils changent de squatt, l'administration locale perd irrémédiablement leur trace.

A sept heures trente du matin, dans l'artère principale du centre de Detroit, Cass Corridor, où survivent quelques immeubles de prestige (notamment le quartier général de General Motors) le principal attroupement est formé par une cinquantaine de gens (tous noirs), faisant la queue devant un établissement qui leur achète leur sang pour 35 dollars le litre. J'ai voulu en savoir plus. On me dit : « Vous savez, ce sont tous des drogués, des alcooliques et des clochards. » Je réponds que la qualité du plasma doit s'en ressentir. « Certainement, personnellement, je n'en voudrais pas. » Le chauffeur de taxi qui m'y promène (noir, et admirable guide de cette ville en ruine où il a grandi et dont il parle si bien, parfois au bord des larmes) déclare avec ironie que Detroit est sans doute la seule ville des États-Unis où, aux heures de pointe, il y a plus de voitures en direction des faubourgs qu'en direction du centre-ville.

La pauvreté engendre, forcément, la criminalité. Après Washington, Detroit est la ville où le taux de meurtres est le plus élevé. Un professeur de l'université de Michigan, qui a étudié en profondeur l'économie du centre-ville, est d'ailleurs arrivé à une conclusion relativement originale. Selon lui, la délinquance, au moins, fait vivre : toute une économie parallèle (revente d'appareils de ménage ou postes de TV volés) s'y est implantée, et alimente les besoins d'acheteurs peu scrupuleux originaires des banlieues cossues.

La plupart des visiteurs ne voient pas ce Detroit-là. La raison est simple : l'autoroute évite tout contact avec ces quartiers abandonnés pour conduire l'automobiliste directement au Renaissance Center, luxueuse enclave au bord du fleuve Detroit, dont la rive nord est canadienne. Avec ses hôtels, ses bureaux, ses restaurants, le Renaissance Center est une ville à part, entièrement artificielle, sorte de ghetto de luxe dont on ne sort que pour regagner sa coquette maison dans la banlieue lointaine – ou l'aéroport. Car le fait est que la plupart des visiteurs américains *ne voient pas* ces maisons dévastées, l'herbe sauvage qui envahit petit à petit ce qui était autrefois une des villes les plus importantes des États-Unis – et même quand ils en découvrent l'évidence, ils ne semblent pas du tout conscients – ou inquiets – de ce qu'impliquent ces transformations.

A un kilomètre seulement du Renaissance Center, il

existe un *downtown*, presque exclusivement noir, et animé aussi d'un semblant de vie. Mais la plupart des magasins ont quand même fermé. Hudson's, grand magasin jadis si réputé que les résidents de Detroit le comparaient au Harrod's de Londres, est fermé depuis quatre ans. Les Blancs, d'ailleurs, vont *downtown* le moins possible. Le *Detroit News*, la *Detroit Free Press* et l'imposant édifice judiciaire y sont toujours présents, mais on ne s'y promène plus pour le plaisir.

Les spécialistes reconnaissent que dans l'ensemble ne restent à Detroit même que les vieux, les malades et les plus démunis – c'est-à-dire ceux qui sont trop pauvres, trop découragés ou trop handicapés pour aller ailleurs. Ce qui ne veut pas dire que cette région du Michigan soit défavorisée économiquement – du moins dans son ensemble. Au contraire, la vie des banlieues est agréable, et les emplois n'y manquent pas – mais il faut préciser que la plupart des nouvelles banlieues autour de Detroit sont (à part certaines enclaves) presque exclusivement blanches.

Conclusion : l'indifférence manifestée envers les problèmes de Detroit, qui n'est qu'un exemple de l'indifférence américaine au sort des villes en général, constitue une des différences fondamentales de nos cultures, de part et d'autre de l'Atlantique. Le jour où ce phénomène exclusivement américain de la ville qu'on laisse mourir prendra racine en Europe, nous aurons raison d'avoir peur.

12

VIES PRIVATISÉES

A l'occasion de son vingt-cinquième anniversaire, le très sérieux *National Journal*[1] consacrait une partie de son contenu à ce que serait la « cité » américaine en l'an 2016. L'article, écrit par Robert Guskind, rappelle, dans sa vision apocalyptique de l'avenir, le roman d'anticipation de Paul Theroux, *O-Zone*.

Guskind dépeint une Amérique où la plupart des grandes villes sont tombées entre les mains de « Frère Khalid », sorte de Napoléon noir doublé d'un Robin des Bois, dont les hommes effectuent régulièrement des sorties meurtrières dans les zones blanches interdites, bravant leurs forces paramilitaires importantes. A part quelques enclaves fortifiées à l'intérieur des cités, (les « zones militaires urbaines ») protégées électroniquement, truffées de pièges, bourrées de milices armées, et accessibles uniquement par tunnels ou couloirs, dont l'entrée est réservée aux propriétaires de cartes magnétiques appropriées déclenchant l'ouverture de grilles protectrices, les centres ville (*inner cities*) sont devenus, en l'an 2016, des zones rigoureusement interdites (*no-go areas*), repaires de millions de Noirs désespérés et sans travail, organisés en bandes armées

---

1. Numéro du 18 juin 1994. Le *National Journal* est une revue mensuelle surtout destinée à l'*establishment* politique et médiatique de Washington.

et vivant uniquement de leurs razzias dans les zones prospères blanches.

Malgré l'aspect caricatural de cet article, intitulé « Un cauchemar urbain devenu réalité ? », certains urbanistes pensent que la vision de Guskind n'est pas si absurde qu'elle le paraît au premier abord, et que des prémices déjà visibles lui donnent une certaine crédibilité. Ce n'est peut-être pas un hasard si, depuis longtemps, on retrouve des thèmes analogues dans des films d'anticipations hollywoodiens : que ce soit *Blade Runner* (qui remonte à 1982) avec sa vision tout aussi apocalyptique d'un Los Angeles livré aux immigrants asiatiques et aux robots extra-terrestres, alors que les nantis se cantonnent dans des gratte-ciel, ou encore *Chute libre, Demolition Man, Terminator II* et *Piège de cristal*, l'accent est toujours mis sur un huis clos truffé de gadgets électroniques que les intrus enragés tentent d'investir, dans un monde où riches et exclus vivent côte à côte sans jamais se rencontrer, sauf pour s'entre-tuer.

Ce n'est pas par hasard que Hollywood nous donne depuis des années une vision assez terrifiante de la cité – perçue presque toujours comme une entité malfaisante et foncièrement dangereuse. Cette notion semble aujourd'hui partagée par une majorité d'américains. Elle repose en partie sur la conviction suivante : Cité = densité humaine = danger, alors qu'en Europe, même ceux qui ignorent à peu près tout de la Grèce antique considèrent la « cité » comme un lieu privilégié : ses inconvénients (densité, foule, criminalité élevée) comptent moins que le sens de l'histoire qu'elle incarne et l'esprit créateur qu'elle inspire.

En Amérique, par contre, la grande cité, la « megalopolis », n'a rien de sacré : c'est un lieu comme un autre, dont on change souvent au cours d'une vie, auquel on s'attache rarement. Il existe, certainement, une poignée d'écrivains américains qui puisent leur inspiration dans leurs villes (que seraient Saul Bellow sans Chicago, E. L. Doctorow sans New York ?), mais ce sont des exceptions.

L'Américain moyen n'est pas loin de considérer sa ville comme un objet de consommation courante : qu'elle donne des signes de vieillesse, que se produisent des ratés, et le doute commence. Plutôt que d'investir dans des réparations coûteuses et de longue durée, pourquoi ne pas s'en débarrasser et acheter du neuf ? En Europe, cette idée de ville jetable serait impensable – la place manque pour ce genre de solution. L'Amérique, avec ses étendues si vastes, n'a pas ce problème.

Il n'en a pas toujours été ainsi. Pour apprécier l'importance du déclin de certains centres urbains américains et le changement d'attitude des Américains eux-mêmes, il suffit d'évoquer un passé récent : les nostalgiques d'une culture disparue, par exemple, retrouveront, dans les revues des associations historiques locales (les *historical societies*), les traces des célèbres jazz clubs noirs de Cincinnati jalonnant son artère principale, une rue toute en briques rouges – dont il ne reste aujourd'hui que quelques maisons à l'abandon dans un ghetto à 100 % noir. En 1919, à l'aube de la Prohibition, les Blancs y étaient les bienvenus, une centaine de *Bierstube* allemandes avoisinantes étaient bondées en permanence, une sortie dans « Downtown Cincinnati » représentait une véritable fête, la distraction principale des touristes locaux – pour la plupart des agriculteurs des environs, dans une Amérique encore à majorité rurale.

Detroit n'est pas le seul exemple d'une ville devenue source de problèmes plutôt que de plaisirs et de revenus, abandonnée à son propre sort quand elle cesse de remplir sa fonction originale, quand elle ne « sert plus ». Cleveland, Saint Louis, Denver et Cincinnati figurent parmi d'autres grandes villes dont les crises sont presque aussi graves.

Les problèmes de Detroit ont des causes spécifiques – le déclin de son industrie lourde, la dure reconversion de son industrie automobile face à la concurrence japonaise, provoquant une fuite continue de ses habitants vers des centres urbains, des États à l'avenir plus prometteurs.

Beaucoup plus typiques de l'Amérique urbaine dans son ensemble sont les problèmes de Los Angeles, ville magique, où, de mémoire d'homme, jusqu'à la fin des années 70, on n'imaginait pas que l'essor économique puisse un jour se ralentir. Aujourd'hui, c'est Los Angeles, plus que Detroit, qui serait le modèle, pour Guskind, d'un « cauchemar urbain ». C'est aussi un lieu exemplaire. Tous les spécialistes, tous les sociologues le disent : ce qui se passe à Los Angeles aujourd'hui risque de devenir, demain, la norme dans le reste de l'Amérique.

Il suffit d'évoquer l'âge d'or du cinéma hollywoodien des années 30 et les livres de Scott Fitzgerald et de Nathanael West pour retrouver un Los Angeles mythique. La conclusion du roman satirique de West, *The Day of the Locust*, comporte une scène mémorable : dans Broadway, une des principales artères de Downtown Los Angeles, devant un des grands cinémas de la ville, des milliers de fans attendent l'arrivée des vedettes à l'occasion d'une première. L'immense foule, débordée, devient menaçante ; des bagarres éclatent, des spectateurs perdent pied, des badauds meurent piétinés.

West, en imaginant cette tragédie dérisoire et parfaitement évitable, avait pour but de stigmatiser l'hystérie collective suscitée par le star system hollywoodien ; mais aujourd'hui, nous en retenons surtout le fait qu'à cette époque, des centaines de milliers d'Angelinos [1] fréquentaient Downtown LA, toutes ethnies confondues, alors qu'aujourd'hui, selon Robert Harris, titulaire de la chaire d'architecture à USC (University of Southern California) « rares sont les Angelinos qui savent même qu'il existe un centre-ville, un Downtown LA ».

Ceux qui le savent y vont peu, et pour cause : Broadway, comme Main Street et Hollywood Avenue, ses deux rues parallèles, fait aujourd'hui partie d'un ghetto mexicain (« Chicano ») à l'abandon. On y parle exclusivement espagnol. Les grands magasins que fréquentaient les stars sont fermés depuis longtemps ; les cinémas à mille cinq

---

1. C'est ainsi qu'on appelle les habitants de LA.

cents places où se déroulaient les premières sont ou fermés, ou détruits, ou devenus lieux de réunion de prêcheurs de sectes diverses (les rares cinémas qui survivent ne montrent que des films X espagnols). A quelques centaines de mètres de là se trouve San Pedro Street et son *Skid Row* avoisinant, et le centre de contrôle des pauvres, *(Poverty Containment* [1] *Center)* géré par l'archevêché, autour duquel gravitent environ 20 000 sans-abri et inemployables de toutes sortes – drogués, alcooliques, malades mentaux ou simplement clochards avec leurs inévitables caddies de supermarché, soit une bonne proportion des 75 000 sans-abri recensés par le comté de Los Angeles. On se croirait dans quelque bas-fond d'une grande ville africaine en proie à une crise profonde, mais sans la moindre trace de cette gaieté, de cet amour de la vie, de cette volonté de surmonter les épreuves les plus dures qui caractérisent les taudis africains.

Bizarrement, à un kilomètre à peine de ce downtown dont les habitants n'ont, pour la plupart, aucun espoir d'en sortir, se dresse un vaste quartier d'affaires, neuf et pimpant, luxueusement aménagé, avec gratte-ciel dernier cri, restaurants, magasins et hôtels de luxe. Cette rénovation d'une petite portion de Downtown LA, due largement à des capitaux japonais, est clairement visible du Skid Row : on pourrait y accéder, à pied, en quelques minutes à peine. Mais il s'agit de deux mondes à part, d'un phénomène dont Guskind s'est sans doute inspiré pour son article dans le *National Journal*.

Car l'accès à ce quartier d'affaires rénové est en fait difficile, tout au moins pour ceux qui n'ont aucune raison valable de s'y trouver : escaliers mécaniques et couloirs piétonniers extérieurs réservés, parkings à carte et immeubles sévèrement gardés protègent cette zone urbaine de l'invasion toute théorique d'habitants du Skid Row pourtant tout proche; les contraintes sont, bien sûr, pour la plupart invisibles, l'interdiction toute relative : taxis et voitures y ont libre accès, l'exclusion est indirecte,

---

1. *Containment* implique aussi la notion de refoulement.

économique (le parking coûte relativement cher). Mais les architectes responsables de ce nouvel ensemble, la Financial City of Los Angeles dont l'importance financière est à peu près égale à celle de la Cité de Londres, reconnaissent que les questions de sécurité y ont été prioritaires.

Les techniques employées ont d'ailleurs fait leurs preuves : en avril 1992, au moment des émeutes provoquées par l'acquittement des policiers accusés d'avoir tabassé Rodney King, la Cité financière – malgré son aspect presque provocateur pour les habitants si proches du Skid Row, du Poverty Containment Center de la ville et de MacArthur Park [1] – n'a subi aucun dégât. Le déclenchement de divers systèmes de sécurité l'ayant transformé en forteresse inaccessible dès le début de l'émeute, les habitants de la zone de Los Angeles, contournant cette partie fortifiée de Downtown LA, ont déferlé dans les rues plus lointaines, dans les quartiers à population majoritairement coréenne ou de moyenne bourgeoisie, et ce sont ces quartiers-là, pillés et incendiés, qui ont le plus souffert.

Autre « centre » du « comté de Los Angeles » exceptionnellement protégé : le complexe commercial City-Walk, prolongement des studios Universal à l'autre bout de la ville, un ensemble de rues piétonnières (restaurants, magasins, cinémas) au slogan publicitaire particulièrement évocateur : « Urban Thrills Without The Ills » (littéralement, « Frissons urbains sans effets pernicieux »). Là encore, l'exclusion est indirecte mais efficace : parkings obligatoires et relativement chers (il n'y a pas de transports en commun et, pour y accéder à pied, il faut compter quinze minutes de marche le long d'un chemin en forte pente), gardes armés en évidence, installations clairement conçues pour une clientèle aisée, y compris les nombreux touristes attirés par Los Angeles mais peu enclins à s'aventurer dans la vraie ville.

---

1. Lieu à haut risque et domaine privilégié des gangs, où la police ne s'aventure que rarement.

Son inventeur, l'architecte John Jerde, dit l'avoir conçu en tant que vision platonique d'un Los Angeles idéal, laissant libre cours à son imagination pour ériger « la ville que Los Angeles n'a jamais eue ». Spécialiste en *shopping malls* dans le monde entier, responsable du premier concept (finalement refusé bien que de qualité supérieure) d'Euro-Disneyland, Jerde a réalisé, avec CityWalk, un microcosme de Los Angeles, mais un microcosme totalement aseptisé, donc acceptable pour les touristes les plus craintifs.

C'est la notion de Disneyland, appliquée cette fois non à un ensemble de loisirs inspiré des créatures mythiques inventées par Disney, mais à la cité de Los Angeles elle-même. On y retrouve des évocations discrètes du vieux Los Angeles disparu, des rappels passés et présents de l'architecture « typique » de Santa Monica, de Venice, de Sunset Boulevard et même de Broadway, mais sans surprises, sans voitures, sans faune humaine, sans le moindre désordre (caractéristique de toute vraie ville) – bref, City-Walk est à Los Angeles ce que Disneyland est à l'Amérique réelle. Mike Davis, professeur de théorie urbaine à la South California Institute of Architecture, note d'ailleurs avec ironie qu'« au début du siècle, là où se dresse aujourd'hui le parc de Disneyland, il y avait des orangeraies que les gens venaient contempler. Aujourd'hui, Disneyland nous donne une vision de ce paysage qui n'existe plus *parce que détruit par Disneyland qui s'y est substitué et occupe maintenant ce même terrain* ». L'analogie vaut pour CityWalk, copie conforme miniaturisée et aseptisée d'une ville idéale qui n'a jamais vraiment existé, sauf dans l'imagination de son créateur.

Les critiques reprochent à Jerde d'avoir délibérément exclu de CityWalk tout ce qui pourrait nuire au commerce – les pauvres, les clochards, tous ceux qui ne peuvent pas se permettre de faire leur shopping dans des boutiques luxueuses – bref, d'avoir exclu de cette « cité » factice tout ce qui fait le charme et l'imprévu d'une cité authentique – et c'est un fait qu'il se dégage de cette succession de magasins et de restaurants terriblement kitsch un relent de Disneyland, mais aussi un côté « boutiques hors taxes » factice et ennuyeux.

Mais CityWalk – qui a déjà ses émules dans d'autres villes – a une solide base idéologique. Selon le professeur Harris, de l'USC, la logique de ses bailleurs de fonds est la suivante : « Puisque, pour des raisons diverses – manque d'argent, impossibilité d'obtenir un accord plus général entre groupes politiques, intérêts immobiliers ou urbanistes déchirés par leurs rivalités internes (ce qui est malheureusement le cas à Los Angeles) – nous sommes dans l'impossibilité de reformer la Cité *dans son ensemble*, qu'on nous laisse au moins la possibilité de disposer d'une partie infime de la ville, et de faire de cette enclave, qui sera sous notre contrôle exclusif, quelque chose de propre, de raffiné et de passionnant – et, de surcroît, rentable. L'accès, quoique formellement libre, sera en fait limité, donc exclusionniste. A mesure que le public se rendra compte que l'endroit est aseptisé, fortement patrouillé, donc tout à fait sûr, il s'y précipitera – plus il y aura de preuves tangibles d'une sécurité à toute épreuve, plus il y aura foule [1]. »

Ainsi, selon Harris, progresse la notion du bien-fondé et de l'utilité des enclaves exclusionnistes de toutes sortes. Et cette notion va de pair avec celle-ci, dont les groupes immobiliers ont fait leur leitmotiv : « On ne contrôle parfaitement que ce qu'on possède. »

CityWalk, en fait, n'est qu'une des nombreuses manifestations d'un boom immobilier d'un genre analogue, mais beaucoup plus répandu : la construction de banlieues, voire de petites villes, entièrement murées et hermétiquement closes, véritables villes bunkers comprenant écoles privées, magasins, mais aussi clubs sportifs, dentistes, médecins et même terrains de golf – le but, pour les acquéreurs de propriétés à l'intérieur de ces enceintes discrètement fortifiées, étant d'évoluer au sein d'un monde en parfaite sécurité. Alors que de tels ensembles étaient

1. Entretien avec l'auteur.

jadis relativement rares (Malibu Beach, La Brea Park) et destinés surtout à des milliardaires, ce phénomène se généralise aujourd'hui à travers l'ensemble des États-Unis.

A l'entrée de ces enclaves, qu'elles soient en Californie, dans les lointaines banlieues de Detroit ou dans le New Jersey, aucune voiture étrangère ne peut pénétrer au-delà d'une barrière et d'un poste de garde sans que le visiteur décline son identité et le but de sa visite. Les étrangers ne pouvant fournir d'explications suffisantes se voient impitoyablement refoulés. Des patrouilles armées (également privées) assurent une sécurité interne constante.

Au début extrêmement coûteux et relativement rare, ce genre d'ensemble immobilier est maintenant accessible aux catégories sociales moyennes, la concurrence entre promoteurs immobiliers offrant un produit de qualité à une clientèle en augmentation constante à des prix de plus en plus bas.

Tout le monde y trouve son compte : les acheteurs en quête d'une sécurité introuvable ailleurs, assurés d'une plus-value immobilière substantielle (car la valeur des maisons des bunkervilles ne cesse d'augmenter); les pouvoirs locaux, pour qui des unités de ce genre permettent des économies de budget considérables – police, ramassage d'ordures, scolarité, etc. étant à la charge des copropriétaires; enfin les promoteurs eux-mêmes, pour qui la construction de bunkervilles est devenue plus rentable que celle de maisons individuelles dispersées.

On y voit les prémices d'un style de vie nouveau, d'où la cité proprement dite serait exclue, ou réduite à un lieu de passage, à des heures de bureau vécues à l'intérieur d'une enceinte spécialement aménagée (Renaissance Center à Detroit, Financial City à Los Angeles) – lieu qu'on quittera le plus rapidement possible en fin de journée pour retrouver son propre bunker dans un cadre rural, auprès de gens de son propre milieu. Les ressortissants privilégiés des bunkervilles et des zones urbaines fortifiées éviteront ainsi, la vie durant, tout contact étran-

227

ger, tout côtoiement d'une foule par définition menaçante. Il n'y aura aucune surprise désagréable, aucun imprévu possible, et on se félicitera de son style de vie en lisant régulièrement, dans la presse, les comptes rendus des faits divers sanglants se déroulant ailleurs, dans les downtowns à l'abandon...

Mais le prix à payer est lourd, les inconvénients majeurs. Pour Mike Davis, adversaire acharné de ces bunkervilles, ces villes-Frankenstein où tout est subordonné au profit – la seule préoccupation de ses occupants étant de maintenir, par tous les moyens, la valeur immobilière de leurs investissements – sont des villes mortes, totalement stériles et artificielles.

Y vivre entraîne des conséquences psychologiques inattendues : la mentalité des résidents de ces bunkervilles se différencie très vite de celle des citadins. On peut la résumer ainsi : « Notre responsabilité s'arrête ici, derrière nos murs fortifiés. La cité et ses problèmes, c'est-à-dire les problèmes de l'ensemble de la société américaine, ne sont plus les nôtres. Nous ne sommes plus concernés. » La sécurité totale, mais en fin de compte factice, de ce genre d'existence (car le monde extérieur continue d'être, qu'on le veuille ou non) rendra les résidents des bunkervilles de moins en moins aptes à surmonter des crises de toutes sortes : il en résultera une perte de sang-froid, un sentiment de panique suscité par le moindre imprévu, et une peur obsessionnelle de l'étranger, considéré comme « colporteur de la violence ».

Les contraintes administratives sont également très lourdes : les responsables des associations de copropriétaires de ces bunkervilles imposent un ensemble de règles infiniment plus contraignantes que celles régissant, en général, les rapports entre propriétaires et locataires, ou propriétaires et conseils municipaux classiques.

Selon Evan McKenzie, professeur d'architecture à l'université de Chicago, et auteur d'un livre à ce sujet [1], certains règlements représentent de véritables entorses à

1. *Privatopia*, Yale University Press, New Haven, 1994.

la loi et aux droits civiques de l'individu. Il cite des exemples, dont quelques-uns dérisoires mais étonnants : restriction totale ou partielle en ce qui concerne les animaux domestiques (en règle générale, les chiens pesant plus de quatorze kilos ne sont pas admis), interdiction d'utiliser des portes de sortie annexes (car les va-et-vient successifs laisseront des traces de pas sur le gazon, dévalorisant les pelouses), sévère réglementation concernant l'implantation d'arbres de toutes sortes, uniformité imposée aux meubles de jardin (balançoires en métal interdites), aux couleurs des murs, des volets et des toits, interdiction d'aménagement, même infime (verrières, agrandissement des greniers) des constructions existantes sans permis de construire soumis à un comité dont le verdict est sans appel, pouvoirs considérables accordés aux forces de police privées qui ont en charge la sécurité des lieux, et qui dressent des contraventions, perçoivent directement des amendes pour excès de vitesse et peuvent même interdir la circulation aux récidivistes, possibilité, enfin, d'expulsion sans recours de ceux qui refusent de se plier aux règles communautaires.

Il faut ajouter que, malgré les dispositions de la constitution américaine interdisant toute exclusion basée sur des critères ethniques ou raciaux, les associations régissant ces bunkervilles, au label pudique de CID – Common Interest Developments (Développements dans l'intérêt commun), n'ont aucun mal à contourner les règles, soit en invoquant la nécessité d'assurer l'homogénéité sociale des membres de ces clubs résidentiels, soit en filtrant les demandes d'achat ou de location par le biais d'examens de dossiers par un comité d'accueil (les recours sont possibles mais coûteux) – ce qui équivaut à un apartheid de fait. Il existe, d'ailleurs, depuis peu, des bunkervilles à 100 % noirs – les investisseurs appartenant à la classe professionnelle noire dont les statistiques montrent qu'ils sont en train de quitter la ville à une allure encore plus rapide que les Blancs.

Tout cela conduit Charles Murray, sociologue très

écouté et ancien conseiller (pour les questions sociales) successivement de Nixon, Reagan et Bush, donc peu suspect de gauchisme, à adresser une mise en garde sévère à ses compatriotes. L'Amérique, écrit-il dans *Losing Ground* [1], en choisissant ainsi de se fractionner en petits groupes sociaux entièrement cloisonnés, est en train de se balkaniser sans s'en rendre compte : « Nous sommes en train de nous transformer en une véritable société de castes, avec cloisonnement social rigide entre les riches et les autres... J'essaye d'imaginer ce qui se passera quand les 10 ou 20 % de la population auront suffisamment de revenus pour faire à leur tour ce que la minuscule fraction richissime du pays a toujours pu faire, c'est-à-dire ignorer les contraintes des institutions sociales qu'ils estiment leur être défavorables. Ceux qui se disent de gauche protestent depuis des années que les riches ont un pouvoir démesuré. Je leur dis qu'ils n'ont encore rien vu. »

Sa conclusion : le jour viendra où « les villes seront perçues comme des endroits condamnés ou, au mieux, l'équivalent de ces réserves indiennes, vis-à-vis desquelles les nouvelles castes dirigeantes (demeurant dans des bunkervilles) déclineront toute responsabilité ».

Bien qu'elle suscite un véritable boom immobilier, la prolifération des bunkervilles n'est qu'une des conséquences de l'exode massif des villes, phénomène qui remonte à une vingtaine d'années. Selon William Schneider, politologue à CNN et professeur à Boston College [2], cet exode comporte un changement de taille dans le comportement électoral américain, changement qui est passé largement inaperçu. Pour la première fois, en 1992, la majorité des électeurs, qu'ils aient voté pour Bush ou pour Clinton, étaient des banlieusards, et le comportement de cette nouvelle majorité banlieusarde se révèle être sensiblement différent de celui des électeurs urbains.

Le président Clinton en a tenu compte, dans des domaines très divers. Il sait, par exemple, que cette nou-

1. Basic Books, New York, 1984.
2. Article dans *Atlantic Monthly*, juillet 1992.

velle majorité, qu'elle soit républicaine ou démocrate, est extrêmement sensible aux problèmes de criminalité de toutes sortes – le climat d'insécurité ayant été, en général, le facteur déterminant dans leur exode des villes – d'où l'introduction d'une série de lois pour lutter contre la criminalité se chiffrant à trente milliards de dollars. Il sait aussi que cette majorité banlieusarde est, dans sa très grande majorité, favorable à la peine de mort – et la grâce présidentielle a été rarissime, les exécutions capitales nombreuses. Il sait également que ces mêmes banlieusards s'opposent systématiquement à des dépenses sectorielles (aide aux habitants des villes les moins privilégiées, aménagement des parcs urbains) dont – étant déjà banlieusards, ayant déjà rejeté la notion de « cité » – ils ne profiteront pas.

C'est pourquoi, malgré une campagne vigoureuse de la part des maires démocrates des grandes villes (Tom Bradley, l'ancien maire démocrate de Los Angeles allant jusqu'à pousser le cri d'alarme suivant, en 1990, lors d'un congrès : « Si nous n'arrivons pas à sauver nos villes, nous n'arriverons pas à sauver le pays »), les problèmes urbains ne semblent pas préoccuper la Maison Blanche outre mesure – sauf dans le domaine, que Clinton sait payant, de la sécurité. Au contraire : selon certains urbanistes, jamais les espaces urbains, théoriquement ouverts à tous, n'ont été aussi menacés ni laissés à l'abandon.

Comme le note Mike Davis [1], aucun investissement urbain à Los Angeles n'est maintenant concevable sans l'aval de la police, et cette police, obsédée par les émeutes de 1992, s'oppose systématiquement à tout plan d'urbanisme comportant l'érection de WC dans des parcs, stations de métro ou autres lieux publics, sous prétexte qu'ils deviendraient, très vite, des centres d'attraction d'indésirables. L'objectif du LAPD (Los Angeles Police Department) se limite, de plus en plus, à contenir les 75 000 sans-abri dans les limites de leur propre ghetto de Skid

1. Mike Davis : *Urban Control – the Ecology of Fear, Open Magazine Pamphlet*, New Jersey, 1992.

Row et de MacArthur Park. Selon Davis, qui ne cache pas ses sentiments d'extrême gauche, on assiste à une privatisation déguisée mais accélérée des lieux publics, en principe ouverts à tous, avec l'accord tacite des deux partis politiques. Si l'on observe de près les phénomènes des bunkervilles, des constructions type CityWalk et la Cité financière de Los Angeles, assure-t-il, on s'aperçoit qu'on est en train d'appliquer un principe, couramment admis au XIXe siècle, mais qu'on croyait à jamais disparu : celui qui consiste à assurer aux nantis « le privilège d'éviter le moindre contact physique avec les pauvres, même dans les lieux dits " publics ", à l'exclusion, bien sûr, de ses propres domestiques [1] ».

Un moment, on aurait pu croire que les émeutes de Los Angeles en 1992 sensibiliseraient à la fois la Maison Blanche, le gouvernement de l'État de Californie et l'opinion publique, et susciteraient des réformes majeures, structurelles. Il n'en a rien été. Au sentiment éphémère d'urgence a succédé l'oubli.

En fait, le choix, pour l'establishment politique californien, était le suivant : soit consacrer des milliards de dollars à des dépenses « sociales » à fonds perdus, sans aucune certitude d'une amélioration substantielle, même à long terme ; soit utiliser une partie de cette somme pour améliorer la sécurité, répondant ainsi aux demandes de l'ensemble de la population californienne.

Pete Wilson, gouverneur (républicain) de la Californie, a tranché, et l'opinion publique, dans sa majorité, l'a suivi. La véritable réforme de la cité sera pour plus tard, la voie tracée est celle de la répression. Il s'agit, en priorité, de lutter plus efficacement contre la criminalité, de « contenir » les sans-abri, cette « sous-classe » inemployable, de réprimer la criminalité, de démanteler les gangs. Pour réussir, il est essentiel de mettre les criminels « habituels » hors d'état de nuire, et pour cela on institue la loi des « trois coups manqués » (*three strikes*, dans le jargon du base-ball). Les options des juges seront arbitrairement

---

1. Entretien avec l'auteur.

réduites, les circonstances atténuantes ne joueront plus. Si leur culpabilité est prouvée, les prévenus, à leur troisième condamnation, subiront des peines de prison allant de vingt ans à la prison à vie, quelle que soit la nature de leur délit [1]. Cette disposition concerne non seulement la Californie, mais la plupart des autres États, y compris celui de New York.

A part la National Civil Liberties Union, lobby libéral relativement minoritaire, peu de voix américaines se sont élevées pour protester contre ce projet, même si, de temps en temps, l'injustice patente de cette mesure dérange. Ainsi, en septembre 1994, le *Los Angeles Times* fait grand cas d'un petit voyou, Jerry Dewayne Williams, qui risque de passer le restant de sa vie en prison pour avoir volé une part de pizza à un adolescent (blanc) dans un restaurant en plein air à Venice, dans des circonstances particulièrement rocambolesques. Williams maintient qu'il demanda « gentiment » au garçon de lui donner sa part, « parce que j'avais faim ». Essuyant un refus, ce colosse noir de 1,98 mètre, pesant cent kilos, s'empare de l'assiette du gosse, qui, bien sûr, le laisse faire. Williams s'aperçoit alors que cette part de pizza contient des anchois, dont il a horreur : il jette l'assiette et s'en va avec ses amis. Entre-temps, le restaurateur a appelé la police, qui a vite fait de repérer Williams et de l'arrêter. L'amie de Williams, effondrée, essaie de rembourser le consommateur lésé. Trop tard : la justice est en marche.

Il se trouve que Williams a déjà été condamné trois fois, pour des infractions mineures mais violentes. « Vous ne pouvez pas savoir à quel point ce garçon est con ! Quoi qu'il fasse, il se fait toujours piquer », déclare un des amis de Williams au *Los Angeles Times*. « Si j'avais su qu'il ris-

---

1. Ce durcissement est à rapprocher d'une proposition californienne (proposition 187) d'expulser tous les enfants d'immigrés « illégaux » de toutes les écoles californiennes – ce qui ferait de l'Amérique l'un des pays les plus restrictifs du monde. Cette proposition, après les élections partielles de novembre 1994, a obtenu la majorité dans un référendum et a maintenant force de loi, bien qu'elle ne soit pas encore appliquée (rappelons qu'aucune mesure de ce genre n'est envisagée en Grande-Bretagne ou en France).

quait la prison à vie, ajoute à son tour le restaurateur, je n'aurais jamais appelé la police. » Pour le procureur, qui a évoqué la règle des *three strikes* et obtenu une peine de vingt-cinq ans de prison (l'avocat de Williams a fait appel), le règlement, c'est le règlement, et il n'y voit aucune injustice, aucune absurdité.

La loi des *three strikes* implique un accroissement sensible de la population carcérale. Pour loger, par dizaines de milliers, les pensionnaires à long terme du type de Williams, le gouverneur de Californie a entrepris la construction, coûteuse et sur une vaste échelle, de dizaines de nouvelles prisons. En même temps, des mesures sont à l'essai pour rendre le régime carcéral moins « attractif » : il est question de supprimer la télévision, la gymnastique, le tennis, les séances de cinéma et les visites conjugales, bref, de durcir le régime des prisons dans tous les domaines. Les gardiens, redoutant une explosion genre Attica, sont d'ailleurs contre [1].

Si la loi des « trois coups manqués » est pleinement appliquée, la population carcérale, aux États-Unis, pourrait être, d'ici l'an 2000, très supérieure à deux millions, soit presque le double du chiffre actuel. Celui-ci est déjà parmi les plus élevés du monde : 1 600 000 environ (hommes et femmes mélangés), soit 650 détenus par tranche de 100 000 habitants (dix fois plus qu'au Japon, huit fois plus qu'en France).

Si l'émeute de Los Angeles, en 1992, a coûté cher, elle a également profité à quelques-uns : en un an, les Californiens ont acheté 650 000 armes à feu, et le « boom » des commerçants spécialisés est peu de chose comparé à l'essor des entreprises de sécurité. West-Tec, filiale japonaise, vend le concept de protection totale : patrouilles armées, scanners, mais aussi micros et « boutons de panique » *(panic buttons)* placés dans des endroits stratégiques, dans les maisons sous surveillance. A l'entrée de la plupart des superbes maisons de Beverly Hills, on retrouve

---

1. Dans certains États, notamment dans le Sud, ces mesures sont déjà prises.

le sigle West-Tec avec la mention : « Attention – Réaction armée » *(armed response)*.

Dans les quartiers moins huppés, des associations de volontaires, les comités de garde des quartiers, *(Neighbourhood Watch)* sont en liaison radio permanente avec la police locale. Idée originale d'un ancien chef du LAPD qui a porté ses fruits, puisqu'on compte actuellement 5 500 clubs de ce genre dans la région de Los Angeles, chacun avec leur chef d'îlot et leurs patrouilles régulières. Le but de Neighbourhood Watch n'est pas tant d'intervenir que de donner l'alerte, facilitant l'intervention rapide de la police locale ; leur mot d'ordre officiel, affiché à l'entrée des résidences qui en font partie : « Méfiez-vous des étrangers » (« *Be on the look-out for strangers* »), conduit inévitablement à la chasse au faciès.

L'activité des entreprises de sécurité, en augmentation constante depuis plusieurs années, se généralise un peu partout : à Washington, par exemple, un abonnement annuel permettra de faire appel à un garde du corps qui vous raccompagnera chez vous après un dîner chez des amis, en voiture mais aussi à pied, même s'il s'agit d'un trajet de cent mètres à peine, dans le quartier chic de Georgetown.

Selon Mike Davis, les techniques nouvelles de lutte contre la criminalité prennent aussi des allures orwelliennes grâce à une technologie nouvelle, extrêmement coûteuse. En Amérique, affirme-t-il, il y aura bientôt une prolifération d'anges gardiens électroniques capables, entre autres choses, d'exclure automatiquement les indésirables des zones protégées sans qu'ils en soient même conscients. Sont à l'étude, soutient-il, des systèmes de surveillance à distance, capables de déceler, grâce à l'étude échographique de l'iris de l'œil, si un individu est fiché ou non. Les bracelets détecteurs actuellement utilisés pour surveiller les gens condamnés à la « résidence », et qui n'ont pas le droit de sortir de chez eux sans permission spéciale, auront bientôt une fonction plus générale : des études sont à l'essai pour en équiper des abonnés individuels et prévenir les enlèvements. Le même type de bracelet donnerait automatiquement à leurs porteurs privilégiés accès à des zones sous protection spéciale, dont d'autres seraient exclus. Une surveillance permanente, prévenant vols et agressions de toutes sortes, est également à l'étude, utilisant des puces électroniques cachées dans des voitures ou portées par des individus (incorporées dans des bagues, des bracelets, ou des cartes d'identité), reliées à un satellite et permettant leur localisation permanente. Certaines formes de surveillance électronique fonctionnent déjà : ainsi, dans certains jardins et parcs privés de Los Angeles, des détecteurs souterrains indiquent la présence, la nuit, de sans-abri indésirables qui y campent – et qu'on expulse aussitôt.

Mais, pour l'instant, les méthodes sont en général plus expéditives, plus brutales aussi. Dans Downtown Los Angeles, des commerçants et des propriétaires ont recours à des policiers privés, des mercenaires, utilisant la manière forte pour faire régner l'ordre dans la rue ou dans des immeubles HLM, avec passage à tabac des fauteurs de troubles et salles de détention privées. Leur slogan : « Nous obtenons des résultats là où les autres ont échoué. » La police officielle approuve, ou tout au moins ferme les yeux. Selon Mike Davis, le risque est réel de voir Los Angeles, en l'an 2000 à peine, se transformer en Rio et São Paulo, où les « matadors », privés ou policiers travaillant pour leur propre compte, font systématiquement la chasse aux indésirables (dont des bandes d'enfants) et les assassinent.

La vision apocalyptique de Mike Davis, politiquement orientée à l'extrême gauche, est-elle crédible ? Elle est en tout cas en partie partagée. Selon Logan Clarke, patron de l'un des établissements de police privée les plus réputés de Californie, « Los Angeles n'est pas Rio ou São Paulo, nous n'y sommes pas encore, mais nous allons, hélas, dans cette direction, surtout si rien n'est fait d'ici l'an 2000 ». Clarke est l'incarnation même de ce phénomène inquiétant : l'existence de plus en plus répandue d'une police américaine à deux vitesses – l'une officielle, réservée aux communs des mortels, l'autre privée, réservée aux privilégiés. L'étude des pages jaunes de l'annuaire du téléphone à Los Angeles est instructive : six pages sont consacrées aux investigateurs privés [1].

Logan Clarke, lui, opère plus discrètement. Il dit devoir son succès à la carence, selon lui croissante, de la police officielle. « On relève, aux États-Unis, environ 25 000 cas d'assassinats par an, dont un tiers – environ 8 000 – ne sont pas résolus. Les polices d'État, et même le FBI, sont aujourd'hui tellement débordées qu'à moins d'attirer l'attention des médias, ou de personnalités politiques, beaucoup de crimes majeurs, y compris des enlèvements et des meurtres, ne font pas l'objet d'investigations approfondies – il s'agit en général d'enquêtes routinières qui n'aboutissent jamais. Or, si vous avez de l'argent, si votre enfant disparaît, vous ferez tout pour le récupérer ; si un membre de votre famille est assassiné, vous voulez savoir pourquoi, vous essaierez par tous les moyens de faire appréhender les coupables. Nous sommes là pour ça [2]. »

Autre raison, selon Clarke, de la carence de la police officielle : la conscience croissante, de la part des criminels et surtout des gangs organisés, de leurs droits constitutionnels. « La plupart des policiers de Los Angeles filment aujourd'hui leurs raids, sur caméra vidéo, pour prouver qu'ils n'ont pas brutalisé ceux qu'ils arrêtent, comme les gangs, d'ailleurs, mais dans le but contraire. »

« Il y a quelques années, dit Clarke, jamais il ne me serait venu à l'idée qu'on me demanderait un jour

---

1. Exemples : la Grant Company, « spécialiste en récupérations, corruption, surveillances visuelles, opérations clandestines, disparitions, enlèvements, fraudes civiles, et affaires criminelles dans le monde entier », dont les employés sont « tous d'anciens agents du FBI ou des ex-détectives ». La John T. Lynch Company se vante d'avoir « récupéré 30 millions de dollars dans des cas de contrats abusifs ; 25 millions dans des cas de litiges sur les patentes ; 11 millions en fausses banqueroutes ; 8,5 millions en rapatriements de fonds en provenance des banques suisses. Succès garanti ». La Nick Harris Company se dit « capable de retrouver n'importe qui, n'importe où ».
2. Entretien avec l'auteur.

d'enquêter sur des assassinats. Maintenant c'est chose courante. »

Il est d'ailleurs convaincu que, dans les années à venir, le phénomène de la police à deux vitesses se généralisera progressivement. « Les privés spécialisés s'occuperont de plus en plus des cas compliqués, des investigations les plus difficiles, et cette forme de privatisation, presque inévitable, fait peur. »

Mais il pense également que cela sera un moindre mal : « Bien sûr, il est regrettable de penser que, si vous n'avez pas l'argent nécessaire (une enquête de Logan Clarke coûte au moins 1 000 dollars par jour), il vous sera impossible d'obtenir une véritable justice. Mais si vous disposez d'un peu d'argent, vous serez moins vulnérable. »

Clarke s'inquiète également des conséquences d'enquêtes officielles insuffisantes ou bâclées. « Je suis persuadé, dit-il, que, dans les prisons américaines, 5 % des détenus sont en fait innocents, victimes d'un système qui veut avant tout classer des affaires, plutôt que de les solutionner réellement. »

Si Clarke et Mike Davis disent vrai, et s'il est vrai, également, que le Los Angeles d'aujourd'hui va devenir l'Amérique de demain, la cité américaine risque fort de ressembler, dans un avenir indéterminé, à celle dépeinte dans *Blade Runner* ou dans *Exterminator II*. Espérons qu'eux aussi se trompent.

13

LA GUERRE DES SEXES

Comme on l'a vu dans un précédent chapitre, les rapports entre Noirs et Blancs américains continuent de se détériorer, malgré et peut-être aussi *à cause de* certains aspects de l'« action affirmative » – la crainte de paraître « raciste » aux yeux des chiens de garde de la nouvelle « correction politique » rendant un véritable débat encore plus difficile. L'impact de la « nouvelle banlieue » archi-protégée, souvent symbole d'un apartheid de fait, n'arrange rien. Ce ne sont pas uniquement les rapports Blancs-Noirs, mais ceux des Blancs, toutes minorités ethniques confondues, qui menacent de s'assombrir davantage dans un avenir assez proche, si l'administration Clinton décide d'organiser les ethnies américaines en six catégories distinctes (il y en a quatre actuellement) afin de répartir des fonds d'aide sociaux selon des critères nouveaux. Ceci non seulement risque de mécontenter à peu près tout le monde, mais ne manquera pas de porter un nouveau coup dur au principe du « *E pluribus unum* », déjà fortement battu en brèche [1].

1. Les catégories existantes sont : les Indiens (y compris ceux d'Alaska), les Asiatiques (y compris ceux des îles pacifiques), les Noirs et les Blancs. Le prochain recensement (prévu pour l'an 2000) comprendra vraisemblablement de nouvelles catégories (notamment les Hispaniques, considérés actuellement comme une ethnie plutôt qu'une race) et peut-être également les Hawaiiens et les multiraciaux.
Cette dernière catégorie, si elle voit le jour, compliquera la situation, car la plupart des Noirs sont en fait d'origine multiraciale. Parmi les Noirs eux-

Il existe, au sein de la société américaine, un conflit d'un tout autre genre, transcendant les questions ethniques : il s'agit de ce que certains écrivains féministes, et non des moindres, considèrent comme une véritable guerre – guerre que les hommes livreraient aux femmes.

La « politique du sexe » *(gender politics)* n'est certes pas un phénomène nouveau – *Le Deuxième Sexe* de Simone de Beauvoir (publié en 1949-1950) demeure un document de base de la plus haute importance pour l'ensemble des écrivains féministes américaines. La mise en marche du mouvement féministe, inscrit à l'ordre du jour à partir de la vague libératrice des années 60, était inévitable, plus encore peut-être aux États-Unis qu'en Europe. Effectivement, en Amérique, le déséquilibre entre hommes et femmes était patent, sans doute plus marqué encore qu'ailleurs, même s'il n'était pas toujours aussi visible, et cela malgré le travail remarquable, au début du siècle, de véritables pionniers du féminisme américain tels que Mary Woolstoncraft.

Le puritanisme latent explique encore une fois cet état de choses, puritanisme qu'il faut distinguer de toute croyance proprement religieuse. Depuis des générations, pour illustrer cette distinction, les racistes de tout poil accusent les Juifs américains d'avoir accaparé Wall Street et la grande presse. C'est faux, mais s'il y a, en Amérique, un secteur clé où le génie des Juifs américains a pu s'épanouir, c'est bien, depuis son invention il y a maintenant cent ans, le cinéma. Or les valeurs imposées par les géants hollywoodiens (tels Sam Goldwyn, Jack Warner, Louis B. Mayer et d'autres, presque tous juifs) qui avaient la haute main sur les « concepts » des films destinés au grand public, si elles n'étaient pas nécessairement juives, étaient

mêmes, certains voudraient être identifiés en tant que multiraciaux (il s'agit en général des couches sociales les plus aisées), mais les politiciens noirs sont contre, car l'influence politique noire serait de la sorte diminuée.

En fait, ces catégories n'existent que pour des formalités diverses (naissances, décès, inscriptions scolaires) et servent surtout à régenter l'« action affirmative » chez les Noirs et les Hispaniques. Nombre de spécialistes sont partisans d'adopter l'exemple du Canada, qui a décidé de supprimer toute distinction de race dans ses statistiques.

néanmoins puritaines, reflétant leur vision platonique d'une Amérique socialement conservatrice – et ceci en dépit de la grande diversité de vues de ses réalisateurs vedettes.

Malgré les rôles et les carrières de certaines superstars (Bette Davis, Marlene Dietrich, Louise Brooks) aussi « non conformistes » à la vie qu'à l'écran, l'immense majorité des films des années 30, 40 et 50, qu'ils soient l'œuvre d'un John Ford ou d'un Frank Capra, montrent une Amérique profonde où le bien l'emporte sur le mal, où les valeurs familiales vont de soi, où les coups de foudre des couples se terminent par un mariage durable, où derrière chaque « séducteur » se cache toujours un être peu recommandable, et où la femme n'aspire qu'à bien gérer son foyer – bref, le cinéma américain de cette époque est le reflet d'un « rêve américain » bien-pensant, un tant soit peu banlieusard, genre « Travail, Famille, Patrie », où la supériorité masculine et le rôle traditionnel des femmes sont rarement remis en cause.

Cela ne pouvait durer – et le mélange de violence et d'amoralité qui caractérise l'actuelle génération de films américains n'est sans doute qu'une conséquence du fameux retour du balancier. Mais cette réaction, à partir de 1975, va beaucoup plus loin que les revendications des vétérans de la deuxième vague féministe [1] (l'Australienne Germaine Greer, mais surtout Betty Friedan et Bella Abzug) considérées, aux yeux de la nouvelle génération de féministes américaines (la troisième vague) comme si timides, si honteusement modérées et passéistes qu'elles ne valent guère mieux que des traîtres : leur mise en accusation, en milieu féministe américain, rappelle étrangement les procès de Moscou intentés aux compagnons de route de Staline, accusés d'avoir été, tout au long de leur vie, des espions impérialistes, démasqués uniquement grâce à la vigilance populaire – avec cette différence que les accusées se défendent, ce qui, aux yeux des fémi-

---

1. La première vague étant les suffragettes, Mary Woolstoncraft et ses émules, actives à la fin du XIXᵉ et au début du XXᵉ siècle.

nistes troisième vague, les rend, bien sûr, encore plus complices de l'establishment masculin.

On a vu [1] à quel point ce « nouveau féminisme », agressif et totalitaire, bouleverse la vie des campus, rendant difficile et parfois impossible le rôle des enseignants universitaires en butte aux chiens de garde de la *political correctness*. Mais si cet état de choses se manifeste de façon presque caricaturale au sein de la vie universitaire, il ne s'arrête pas à la lisière des campus : c'est l'ensemble des rapports hommes-femmes qui est concerné. Or ce qui différencie les féministes américaines de leurs collègues européennes, moyen-orientales ou indiennes, est leur degré de *violence*. On est loin de l'humour un peu désespéré de « La guerre entre hommes et femmes », de James Thurber, où les protagonistes, de part et d'autre, sont des victimes consentantes plutôt que des conquérants. La violence, latente ou manifeste, est un élément incontournable, un fait de société quotidien. Assumée, ouvertement revendiquée et justifiée dans les écrits des féministes, mais aussi dans les comportements des Américaines, cette violence, aujourd'hui, fait peur, surtout quand elle émane de femmes qui ne sont nullement conscientes d'être des féministes « dures » ou même d'appartenir à une famille « politique » quelconque.

Dans certaines salles de rédaction, par exemple, la nouvelle de l'acquittement de Lorena Bobbett (celle qui d'un coup de couteau sectionna net le pénis de son mari, individu par ailleurs peu recommandable) suscita des cris de joie et des applaudissements de la part de nombreuses jeunes femmes, journalistes et secrétaires de rédaction, dont rien, dans le comportement quotidien, ne laissait présager qu'elles approuveraient si pleinement ce geste ou le considèreraient comme héroïque et entièrement justifié. Leur explosion de joie spontanée témoigne d'une agressivité très particulière des femmes américaines envers les hommes en général, comme d'ailleurs ce petit

1. Chapitres 1 et 2.

détail, noté dans *Vanity Fair* [1] : peu après l'acquittement de Lorena Bobbett, ses nombreuses supporters, quand elles se rencontraient ou croyaient être en présence de fans comme elles, manifestaient silencieusement mais éloquemment leur solidarité en agitant deux doigts de la main à la manière d'un ciseau en action, sorte de geste maçonnique dont seules les initiées connaissaient la portée, et qui ne choqua nullement Kim Gandy, vice-présidente de NOW (National Organization of Women), association réputée pour son sérieux. Dans *Vanity Fair*, elle se dit impressionnée par le nombre de femmes qu'elle avait récemment rencontrées, et « qui se seraient bien vengées de la même façon ».

Sur un tout autre plan, notons ce qui arriva, en 1993, à David Nyhan, chroniqueur au *Boston Globe* depuis vingt ans. Dans un couloir du journal, il eut la malencontreuse idée d'interpeller un confrère pour lui demander de participer à un match de basket – rite habituel à l'heure du déjeuner au *Globe*, auquel un groupe de journalistes féministes voulait d'ailleurs mettre fin, car elles y voyaient l'évidence d'une dominante macho au sein du journal. L'ami refusa, prétextant à la fois un travail urgent et le fait qu'il s'était fait mal au genou. « Qu'est-ce qui t'arrive ? lui lança Nyhan. Elles te terrorisent [2] ? » Par malheur, une journaliste (féministe militante) du *Globe* qui passait par là entendit son propos. Malgré des excuses publiques de Nyhan, le groupe féministe du *Boston Globe* exigea des mesures exemplaires. Le directeur du *Globe* s'empressa de publier un communiqué, rappelant que « toutes remarques racialement ou sexuellement blessantes sont intolérables et exposent les coupables à la sanction d'un conseil de discipline ». Il somma Nyhan de payer une amende de 1 200 dollars, qui serait versée à une

1. Numéro de novembre 1993.
2. « *What's the matter ? You Pussy-whipped or what ?* » (*Pussy-whipped*, intraduisible, de *pussy* (chatte), et *whipped* (fouetté), littéralement : « flagellé par le con », est une des expressions les plus honnies du milieu féministe. L'expression n'est en fait utilisée que pour décrire un homme qui aurait exagérément peur du pouvoir des femmes.

organisation charitable désignée par le *caucus* féministe du journal – ce qui suscita des réactions (masculines) ironiques. Commencèrent à circuler, au sein du journal, des tarifs d'amendes particulières : 300 dollars pour *babe* (« bébé ») 800 pour *bitch* (« chienne ») et 1 200 pour *pussy-whipped*. L'atmosphère du journal se détériora à tel point que son directeur dut, en fin de compte, surseoir à cette mesure.

Cette *hostilité généralisée* envers les mâles, terrifiante dans le cas de Lorena Bobbett, tragi-comique dans le cas des féministes du *Boston Globe*, est spécifiquement américaine. Malgré le regard froid de Simone de Beauvoir sur la condition féminine et sa condamnation d'une société « phallocrate » à travers les âges, l'histoire de sa vie, encore plus que la trame de ses romans, démontre qu'*on peut être féministe sans, nécessairement, haïr les hommes*. Au contraire, Beauvoir ne cachait pas qu'elle était autant à l'aise en leur compagnie qu'avec les femmes, son militantisme féminin n'altérant en rien sa sexualité : ses rapports avec Sartre (et d'autres hommes, assez nombreux si on compte ses aventures sans lendemain) le prouvent. Elle serait la première à admettre cette vérité élémentaire : qu'hommes et femmes sont sur terre pour jouir d'un ensemble de rapports affectifs, sexuels, sensuels et intellectuels, en un mot pour essayer de *communiquer*.

Au contraire, et c'est sans doute ce qui explique la montée vertigineuse du nombre de familles américaines dysfonctionnelles, ce qui caractérise non seulement les écrits féministes américains, mais aussi les rapports hommes-femmes, est leur degré de non-communication, qui s'explique sans doute par une politisation à outrance. L'absence d'un débat politique proprement idéologique à l'échelle du pays a conduit les Américaines à se politiser autrement – leurs rapports avec la société en général, avec les hommes en particulier, sont devenus politiques. Et le débat politique étant, par essence, non seulement contradictoire, mais un combat où tous les coups sont permis, aucune concession, aucun dialogue non passionnel n'est admis, du moins par les chefs de file féministes actuels.

Les exemples sont nombreux : « Tout ce qui est personnel est politique, écrit Carolyn Heilbrun, professeur d'anglais à Columbia depuis plus de trente ans, et l'une des vedettes du nouveau féminisme. Pour Susan Faludi [1], « tant que vous n'êtes pas capable de percevoir votre expérience comme étant une expérience *politique*, vous ne pourrez pas puiser dans votre colère ». Gloria Steinem s'est publiquement demandé s'il n'était pas temps de créer un centre d'entraînement pour corps spécial de commissaires politiques du féminisme, reconnues comme telles [2]. Selon Alison Jaggar, professeur à l'université de Colorado, les nouvelles féministes ont démontré que « les vieux idéaux de liberté, égalité et démocratie sont insuffisants ».

Pour Iris Young [3], professeur à l'université de Pittsburg, « la plupart des féministes deuxième vague ont été des humanistes. Depuis, une autre vision – gynocentrique (c'est-à-dire concernant uniquement les femmes) – s'est imposée. Le féminisme gynocentrique définit l'oppression féminine comme étant une dévaluation et une répression de l'expérience féminine par une culture masculine exaltant la violence et l'individualisme ».

Liés à ce mouvement, ces porte-parole du nouveau féminisme ont le sentiment très net d'être des victimes; Andrea Nye, professeur à l'université de Wisconsin, va plus loin encore : « La femme libérée pourrait dire que la société démocratique l'a plongée dans une subordination encore plus profonde. » Tous les prétextes sont bons : ainsi, Alice Jardine, professeur à la City University of New York, prenant la parole à un séminaire (octobre 1993), évoque la folie meurtrière d'un forcené ayant récemment abattu quatorze étudiantes à l'université de Montréal, et déclare à l'assistance que « cet incident n'est que la mise en pratique (*the acting out*) d'une expérience verbale (*discursive*) que je subis tous les jours ». Dans son

---

1. *Backlash*, Doushday, New York, 1991. Traduction française aux Éditions des Femmes, 1993.
2. Séminaire à la City University of New York, octobre 1992.
3. Prenant la parole à la même conférence, en octobre 1992.

livre *Motherself*, Kathryn Allen Rabuzzi, de l'université de Syracuse, décrit comment le fait d'être interpellée dans la rue par un clochard qui lui demande l'aumône avec les mots suivants : « Mamma, t'as pas une pièce de monnaie ? » est un outrage qui la glace, « non parce qu'il faisait la manche... ni même parce que, malgré cela, il s'adressait à moi en des termes condescendants, exhibant un chauvinisme mâle qui m'était on ne peut plus familier. Ça, toutes les femmes y sont habituées. Non, ce qui me rendit si furieuse fut d'entendre de sa bouche le mot *mamma*. Bien que mère depuis longtemps, je ne m'étais jamais vue en temps que *mamma* dans un contexte si externe et dépersonnalisé... Je disparus, comme retournée de l'intérieur, et une *mamma* prit ma place ». Selon elle, il résulta de cette expérience traumatisante « une dislocation traumatisante du moi [1] ». Pour Sandra Lee Bartky, professeur à l'université de l'Illinois, le fait d'avoir été sifflée par un groupe de mâles (« des bruits clairement et intentionnellement sexuels ») provoque en elle « un gel... le corps que j'habitais précédemment avec une telle aisance s'en est trouvé complètement transformé... Je suis devenue un objet. Comme dirait Sartre, j'ai été pétrifiée par la vision de l'Autre [2] ».

A la lumière de ces déclarations, on peut légitimement se demander à quoi s'exposent leurs étudiantes au cas où elles leur demanderaient conseil, et quel peut être leur comportement vis-à-vis de leurs étudiants (mâles) ? Certaines observations de féministes célèbres rejoignent les préoccupations du Hays Office des années 30 ou même des injonctions beaucoup plus lointaines. Ainsi, Marilyn French [3] est convaincue que, partout dans le monde, les artistes « s'approprient le corps de la femme, faisant front contre la réalité féminine et son autonomie ». Dans un chapitre intitulé « La guerre culturelle contre les

---

1. Kathryn Allen Rabuzzi *Motherself : a Mythic Analysis of Motherhood*, Bloomington, Indiana University Press, 1988.
2. Sandra Lee Bartky, *Feminism and Domination, Studies in the Phenomenology of Oppression*, Routledge, New York, 1990.
3. *The War Against Women*, Simon & Schuster, New York, 1992.

femmes », elle écrit : « Les féministes ont plusieurs fois attiré l'attention sur la haine des femmes dans les œuvres de Willem De Kooning et de Picasso... Qu'ils les montrent avec haine, ou qu'ils les sentimentalisent d'une façon insipide (comme Renoir), ou se les approprient avec une froide supériorité (comme Degas), ils commettent implicitement une agression contre la réalité et l'autonomie féminines. »

Les musées parisiens, avec leur « obsession des organes féminins », sont pour French les endroits où elle se sent « agressée en permanence ».

De même, des critiques féministes ont accusé le film *Le Roi Lion*, de Disney, d'être « fondamentalement sexiste » et phallocrate, « une véritable ode aux patriarches – tout ne se rétablit que quand des princes comme Simba consentent à reprendre leur place méritée sur le trône », selon Ellen Goodman du *Boston Globe*[1]. Mais peut-être le summum du saugrenu, en ce qui concerne le sexisme et le harcèlement sexuel, est-il celui subi par Susan McClary, professeur de musicologie à l'université de Minnesota, agressée, elle, par la *Neuvième Symphonie* de Beethoven, « le point de récapitulation du premier mouvement étant un des moments les plus horrifiants de la musique tout entière, la cadence savamment préparée étant délibérément frustrée, l'énergie accumulée explosant dans un accès de rage d'un étrangleur, d'un violeur incapable du moindre soulagement[2] ». Il est vrai que McClary prévient également ses élèves contre les « thèmes de masturbation mâle » dans l'œuvre de Richard Strauss et de Gustav Mahler[3]... ».

Judith Lewis Herman, psychologue réputée, dans un

1. Certaines critiques du film ont également soutenu que de colorer Simba le héros en rouge et Scar en noir était en soi preuve de racisme.
2. Article de McClary dans la *Minnesota Composers Forum Newsletter*, janvier 1987.
3. Dans un même ordre d'idées, la principale violoniste de l'Eureka Symphonic Orchestra, en Californie, démissionna (en 1994) pour protester contre la décision de programmer *Pierre et le Loup* de Prokofiev, citant les « funestes malentendus » d'une histoire qui « enseigne aux enfants qu'il faut détester et avoir peur des loups et applaudir le chasseur qui le tue » (*Newsweek*, 10 octobre 1994).

livre considéré comme une véritable bible par les féministes, *Trauma and Recovery*[1], met en évidence, dès le début, le principe qui doit animer les féministes, et explique pourquoi « tout est politique » : « L'étude du phénomène du traumatisme psychologique est impossible en dehors de l'appui, de la présence d'un mouvement politique. Tout comme l'étude des traumatismes dus à la guerre ne devient légitime que dans un contexte d'opposition systématique aux sacrifices des jeunes dans des guerres, c'est-à-dire dans un contexte politique, de même une étude consacrée aux femmes traumatisées dans leur vie quotidienne et abusées sexuellement ne devient légitime qu'au sein d'un mouvement (politique) s'élevant contre la subordination des femmes et des enfants à l'homme. »

Pour Herman, le conflit hommes-femmes est permanent, généralisé et impitoyable, sans possibilité aucune de trêve : « Les syndromes psychologiques, chez les femmes victimes de la violence et de l'inceste, sont identiques à ceux qu'on retrouve chez les survivants traumatisés par la guerre... Entre les sexes, c'est d'une guerre qu'il s'agit, et les victimes de viol, de coups et de harcèlement sexuel sont assimilables aux victimes de guerre. » Dans un tout autre domaine, celui de l'art, Marilyn French[2] n'hésite pas à voir la guerre partout : « La femme menaçante est un thème favori dans tous les arts et s'explique sans doute par une véritable terreur qu'ont les mâles des femmes. Aucun mystère à cela : ayant assujetti les femmes dans tous les domaines, ils ont naturellement peur de représailles. »

On retrouve un principe très répandu en milieu féministe américain, mais qui a aussi fait son chemin ailleurs – la réaction à l'acquittement de Lorena Bobbett le prouve : en toutes circonstances, les femmes sont des victimes et les hommes des agresseurs-nés, l'attribut essentiel de la masculinité étant leur capacité de violence – violence à

---

1. Basic Books, New York, 1992.
2. *The War Against Women, op. cit.*

laquelle les femmes sont en droit de répondre par tous les moyens, y compris les plus violents, les plus contestables, les plus détournés et, parfois, les plus déments.

Un exemple – mineur, mais proprement ahurissant – en témoigne. En 1991, plusieurs étudiants (mâles) de l'université de Vassar (jadis uniquement réservée aux femmes) se trouvèrent accusés de viol. En fait les accusations étaient entièrement fausses. Les étudiants concernés, qui risquaient non seulement d'être renvoyés mais jugés, peut-être emprisonnés, bref, de voir leur vie entièrement brisée, furent totalement innocentés. Ils auraient pu s'attendre à des excuses. Mais voici comment réagit Catherine Comins[1], haut responsable de l'université, elle-même directement concernée : « Ils ont ressenti beaucoup de douleur, mais ce n'est pas une douleur que je leur aurais volontairement épargnée. Je crois que cela a suscité chez eux nombre de questions intérieures, telles que : " Quelle est mon attitude vis-à-vis des femmes ? Si je n'ai pas commis de viol, en aurais-je été néanmoins capable ? Y a-t-il en moi le potentiel d'accomplir ce dont j'ai été accusé ? " »

« Ce sont de bonnes questions », ajouta Comins, apparemment nullement embarrassée, ni par son manque d'égards envers des jeunes gens qui étaient, après tout, ses élèves, ni par cette étonnante et ubuesque définition de la culpabilité – ses propos impliquant que, si on est mâle, on est coupable même quand on ne l'est pas.

Autre incident se rapprochant de celui-ci : à l'université de Maryland, des participantes à un cours intitulé « Issues contemporaines dans l'art féministe » crurent bon de distribuer des centaines d'affiches à travers le campus où figuraient les noms, *choisis au hasard,* de cinquante étudiants, avec la légende suivante : « ATTENTION : CES HOMMES SONT DES VIOLEURS POTENTIELS. » Également dans le cadre de ce festival d'art féministe, sur tout un pan de mur de l'université, étaient inscrits les noms des 15 000 étudiants, avec la légende suivante :

1. Citée dans *Time*, juin 1991.

« Beaucoup de ces hommes ont des velléités de viol. » Le professeur responsable du cours jugea ces manifestations « follement couronnées de succès » et s'en déclara « totalement satisfaite ». Pour la National Organization of Women, ce fut une superbe « provocation ». Mais quand un certain nombre d'étudiants voulurent attaquer en justice les responsables de l'affiche pour diffamation, le rectorat refusa de livrer leurs noms « pour protéger leur droit à la vie privée ».

Un autre élément favorisant la thèse d'une véritable « tare génétique » masculine découle de l'analyse que font les féministes américaines des écrits de Freud, considéré par elles comme « ennemi numéro un » de *toutes* les femmes. Leur haine vient de leur conviction intime que Freud a délibérément, et sournoisement, maquillé ses théories sur l' « hystérie féminine » par solidarité avec la société « dominée par la gent masculine » (*male-dominated society*) dès qu'il a été conscient de leur implication. Jusqu'en 1924, date de la parution de son essai sur l'*Etiologie de l'hystérie*, Freud pense, écrit Judith Lewis Herman, que « derrière chaque cas d'hystérie féminine il y a un ou plusieurs cas d'expériences sexuelles prématurées – découverte aussi importante pour lui (et plus tard pour les féministes qui étudieront son parcours) que la découverte de la source du Nil pour les explorateurs... Un an après, Freud, troublé par les implications sociales de sa découverte, avait rejeté cette théorie. Car si les histoires de ses patientes étaient vraies, il était forcé de conclure que des actes pervers contre les enfants étaient endémiques, non seulement dans le Paris des prolétaires, mais parmi les familles de la haute bourgeoisie de Vienne. C'était inacceptable ».

L'indignation de Herman se concrétise autour d'une patiente de Freud, connue dans ses écrits sous le nom de « Dora ». « Dora, adolescente, avait déjà été violée, offerte sexuellement par son père à ses amis... Freud ne voulait pas ou ne pouvait pas croire qu'elle avait été ainsi humiliée ou outragée. Au contraire, il fit l'impossible pour lui faire admettre qu'elle avait elle-même sollicité ce genre de comportement. Dora ne terminera pas son analyse avec Freud. »

Le travail des enquêtrices féministes à partir des années 70, ajoute Herman, « confirme la réalité des expériences féminines que Freud avait rejetées comme étant des " fantasmes " ». Ce qui permet à Herman de se rallier à cette vérité première des féministes, affirmation (contestée et difficilement vérifiable) de Diana Russell, selon laquelle « une femme sur quatre a été violée et qu'une femme sur trois a été harcelée sexuellement [1]. Selon les nouvelles féministes, à Vienne, au début du siècle, c'était pareil : harcèlements sexuels et incestes étaient endémiques au sein de la haute société juive viennoise. Loin de fantasmer, les femmes psychanalysées par Freud disaient invariablement la vérité. En d'autres termes, Freud n'a inventé le « fantasme » féminin que pour protéger ses pairs, coupables d'innombrables abus sexuels sur femmes et enfants.

Une des différences fondamentales entre hommes et femmes, écrit Herman, a d'ailleurs trait à leurs fantasmes sexuels. Selon elle, les fantasmes des mâles sont étalés de façon « flagrante » dans la culture populaire, alors que les fantasmes féminins, si toutefois ils existent, sont, depuis toujours, occultés par les hommes – ou fabriqués par eux, car « ils nous ont été transmis par les mêmes hommes qui ont cultivé leurs propres fantasmes avec délectation ».

L'état de guerre existe donc, et il est légitime [2]. Herman cite le célèbre dicton de Susan Brownmiller, la Simone de Beauvoir américaine, dont le livre, *Against Our Will : Men, Women and Rape*, paru en 1975, a eu une influence énorme. Brownmiller écrit : « De la préhistoire jusqu'au temps présent, je crois, le viol a joué une fonction critique. Ce n'est ni plus ni moins le processus

1. Diana Russell, *Sex, Exploitation, Rape, Child Abuse and Sex Harassment*, Sage Editions, Beverly Hills, 1984.
2. Le best-seller féministe archiconnu, de Marilyn French, s'intitule : *The War Against Women. Blacklash*, de Susan Faludi, comporte le sous-titre suivant : « La guerre non déclarée contre les femmes américaines ».

conscient d'intimidation grâce auquel *tous les hommes* maintiennent *toutes les femmes* dans un état de peur. La découverte, par l'homme, qu'il pouvait se servir de ses organes génitaux comme d'une arme, pour inculquer la peur, doit être considérée comme une des plus importantes découvertes de l'ère préhistorique, sur le même plan que celle du feu et de la hache. » Comme Brownmiller, Herman récite ce credo de la philosophie féministe américaine : « Depuis le début de l'humanité, le viol a joué un rôle fondamental : ce n'est ni plus ni moins que le processus conscient de l'intimidation selon lequel *tous* les hommes réduisent *toutes* les femmes à un état de peur et d'asservissement. »

Les thèses de Brownmiller, recourant autant aux mythes qu'à l'anthropologie, ne sont d'ailleurs pas inintéressantes, en dépit de leur caractère outrancier. Selon elle, le viol en temps qu'acte criminel, sérieusement réprimé par une société à dominance mâle, n'est que le prolongement d'anciennes coutumes tribales, les hommes punissant ainsi ceux qui, en violant leurs femmes ou leurs filles, en réduisent la « valeur marchande ». « A l'origine du désir historique de l'homme d'avoir l'accès unique et illimité au vagin de la femme, désir codifié par les rites primitifs matrimoniaux, on retrouve le besoin masculin d'être le seul instrument physique contrôlant l'imprégnation, la descendance et les droits d'héritage. » Et si la justice masculine (envers les violeurs) est sévère, ce n'est pas pour faire respecter les droits des femmes (qui n'en ont aucun) mais parce qu'elle punit « un acte de possession illicite, un délit perpétré contre le droit tribal de contrôler l'accès aux vagins de toutes les femmes leur appartenant ». Bien que Brownmiller n'en fasse pas état, ce comportement tient compte du tissu social du temps des premiers immigrants américains – les femmes étant toujours en nombre insuffisant. Et si, aujourd'hui, il n'est plus question de droit tribal, écrit Brownmiller, le viol demeure, en tant que « lutte primitive entre mâles et femelles, [l'] expression temporaire du prédateur, du pouvoir physique de l'homme » – ce qui correspond bien aux « trains » organisés par les membres du gang de Nathan McCall[1].

Mais, comme tout messie, toute porteuse de vérité « révélée », Brownmiller est excessive : elle voit le viol partout. Ainsi, pour elle, le conte du *Petit Chaperon rouge* n'est autre chose qu'une « parabole du viol », car « il y a dans les bois, des figures mâles qui font peur – nous les appelons (entre autres) les loups, devant qui les femelles sont sans défense ». Le message est implicite : « Ce conte pour enfants avertit les petites filles de ne pas s'aventurer hors des sentiers battus. » La passivité de la Belle au bois dormant est encore plus grande que celle du Petit Chaperon rouge – et encore plus évocatrice de viol. « En tant que leçon de sexualité féminine, le message est clair : la belle princesse ne réagit qu'à l'arrivée de l'homme de sa vie (Mister Right). Le prince est la seule personne qui puisse " éveiller " la princesse – elle est incapable de s'éveiller toute seule. Son rôle est d'être belle et passive, comme Blanche-Neige, comme Cendrillon, qui a également besoin d'un prince pour la sortir de sa condition misérable. C'est ainsi qu'est définie la sexualité féminine... Attendez toujours. Le Prince charmant passera bientôt. Et si c'est le Grand Méchant Loup, et non le Prince charmant, qui arrive devant la porte, la condition féminine vous oblige à rester immobile. Le Grand Méchant Loup est plus grand et plus fort que vous. Pourquoi essayer de le combattre ? Mais ne vous en faites pas, petite fille. De bons et gentils chasseurs patrouillent les bois. »

Le viol des femmes par des hommes a toujours existé, écrit aussi Susan Brownmiller, mais « ce n'est qu'avec l'arrivée de Freud que les idéologues mâles du viol ont commencé à affirmer que les femmes *désiraient* être violées ». Que des femmes puissent être accusées d'entretenir de tels fantasmes l'écœure. « Je proteste avec véhémence à l'idée que certains fantasmes sexuels sont réellement le

1. Voir le chapitre 10.

produit d'imaginations féminines. Je pense en particulier à l'*Histoire d'O*, ce classique pornographique sous le pseudonyme d'un auteur, Pauline Réage, qui, pour le plus grand délice de beaucoup d'hommes, serait une femme... J'ai failli vomir en le lisant.»

Malheureusement pour Brownmiller, Dominique Aury a, depuis, confirmé au *New Yorker* que c'est bien elle l'auteur d'*Histoire d'O*, précisant qu'elle l'a écrit dans le but spécifique de séduire, et de garder auprès d'elle son amant Jean Paulhan. Mais allez faire comprendre cela à la très puritaine Susan Brownmiller! Forcément, son livre comporte une attaque en règle contre la pornographie « qui n'est, comme le viol, qu'une invention mâle, dont l'intention est de déshumaniser les femmes ». Au cœur de la pornographie, « il y aura toujours la femme nue, car sa nudité est sa " honte femelle ", ses attributs sexuels étant la propriété privée de l'homme, alors que ses attributs à lui sont des instruments universels, divins, patriarcaux, symbolisant le pouvoir et la domination par la force de la femme par l'homme ».

Pour Brownmiller, pornographie et prostitution légale ne font qu'« institutionnaliser le concept du droit financier, sinon divin, de l'homme [dans le but] d'obtenir l'accès au corps d'une femme, et de prouver que l'acte sexuel est un service féminin dont le mâle civilisé ne doit pas être privé ».

Impossible pour un homme de lire Brownmiller – pourtant, par rapport à certaines de ses consœurs féministes plus jeunes, plutôt « modérée » – sans avoir le sentiment d'appartenir à un genre haï, foncièrement condamnable, en somme d'être totalement exclu, de par sa condition mâle, de tout groupe civilisé. C'est le même sentiment que doivent éprouver les enseignants universitaires à la lecture du « Professeur libidineux », car le livre est fondé sur la même croyance implicite, la même base « politique » : tout enseignant mâle, au contact d'étudiantes plus jeunes, plus « faibles », facilement impressionnées, rêvera de les posséder sexuellement et de les dominer intellectuellement, parce que c'est sa nature, parce qu'il est *foncièrement libidineux* [1].

Pour Brownmiller, il en est de même pour l'homme, qu'il soit enseignant, homme politique ou laveur de carreaux – sa condition de mâle est prédéterminante [2]. Son attitude rejoint celle de certains activistes noirs, pour qui le blanc, si « libéral » soit-il, sera toujours un ennemi naturel et mortel : en toutes circonstances, il sera parfaitement licite de l'agresser, même en l'absence de toute provocation. C'est ce que croit, implicitement, le jeune Nathan McCall [3].

Ce n'est qu'à la fin du livre de Brownmiller qu'on a un minuscule aperçu de son propre sentiment affectif, en ce qui concerne les hommes. Avant de se lancer dans une enquête sur le viol, en Américaine bien organisée, elle raconte que pendant six mois elle a pris des cours de karaté. « J'ai appris que j'avais des armes naturelles dont je n'étais pas consciente, comme le coude et le genou. J'ai appris à donner des coups de pied, en arrière comme en avant. J'ai appris comment donner des coups bas méchants et je me suis rendu compte que j'adorais ça (*I learnt to fight dirty and I learned that I loved it.*) Nous avons découvert avec stupeur, à la gym, qu'en apprenant à placer nos coups de pied et de coude avec précision, il nous était possible d'inspirer la peur aux hommes. Nous nous sommes rendu compte avec stupeur que nous pouvions leur faire mal, les atteindre au cœur même de leur sexualité... »

Cet aveu significatif n'est qu'un exemple, parmi tant d'autres, de la part de certaines féministes américaines, d'une manifestation de haine viscérale – haine qui atteint un paroxysme presque lyrique dans les envolées, irrésistibles, d'Andrea Dworkin [4] :

1. Voir chapitre 1.
2. Le mot « mâle » a d'ailleurs des résonances tellement obscènes pour John Stoltenberg, activiste féministe et compagnon de lutte d'Andrea Dworkin, qu'il lui préfère le terme, plus « politiquement correct » d'« être humain à pénis ».
3. *Makes Me Wanna Holler, op. cit.*
4. *Letters from a War Zone.*

« Même quand la femme, petite fille modèle, se barricade, la nuit menace. Dehors se trouvent les prédateurs qui s'infiltreront par les fenêtres, escaladeront les murs, descendront les lucarnes, apportant avec eux leur nuit, tout comme le brouillard s'infiltre à travers des murs lézardés. Ces prédateurs, on les a idéalisés dans des films de vampires. Ils apportent le sexe et la mort. Leurs victimes se dérobent, résistent au sexe, résistent à la mort, jusqu'au moment où, terrassées par l'émotion, elles écartent les jambes, dénudent leur cou et en tombent amoureuses. Une fois qu'elle s'est soumise, elle n'est plus terrorisée par la nuit, car la victime est morte. Elle est très belle, très féminine et très morte. Voilà l'essence même du romanesque... »

Comme le professeur Mack de Harvard, Andrea Dworkin semble incapable de faire la moindre distinction entre mythe et réalité : pour elle, tout acte sexuel est assimilé à un acte vampirique qui serait *réel*. Son délire, par moments aussi obsessionnel que celui du « divin marquis » (leurs styles littéraires se ressemblent), devient franchement déplaisant quand elle assimile l'agressivité de tous les mâles, une fois la nuit tombée, à celle des nazis au moment de la « nuit de cristal » – « cette nuit emblématique et anticipatoire », au cours de laquelle ils saccagèrent les biens juifs.

Un autre thème « sadien » semble l'obséder – celui du « bondage », des pratiques sado-masochistes où les femmes sont attachées et enfermées. « L'histoire des femmes, écrit Dworkin, se confond avec celle de leur incarcération [1]. Au sein de la démocratie exemplaire qui est la nôtre, nous [femmes] avons maintenant le droit d'aller et venir, en infirmes, du moins pendant la journée. Mais nous devons constamment exprimer notre reconnaissance : nos emplois, notre sécurité, dépendent

1. Comme beaucoup de féministes, Dworkin écrit *herstory* et non *history* : pour Dworkin, comme pour beaucoup d'autre féministes, *history* est inacceptable, car il implique que l'histoire est exclusivement *his story*, c'est-à-dire l'histoire des hommes. De même, pour nombre de féministes, « séminaires » s'écrit « ovulaire », et les spécialistes en théologie sont des « théalogiennes ».

des expressions de gratitude qu'on exige de nous, du conformisme enjoué, de la tendre passivité, de la soumission dont nous devons témoigner pour satisfaire les goûts des mâles à qui nous devons plaire. Il nous faut être reconnaissantes, autrement nous risquons l'incarcération, c'est-à-dire d'être attachées, bâillonnées, utilisées sexuellement *(used)* et déguisées en poupées qu'on remonte comme des horloges... Nous en avons assez d'être reconnaissantes. Il est temps de dire " assez " pas seulement avec des mots, mais avec nos corps... »

Parmi ses innombrables formules qui sont autant d'appels symboliques au meurtre, retenons celles-ci : « C'est en baisant que le mâle colonise la femelle. Celui qui fait acte de possession a un phallus. Celle qui est possédée n'en a pas. » Et « la seule différence entre viol et séduction est qu'avant, le violeur se donne la peine d'acheter une bouteille de vin ». Dans une « interview imaginaire » où Andrea Dworkin se pose elle-même la question (« le mouvement féministe, dans son ensemble, n'est-il pas plus conciliant que vous ne l'êtes ? »), elle a cette réponse significative : « Je crois que, pour survivre, les femmes sont obligées de *prétendre* que les hommes leur sont sympathiques. » Il faut ajouter que Dworkin revendique fièrement sa propre préférence physique pour les femmes, ce qui la regarde, mais explique au moins en partie sa haine des hommes, et que physiquement, elle aurait fait la joie de Fellini, amateur de monstres...

Avec moins d'envolées, Catherine MacKinnon, l'autre chef de file des féministes « dures », qui enseigne la jurisprudence à l'université de Michigan, dit sensiblement la même chose : « Comparez les témoignages des victimes de viol avec les témoignages de femmes qui décrivent l'acte sexuel après avoir fait l'amour. Ils sont similaires... il en découle que la différence majeure entre l'acte sexuel (normal) et le viol (anormal) est que l' " anormal " arrive si fréquemment que personne ne voit de mal à ça. »

Elle ajoute (mais sur des bases statistiques que la plupart des spécialistes trouvent éminemment contestables) qu' « au cours de leurs vies, 7,8 % seulement des femmes américaines sont en mesure d'éviter viols ou harcèlements sexuels ».

Ce dégoût, cette haine pathologique de l'homme de la part de Dworkin est caricaturale. Mais elle n'est pas limitée aux « extrémistes » du type Dworkin et MacKinnon. Patricia Ireland, vice-présidente de NOW (National Organization of Women) – mouvement universellement respecté, et largement subventionné – s'est inspirée de son précédent emploi (hôtesse de l'air) pour revivre son passé ainsi [1] : « Je croyais être une professionnelle. Mon rôle, en fait, était de passer dans les couloirs de l'avion, ramasser les ordures et dire merci. C'est ce que font les femmes, depuis toujours – ramasser les ordures [des hommes] et leur dire merci. On doit y mettre un terme. » Ce qui provoque, comme le note Christina Hoff Sommers dans son remarquable livre *Who Stole Feminism* [2] ? un certain nombre de questions : n'y avait-il que des passagers mâles à bord ? Et souhaiterait-elle que cette profession soit uniquement réservée aux hommes ?

Cette oppression masculine est d'ailleurs universelle. Comme l'écrit Susan Estrich, professeur de droit à USC [3] (et ancienne directrice de la campagne électorale du candidat démocrate à la présidence Michael Dukakis) : « De nombreuses féministes seraient d'avis qu'étant sans défense vis-à-vis des hommes, dire " oui " (à l'acte sexuel) n'est pas un signe de véritable consentement. En ce qui me concerne, je suis persuadée qu'un nombre important de femmes qui disent " oui" aux hommes qu'elles côtoient, soit dans les campus ou dans les bureaux, diraient " non " si elles en avaient la possibilité. Je n'ai aucun doute que le silence des femmes est parfois non pas le produit du désir et de la passion mais de la peur et de la contrainte [4]. »

En d'autres termes, pour Estrich, sexe égale violence,

1. Discours reproduit dans la *Daily Hampshire Gazette* du 18 mars 1992.
2. Simon & Schuster, New York, 1994.
3. University of Southern California Law Center.
4. Susan Estrich, *Date Rape*, Harvard University, Press, 1987.

quels que soient les rapports affectifs des partenaires concernés.

Mais si les discours et les écrits des chefs de file féministes de la troisième vague sont plus réfléchis, plus insidieux dans la forme, ils sont tout aussi extrêmes dans le fond.

Prenons, par exemple, le récent best-seller : *The War Against Women* [1], de Marilyn French. Sa condamnation des hommes, de tous les hommes, rejoint dans sa forme celle de Catherine Comins, vice-recteur de Vassar. Pour French, « le système qui opprime les femmes se sert d'hommes ordinaires pleins d'une ferveur et d'un dévouement que n'importe quelle police secrète pourrait envier. Car quel autre système aurait la possibilité de se servir de la moitié de la population pour s'assurer de sa politique ? ». Les oppresseurs ne sont pas forcément tous des criminels. Au contraire, car « ... tant qu'une minorité d'hommes utilisent la force physique pour soumettre les femmes, l'engagement de tous les hommes ne sera pas nécessaire. Savoir que certains hommes y ont recours suffit comme menace. »

Les contraintes physiques ne sont d'ailleurs pas toujours obligatoires. Il y en a d'autres, tellement plus efficaces : « Il peut refuser de lui donner un travail correctement rémunéré, la faire travailler plus mais la payer moins, faire preuve de mépris tant à la maison que sur le lieu du travail. Il peut refuser de payer les allocations familiales pour l'enfant qu'il a engendré, la traiter comme une servante. »

Mais en fin de compte c'est la violence qui définit l'homme. « Il peut battre ou tuer la femme qu'il dit aimer. Il peut violer soit la femme avec qui il vit, soit une étrangère, soit ses enfants, ou d'autres mineures. *La majorité des hommes à travers le monde sont coupables d'un ou de plusieurs faits énumérés ci-dessus.* »

Shere Hite, écrivain féministe célèbre (auteur du *Hite Report*, 1976, *The Hite Report on Male Sexuality*, 1981, et

1. *Op. cit.*

Women in Love), maintient dans son plus récent livre [1] que la désintégration de la famille « nucléaire » en cours est bénéficiaire pour tous : les enfants des « mères seules » réussiront mieux, et seront plus équilibrés dans tous les domaines (ce qui va à l'encontre des chiffres effarants de criminalité d'adolescents noirs sans père). Comme d'habitude, son livre est parsemé de statistiques diverses et provoquantes : 45 % des filles se masturberaient dès l'âge de sept ans; 38 % seraient en « état de rage » contre leurs pères; 80 % des fils élevés par des mères seules seront, plus tard, à l'aise avec les femmes, comparés à 40 % seulement élevés dans des familles traditionnelles. Hite se vante de son apport « scientifique ». Ses conclusions sont fondées sur 3 208 questionnaires remplis par des volontaires, elles-mêmes représentant, dit-elle, un échantillon parfaitement cohérent (par âge, position sociale, ethnie, etc.) de la société contemporaine.

Ce qu'elle ne dit pas, c'est que ces trois mille et quelques réponses sont recueillies le moins « scientifiquement » du monde : les questionnaires, au nombre de 100 000, sont insérés dans des exemplaires de *Penthouse*, dans la revue britannique *Women Against Fundamentalism* et dans *Nouvelles questions féministes* (France). Les réponses sont donc des *write-in*, c'est-à-dire qu'il ne s'agit pas, comme dans des scrutins de Gallup, ou d'autres scrutins responsables d'enquêteurs établissant une liste représentative de gens à interviewer. C'est en fait une technique complètement discréditée depuis 1936 : cette année-là, le *Literary Digest* (dix millions de lecteurs) sollicita une réponse à la question suivante : Franklin Roosevelt sera-t-il élu ? A une très forte majorité, *deux millions* de lecteurs prédirent qu'il serait battu. On connaît la suite. Il s'avéra que, sur ces deux millions, une forte majorité *souhaitait* sa défaite, et était suffisamment motivée pour prendre le temps de répondre. De même, les femmes qui écrivent à Hite sont celles qui se sentent concernées par les questions qu'elle leur pose, et veulent à

---

1. *The Hite Report On The Family*, Bloomsbury Press, Londres, 1994.

tout prix exprimer leur point de vue. En aucun cas on ne peut parler d'échantillons scientifiquement choisis.

The Beauty Myth [1], de Naomi Wolf, autre best-seller, est également inquiétant, mais pour d'autres raisons : à première vue ce livre est moins hystérique et plus froidement raisonné que les écrits de Dworkin, de French ou de Hite. Son thème principal, exposé d'ailleurs avec talent et lucidité, est le suivant : les industries de la mode, du prêt-à-porter, des produits de beauté, contrôlées par les mâles, ont un seul but (inavoué, bien sûr) : maintenir toutes les femmes dans un état permanent d'asservissement et de dépendance.

« Nous avons le droit, écrit Wolf, de faire ce que bon nous semble avec nos corps et nos visages sans être punies par une idéologie qui utilise les armes de l'intimidation, de la pression économique et des décisions judiciaires truquées pour nous saper psychologiquement et politiquement. » (On notera, tout au long du livre, l'utilisation presque obsessionnelle des mots *idéologie* et *politique*.)

Selon Naomi Wolf, les mannequins anorexiques, dont les photos sont reproduites à des millions d'exemplaires toutes les semaines (et à qui toutes les femmes doivent ressembler, ou gare à elles!), représentent non seulement le seul modèle licite de beauté, mais l'arme principale de l'arsenal de guerre masculin.

Cet « outil », bien qu'assimilé à un fantasme sexuel collectif, n'a qu'un contenu sexuel négligeable. « En réalité, il doit son existence à la peur politique d'institutions dominées par les mâles et menacées par la nouvelle liberté des femmes. » Bref, il faut enfermer toutes les femmes dans un piège aussi meurtrier que la fameuse « demoiselle de fer [2] » – cet instrument de torture médiéval. « Il y a un siècle, Nora [l'héroïne d'Ibsen] s'échappait de la maison de poupée; il y a une génération, les femmes ont tourné le dos au " paradis consumériste ". Mais aujourd'hui, elles sont piégées de telle façon qu'il n'y a

1. Bantam Books, New York, 1991.
2. *Iron Maiden.*

aucune porte de sortie possible : les ravages de cette conspiration nous détruisent physiquement et nous affaiblissent psychologiquement... Puisque nous sommes maintenant plus indépendantes, financièrement parlant, il est plus nécessaire que jamais, pour nous affaiblir, de faire preuve d'une ferveur réactionnaire, toujours accrue. »

Sur le plan stratégique, estime Naomi Wolf, les hommes ont raison d'avoir peur des femmes, car elles incarnent tout ce qui les terrorise : « Elles sont plus intelligentes, donc plus aptes à occuper des postes supérieurs qu'accaparent injustement les mâles, elles sont capables de fureur, tout comme la " sous-classe " noire, elles sont ultra-compétitives, acceptant des salaires plus bas que ceux des hommes, et, avec 52,4 % de la population, elles ont même la supériorité du nombre, puisqu'elles sont majoritaires dans le pays! »

Naomi Wolf ne manque pas de souligner que les femmes qui travaillent sont doublement victimes : dans leur vie professionnelle, leurs employeurs exigent qu'elles soient jeunes, belles, minces, légèrement provocantes même (mais pas trop). Mais si elles leur obéissent, elles s'exposent inéluctablement au harcèlement sexuel.

C'est un fait qu'en Amérique, plus qu'ailleurs, les attributs physiques ont une importance encore plus grande qu'en Europe, mais ce qu'elle ne dit pas, c'est que les règles s'appliquent *aussi* aux *hommes* – tous les scrutins s'accordent pour dire que plus un homme est gros, en Amérique, moins il a de chances, au sein d'une entreprise, d'accéder à un poste de responsabilité.

Quant au harcèlement sexuel, inexcusable, notons qu'il est, parfois, cher payé : Rena Weeks, quarante ans, engagée comme secrétaire par le cabinet d'avocats de Chicago Baker & McKenzie, le plus grand du monde, eut comme patron, pendant son bref passage de deux mois dans la maison, un certain Martin R. Greenstein, qui lui tripotait les seins et lui chuchotait des obscénités. Elle s'en plaignit à ses supérieurs, qui « prirent des mesures », sans succès, puisque son patron continua ses pratiques déplacées. Excédée, elle attaqua son employeur en justice. Un tribunal lui accorda des dommages-intérêts – 50 000 dollars (265 000 francs environ) – qu'elle estima insuffisants. Elle entama un deuxième procès. Son témoignage fut remarquablement efficace, comme le furent ceux d'autres employées, également victimes de cet avocat incontestablement libidineux et vraisemblablement malade mental. Un jury composé d'un nombre égal d'hommes et de femmes infligea à Baker & McKenzie, en septembre 1994, une amende « punitive » de 7,1 millions de dollars, soit 37 millions de francs qu'ils devront lui verser.

Parfois, s'agissant du livre de Wolf, on ne sait si l'on doit rire ou pleurer, car sa sensibilité maladive, sa promptitude à voir des injures partout, prennent parfois des allures paranoïaques tragi-comiques. Elle cite par exemple la réaction d'un membre du Congrès, membre de l'équipe de basket-ball de la Chambre des représentants, après un match contre une équipe professionnelle féminine qui les battit à plates coutures. Le parlementaire en question déclara à la presse : « Elles étaient plus rapides. Elles étaient plus jeunes. Et elles étaient plus jolies. » Commentaire anodin, parfaitement acceptable pour la plupart des lectrices ? En Europe, peut-être, mais pas en Amérique, où le malheureux se fait traîner dans la boue par Wolf, qui écrit rageusement : « Il ne pouvait pas dire, tout simplement : " Elles ont gagné " ? »

Pourtant, à la différence de la plupart des féministes américaines « professionnelles », pour Naomi Wolf (dont la photo, sur la page de garde de son livre, montre une femme jeune, bien en chair, assez jolie, au sourire enjoué – mais sans doute ai-je déjà, en faisant ainsi allusion à son aspect physique, enfreint plusieurs règles de *political correctness* et révélé mes propres tendances sexistes, voire libidineuses) la guerre entre hommes et femmes n'est pas nécessairement totale – il leur arrive même, parfois, de s'aimer.

Le problème est qu'enfermée dans sa doctrine (« le

mythe de la beauté détruit l'amour »), Naomi Wolf croit dur comme fer que, profondément atteintes et minées « psychologiquement » par les « instruments de combat » (photos d'idoles anorexiques, campagnes amaigrissantes, etc.) délibérément propagées par des institutions sans scrupules, les femmes ne savent plus comment se comporter.

« Admettons qu'un homme l'aime vraiment. Il la voit comme son égale, son alliée, sa collègue. Mais il entre dans un univers qui le dépasse complètement. Il croit avoir une confidente. Mais elle se précipite dans la salle de bains pour se peser et pleure de rage ; il pense qu'elle est mature. Mais elle revient avec une coupe de cheveux ratée, et elle a tellement honte de ses larmes qu'elle ne veut pas lui en parler ; il la croit prudente, mais elle ne peut pas s'acheter des chaussures d'hiver parce qu'elle a tout dépensé en produits de beauté ; il sait qu'elle adore la mer. Mais elle refuse d'y aller avec lui tant qu'elle n'a pas terminé son régime. Elle est conviviale, mais elle refuse méchamment l'offre d'une part de gateau d'anniversaire, alors qu'à l'aube elle se précipitera sur n'importe quels restes du réfrigérateur. Lui ne peut rien dire sans commettre d'impair. Tout ce qu'il dira l'irritera encore plus. S'il croit la conforter en disant que tout cela est sans importance, c'est qu'il ne comprend rien : ce n'est pas du tout sans importance. S'il se dit d'accord avec elle, c'est pire : il ne l'aime pas, il la croit grosse et laide ; s'il dit qu'il l'aime comme elle est, c'est pire encore. S'il lui dit qu'il l'aime parce qu'elle est belle, c'est pire que tout. C'est ce qu'elle est censée vouloir le plus au monde, mais de l'entendre dire la rend mal aimée et désespérément seule. »

« Elle dit d'une autre : " Elle est jolie, n'est-ce pas ? " Il dit : " Ça va. – Aussi jolie que moi ? – Il dit : " Tu es superbe. – Est-ce que je devrais me couper les cheveux comme elle ? " Il dit : " Je t'aime comme tu es. " Furieuse, elle demandera : " Qu'est-ce que ça veut dire ? " »

Nous avons tous, hommes et femmes, à un moment donné, eu ce genre de dialogue, nous avons tous été confrontés à ces petites choses de la vie – le genre de problèmes qu'évoque Naomi Wolf est l'inévitable conséquence de l'intimité de tout couple qui vit ensemble. Le talent d'un Guy Bedos consiste, justement, à observer et à nous faire revivre ces échanges futiles et parfois grotesques. Si nous nous écroulons de rire en l'écoutant, c'est parce que, grâce à Bedos, nous nous rendons compte de la futilité de ce genre d'accrocs – c'est le degré de futilité, justement, qui est irrésistiblement comique et qui déclenche le rire.

Mais la conclusion de Naomi Wolf est tout autre, et désespérément sérieuse : pour elle, tant que l'oppression du « mythe de la beauté » demeure, les rapports entre hommes et femmes « continueront, en dépit d'une tendance sociale vers l'égalité, a être marqués par la dictature [du mâle]... Placer le plaisir féminin, qu'il s'agisse du sexe, de la nourriture ou de la confiance en soi, entre les mains d'un juge personnel, transforme l'homme, de compagnon, en législateur des plaisirs de la femme. Le concept de la beauté est, aujourd'hui, ce que jadis était l'orgasme : quelque chose que les femmes recevaient de l'homme, si elles se cantonnaient dans leur rôle féminin, et si elles avaient de la chance ».

Naomi Wolf fait peur pour deux raisons. Ce n'est pas tant la lourdeur didactique des éléments du procès qu'elle fait aux hommes qui suscite notre gêne. Il y a du vrai dans ce qu'elle dit, notamment sur la tyrannie de la mode suscitant un malaise considérable chez les femmes qui ont tendance à ressembler à un Renoir plutôt qu'à un Giacometti, et qui essaient, désespérément, de se conformer aux exigences des campagnes publicitaires omniprésentes. Évidemment, ce ne sont pas uniquement les hommes qui en sont responsables : les revues de mode, dans leur grande majorité, sont entre les mains des femmes, ce sont des femmes (Estée Lauder, Helena Rubinstein) qui sont, ou ont été, à la tête de ces immenses entreprises de produits de beauté. Mais si l'on enlève, de son livre, tout ce qui a trait à la thèse de la conspiration masculine pour garder les femmes dans un état de dépendance, il y a quelques pages sensées sur les répercussions abusives des diktats de la mode.

Naomi Wolf fait peur parce que son livre, tour à tour académique (elle cite pêle-mêle Joyce, Gide, Norman Mailer, Reich, Thomas Hardy, il y a chez elle un côté « bon élève » voulant à tout prix étaler ses connaissances littéraires), larmoyant et vitupératif, prétend évoquer un problème de société de la plus haute gravité : à l'entendre, le sort du monde entier dépend de la façon dont les femmes réagiront à l'état de guerre auquel elles se trouvent confrontées. Or, le moins qu'on puisse dire est qu'il existe, en Amérique, des problèmes autrement plus graves que celui qu'elle analyse – on n'a qu'à se promener dans certains quartiers de Queen's ou de Detroit pour le constater –, alors que chaque page, ou presque, de son livre démontre que Naomi Wolf, elle-même fille d'un critique célèbre, fait partie d'une petite minorité particulièrement privilégiée.

On ne lui en voudra certainement pas, sinon que le caractère outrancier, didactique, réprobateur de son livre est un exemple frappant de la tendance actuelle des élites intellectuelles américaines à concentrer leurs attaques sur des cibles dérisoires, et d'ignorer tout ce qui est sans rapport, ou qui contredit, les thèmes sacrés de la *political correctness*. Il y a là un aveuglement, une politique de l'autruche presque inimaginable chez tous ceux qui se veulent « politiquement corrects », face à la réalité. Le phénomène Naomi Wolf fait peur, justement, parce qu'elle est la preuve que l'Amérique est incapable de se regarder en face, et d'établir une liste prioritaire des véritables problèmes qui la rongent – la preuve, en somme, que l'Amérique a perdu sa *lucidité*.

Naomi Wolf fait peur, aussi, parce qu'elle démontre que les Américains sont aussi devenus incapables d'exorciser le moindre problème par le rire. Naomi Wolf, comme l'immense majorité de ses consœurs féministes, est animée par la rage, et les enragés ne rient pas.

Ce n'est pas seulement le rire qui est suspect chez les disciples de la *political correctness*. Ironie et satire sont aussi suspectes chez les partisans de la PC qu'elles l'ont été dans les régimes marxistes-léninistes déchus. Se moquer du sérieux outrancier des propagandistes PC est même, en Amérique, devenu dangereux.

C'est pourquoi, au-delà des excès, des délires, en un mot du totalitarisme du « nouveau féminisme », pesant d'ailleurs de plus en plus lourd au sein d'un establishment universitaire timoré et parfois terrorisé, il est urgent de se demander quelle sera sa véritable influence, à long terme, sur les générations montantes. Le pire n'est pas toujours sûr, mais on ne peut s'empêcher de constater que le conformisme, qui a toujours eu un grand poids dans la société américaine et suscité nombre de réactions éminemment critiquables (le maccarthysme est un exemple), n'a jamais été aussi répandu qu'aujourd'hui. Le « terrorisme » idéologique féministe, accréditant la thèse de la femme systématiquement agressée, méprisée, déconsidérée et victime de l'oppression masculine, *dans tous les domaines, y compris intellectuellement*, n'aide en rien les centaines de milliers, voire les millions de femmes, pour la plupart venant des milieux les plus défavorisés, (mais il y a aussi parmi elles la femme de O.J. Simpson, ex-footballeur milliardaire et coqueluche de Hollywood), qui sont, elles, agressées, violées ou assassinées, victimes d'une violence sociétale américaine.

Le côté excessif, caricatural, non discriminatoire des mouvements féministes « durs », leur accréditation de la notion de guerre non déclarée mais sans merci entre hommes et femmes, et leur influence considérable en milieu universitaire, ont suscité des réactions spectaculaires – et prévisibles. Ce n'est pas une coïncidence si l'on assiste actuellement à la montée d'un nombre important de mouvements ou d'associations (on en dénombre trois cents à travers les États-Unis) dont le but est de réu-

nir les hommes entre eux pour célébrer leur « masculinité », lutter contre la « discrimination systématique masculine » et cultiver, et valoriser, leur « séparatisme ». Les
membres de la National Organization for Men
s'engagent, par exemple, à ne jamais participer à des activités sociales au sein de leur entreprise si des femmes sont
présentes. Une association religieuse, Promise Keepers,
animée par l'évangéliste Bill McCartney, réunit régulièrement des dizaines de milliers d'hommes dans des stades,
aussi prêts à revendiquer leurs masculinité qu'à célébrer
les valeurs d'un christianisme « musclé ». Promise Keepers multiplie les réseaux où l'on célèbre le *male bonding*,
c'est-à-dire la mise en valeur des liens entre hommes [1].
Toute une littérature « masculiniste », mais pas homosexuelle, dont la vogue est extrêmement récente [2], incite
les hommes à se révolter contre leur condition d' « épou-
vantails, responsables de tous les maux actuels », *The
Voice of Men* va plus loin encore : ses organisateurs
incitent les hommes « persécutés », et forcément isolés
dans une société devenue foncièrement « antimâle », à
s'associer entre eux, à former des « couples » qui s'épaule-
ront, pour mieux faire face à l'injustice commune dont ils
sont victimes. Aucune trace de sexualité quelconque dans
des associations de ce genre : il s'agit en général d'individus ruinés par l'octroi de pensions alimentaires abusives,
de pères divorcés essayant de récupérer leurs enfants, ou
encore d'hommes luttant contre des accusations de
« sexisme » au sein de leur entreprise. Tout cela ne peut
qu'aggraver le phénomène de non-communication entre
les sexes, et, de ce fait, fragiliser d'avantage une société
américaine déjà traumatisée.

---

1. Voir *Newsweek* du 29 août 1994.
2. Aux titres évocateurs, tels : *The New Man, Men at the Crossroads, Reclai-
ming Manhood.*

14

« L'ÉCART DU SAVOIR »

La scolarisation obligatoire, les fonds de plus en plus importants consacrés à l'éducation, l'accès croissant des diplômés des *high schools* aux universités et la longueur des études universitaires (l'obtention d'un diplôme exigeant quatre années de présence) devraient assurer à l'Amérique une place dans le peloton de tête des pays dits « hautement éduqués ».

Ce n'est pas tout à fait le cas. Certes, dans le domaine des sciences exactes (biologie, économie, mathématiques, médecine, physique, statistiques, etc.), les États-Unis continuent de récolter, bon an mal an, un nombre impressionnant de prix Nobel, le génie créateur des jeunes *tycoons* de Silicon Valley fait l'envie du monde entier, et, dans certains domaines, les niveaux universitaires sont au moins l'équivalent, ou, dans le cas de la physique et de la médecine, supérieurs à ce qu'ils sont ailleurs. Mais ce qui est certain, c'est qu'une proportion considérable de cette élite intellectuelle haut de gamme sort d'écoles privées, extrêmement coûteuses, donc hors de portée de la plupart des familles américaines, ou alors des rares établissements consacrés aux enfants surdoués, et que les candidats au prix Nobel mûrissent (comme ailleurs dans le monde) au sein d'unités hautement spécialisées, forcément minoritaires. Plus inquiétant est le fait que, dans ces mêmes unités consacrées à des élites exceptionnelles, il y a de moins en moins d'Américains et de plus en plus d'étrangers [1]. Et en ce qui concerne le niveau *moyen* des élèves de nombre de lycées (*high schools*) et des étudiants des *liberal arts faculties* (langues, littérature, histoire, sociologie, etc.) dans la plupart des universités américaines, la moyenne est considérablement moins élevée qu'en Europe ou en Asie [2].

Il sera toujours malaisé de quantifier le niveau intellectuel de ceux et de celles fréquentant les établissements scolaires de différents pays, tant des facteurs de toute sorte – recrutement, méthodes d'enseignement, nature des curriculum – rendent les comparaisons difficiles. Des experts existent, pourtant leurs méthodes sont à peu près fiables et leurs conclusions sont formelles : entre élèves américains, d'une part, et élèves européens et asiatiques, de l'autre, il s'est créé ce que le professeur Harold Stevenson de l'université de Michigan appelle un *learning gap*, un « écart du savoir ».

Cet écart est général, mais particulièrement sérieux en ce qui concerne les élèves américains et japonais. L'examen d'entrée des universités japonaises, en particulier, selon le professeur Richard Askey, mathématicien à l'université de Wisconsin, démontre l'existence d'un véritable gouffre, « le niveau des étudiants japonais étant tout simplement incroyable [3] ». Dans le meilleur des cas, les éducateurs américains estiment que le niveau *moyen* des étudiants japonais est de loin supérieur à celui de la toute petite élite – les premiers 5 % du peloton de tête – des étudiants américains. En mathématiques, le niveau *moyen* des élèves italiens, irlandais, hongrois et canadiens est sensiblement plus élevé que celui du même peloton de

1. Selon le très sérieux *Journal of Social, Political and Economic Studies*, volume 18, numéro 3, automne 1993 : « A peu près 50 % des chercheurs (*graduate students*) inscrits dans les départements d'*engineering* et de sciences physiques dans les universités américaines les plus prestigieuses sont des visiteurs étrangers » (article de Seymour W. Itzkoff, de Smith College).

2. Pour l'ensemble de ce chapitre, je dois les renseignements à Christina Hoff Sommers, elle-même professeur à Clark University, auteur de *Who Stole Feminism*? Simon & Schuster, New York, 1994.

3. Article dans *Science*, 1er janvier 1993.

tête des élèves américains. Selon le directeur du très sérieux *Educational Testing Service,* Gregory Anrig, cela s'explique par des différences de programmes, d'attitudes des parents d'élèves et par une « approche culturelle différente » en ce qui concerne le savoir en général. Les enseignants eux-mêmes ne sont pas étrangers à cet écart : à Half Moon Bay, près de San Francisco, un membre du conseil d'administration pédagogique responsable de 3 500 élèves a proposé l'élimination pure et simple de tous les devoirs imposés, sous prétexte qu'ils sont discriminatoires, favorisant les enfants issus de familles aisées [1].

L'Amérique a des problèmes de société que l'Europe, le Japon et Taiwan n'ont pas. Il serait, par exemple, tout à fait déraisonnable de vouloir comparer le niveau scolaire d'un lycée « moyen » parisien à certaines *inner city high schools,* où le rôle principal des enseignants – ils sont les premiers à en convenir – est d'occuper les élèves plutôt que de leur assurer une véritable éducation. « Au moins, quand ils sont ici, ils ne sont pas en train de commettre des actes criminels » est une phrase qui revient très souvent chez les enseignants – courageux, excessivement stressés, et trop souvent ignorés par les médias – qui ont la charge de gérer ces écoles infernales. Encore que – même à l'école – la criminalité soit devenue un problème majeur. L'été 1994 a apporté son lot de tragédies médiatisées, dont l'exécution d'un enfant de onze ans, lui-même meurtrier par mégarde d'une fille de quatorze ans, par son propre gang. En l'espace de trois mois, l'hiver 1993 à Detroit, 31 écoliers de moins de quinze ans sont morts de mort violente, tous victimes de coups de feu tirés par d'autres gosses du même âge. Le fait d'essuyer une balle perdue, dans le downtown de Detroit, est devenu presque banal. « Une balle a traversé une vitre de ma voiture cet hiver, raconte le directeur du *Detroit Free Press.* J'ai entr'aperçu le jeune garçon qui a fait le coup. Je ne crois pas qu'il voulait me tuer. C'est un peu l'équivalent de ce qu'aurait été le jet d'une boule de neige il y a vingt ans. »

1. *International Herald Tribune* du 22 octobre 1994.

A peu près partout, des équipes de volontaires essaient de détourner les enfants des *inner cities* du crime, de travailler avec les gangs, d'inculquer non pas une morale et un savoir, mais une raison de vivre. Des équipes de volontaires, peu ou pas rémunérés, font un travail considérable. Il reste que les moyens manquent, et que – faute d'enseignement approprié – l'écart ne cesse de se creuser entre employables et inemployables[1]. Pour un enfant élevé dans la rue, sans père, en proie aux tentations considérables des gangs (même le plus petit dealer aura des revenus quotidiens supérieurs aux salaires *hebdomadaires* de manœuvres non spécialisés ou d'employés des comptoirs de *fast food*) le « rêve américain », omniprésent à la télévision, prendra alors la forme d'une mauvaise plaisanterie. Il faut ajouter à cela que les adolescents noirs à la recherche d'emplois même excessivement mal payés sont de plus en plus concurrencés par des immigrants de fraîche date, autrement motivés – Mexicains et Latino-Américains sur la côte Ouest, Portoricains, Haïtiens et Cubains sur la côte Est.

Un autre facteur, relativement nouveau celui-là, rend la vie des jeunes Noirs plus difficile : depuis des années, bon nombre d'entre eux trouvaient à la fois un emploi, un avenir, une promotion sociale et un idéal en s'enrôlant dans les forces armées. Mais la fin de la guerre froide a réduit le nombre de recrues. Du coup, on a mis la barre plus haut : l'armée et les US Marines exigent maintenant des diplômes de *high school* de la part des volontaires potentiels. En conséquence, pour ne prendre que la Californie, le nombre de Noirs recrutés par l'armée et les marines a chuté de moitié en 1993-1994.

Depuis au moins vingt-cinq ans, des sociologues comme le sénateur Daniel Patrick Moynihan, tout en insistant sur l'extrême nécessité de faire de la véritable éducation des moins favorisés – c'est-à-dire dans leur

1. Un certain nombre d'éducateurs définissent ce clivage entre « employables » et « inemployables » de façon peut-être simpliste mais sans doute appropriée : il se situe entre ceux qui sont capables de se servir d'un ordinateur et ceux qui ne le sont pas.

majorité écrasante, des Noirs –, *la* priorité numéro un, s'est battu pour expliquer à qui de droit que le relèvement du niveau scolaire des noirs ne pouvait qu'aller de pair avec une reconstruction du tissu familial. Déjà, en 1963, il poussait son fameux cri d'alarme [1] sur les conséquences de la désintégration familiale en milieu noir. Or ce phénomène n'a cessé de s'aggraver : il y a aujourd'hui environ 68 % de mères noires seules ; le goût du savoir, en milieu noir, reste un phénomène extrêmement minoritaire – un jeune Noir surdoué, passionné de sciences naturelles ou de littérature, cachera souvent sa passion, de peur des moqueries, du genre : « Tu singes les Blancs. » Magic Johnson et O. J. Simpson sont des idoles autrement importantes que Martin Luther King.

Mais les ressources de l'enseignement déjà existantes sont-elles utilisées correctement ? Dans *Who Stole Feminism* ? Christina Hoff Sommers montre que sous la pression de groupes militants féministes, des centaines de millions de dollars sont en fait gaspillés – affectés à des études et des projets qui, loin d'améliorer le niveau scolaire, ont justement l'effet contraire, contribuant à cet écart sans cesse grandissant entre les niveaux scolaires américains et ceux de l'Europe, du Japon et de Taiwan.

Là encore, il s'agit de projets idéologiques féministes ou déconstructionnistes, dans le but de transformer le cursus des écoles et des universités et d'introduire de nouveaux cours prenant le relais des thèmes traditionnels. Selon certaines féministes, d'ailleurs, dont Carolyn Heilbrun, ancien professeur de littérature à l'université de Columbia, et Virginia Held, professeur de philosophie à City University of New York, cette révolution, « équivalent pédagogique de la prise de la Bastille, et qui ne fait que commencer, sera aussi déterminante que les travaux de Copernic, Darwin et Freud [2] ».

Alors que l'un des problèmes essentiels, et évidents, auquel les éducateurs devraient faire face est celui de

1. *The Negro American Family.*
2. Article dans *Philosophy & Public Affairs*, été 1985.

l'écart du savoir entre l'Amérique et le reste du monde, celui qui semble préoccuper, en priorité, les hautes instances pédagogiques américaines est tout autre : sous la pression d'idéologues de toutes sortes, il s'agit de lutter contre l'eurocentrisme phallocrate et l'androcentricité, c'est-à-dire le préjugé en faveur de la masculinité, qui caractérise les cursus actuellement en vigueur. Alors que les écoles du New Jersey, par exemple, comportent plus que le lot habituel de *high schools* à la dérive, cet État finance un coûteux projet intitulé « Intégration de l'enseignement » pour rendre le programme des lycées du New Jersey « plus orienté envers les femmes ». Paula Rothenberg, directrice de ce projet, est parmi les nombreuses féministes nouvelle vague qui colonisent les diverses agences et associations ayant trait à l'éducation en général : National Womens Studies Association (NWSA), American Association of University Women (ASUW), National Organization of Women (NOW), Association of American Colleges (AAC), Modern Languages Association (MLA) – devenues autant de groupes de pression, extrêmement puissants, financés en partie par l'État fédéral, les États, la Ford Foundation et d'autres fondations philanthropiques majeures. Un rapport qui a fait grand bruit, en 1992, s'acharnait d'ailleurs à prouver que, dans *toutes* les *high schools*, dans *tous* les États américains, le programme scolaire favorisait les garçons aux dépens des filles, alors que toutes les statistiques (niveaux scolaires plus élevés des filles par rapport aux garçons, nombre d'entrées également plus élevé des filles dans des institutions supérieures) prouvaient le contraire. Certaines universités ont pris la relève. Ainsi le président de l'université du Michigan, James Duderstadt, a récemment rendu public un vaste « pacte de Michigan pour les femmes », qui vise, par étapes dans les six ans à venir, non seulement à remplacer, par des femmes, quelque mille postes universitaires actuellement pourvus par des hommes, mais à un vaste remaniement à la fois du système de *tenure* (pour garantir la permanence de l'élément féminin dans la hiérarchie de l'encadrement universitaire) et des cursus, qui seront orientés dans un sens plus féministe, notamment pour « lutter contre la violence dont les femmes sont victimes ». (A Michigan University, le département des études féminines est déjà non seulement le plus ancien, mais aussi les plus important de toutes les universités américaines). « Dans ce monde blanc et mâle, il ne faut pas avoir peur du redéploiement, annonça-t-il récemment dans une conférence de presse. Il y en a qui se sentent menacés, mais à la longue eux aussi en seront les bénéficiaires. » Des enseignants à Michigan University, dont la plupart évitent la confrontation directe, soulignent que, sous la présidence du Duderstadt, qui a encouragé l'enrôlement massif d'étudiants noirs non qualifiés selon le principe de l' « action affirmative », ainsi que tout un amalgame d'organisations en découlant – une vice-présidence des affaires multiculturelles, un centre d'éducation antiraciste, des créations de nombreux postes de « responsables en affaires minoritaires » (Associate Deans for Minority Affairs) et même un « salon culturel Angela Davis » dont les non-Noirs sont exclus – la cote de l'université a chuté de façon dramatique. L'hebdomadaire *US News and World Report*, qui note chaque année, sur des critères précis, le niveau des universités américaines, la considère aujourd'hui comme 24e au palmarès général, alors qu'il y a peu de temps elle était 10e.

Là encore se manifeste la politique de l'autruche, car si des décisions de ce genre sont prises par des fonctionnaires ou des pédagogues qui ne cachent pas leurs opinions avancées, en ce qui concerne leurs préoccupations pour l'évolution sociale de l'Amérique en général, leurs actions *pratiques* non seulement ignorent l'écart du savoir grandissant, mais sont aussi extrêmement idéologiques : transformer les programmes dans leur ensemble pour les rendre à peu près méconnaissables, remplacer systématiquement des enseignants par des enseignantes, donner encore plus de place à des rubriques sous l'impulsion de féministes dures, enrôler des étudiants par pur souci de changer les statistiques sans se soucier de leur niveau ou de leur aptitude à suivre les cours en question, tout cela ne réduira pas l'écart du savoir, mais risque au contraire de le transformer en véritable gouffre. Il est vrai que, comme le démontre Christina Hoff Sommers dans *Who Stole Feminism?*, nombre des féministes célèbres faisant partie du corps enseignant universitaire ont trouvé, au sein de bureaucraties diverses chargées de la transformation des cours, une source quasi permanente et non négligeable de revenus.

De quoi s'agit-il? En ce qui concerne l'histoire des États-Unis et du monde extérieur, la littérature américaine et l'histoire de l'art, le but est de réduire la part masculine (« grands hommes », « grands peintres », etc.) et de leur substituer des exemples, des *role models* féminins [1]. Selon une ligne directrice de la California State Board of Education, destinée aux enseignants, « en ce qui concerne l'histoire, les événements actuels, les sommets de l'art, de la science ou de tout autre secteur, les contributions masculines et féminines doivent être d'importance égale. » Intention louable, dans le sens où les livres de classe (qu'ils soient américains ou européens) ont tendance à réduire à la portion congrue le rôle des femmes dans la société et dans le domaine culturel. Mais, comme le note Sommers, « la représentation égale nie les faits historiques ».

Cela est sans importance, selon Catherine Stimpson, proviseur et vice-présidente de Rutgers University, et adversaire intransigeante de la notion d'enseignement des « grands hommes », qu'ils soient Platon, Dickens ou Zola. Son idée d'un programme cohérent pour enseigner l'histoire américaine au XVIIe siècle, par exemple, comporterait exclusivement les quatre documents suivants : un

---

1. A Georgetown University, depuis peu, les plus grands écrivains de tous les temps, qu'ils se nomment Flaubert ou Tolstoï, sont inclus dans un cours intitulé « Écrivains mâles blancs » (*White male writers*). Commentaire de la directrice de la faculté des lettres : « Après tout, il ne s'agit que d'un tout petit groupe au sein du monde littéraire, au même titre que les " écrivains natifs américains " (Indiens) et les " écrivains femmes noires ". »

livre sur les légendes et mythes des natifs américains (les Indiens), le compte rendu du procès d'Anne Hutchinson (1591-1643), théoricienne du puritanisme, accusée d'hérésie en 1637, les poèmes d'Anne Bradstreet [1] et les mémoires de Mary Rowlandson datant de 1682...

Il est curieux de constater que la tentative d'endiguer la chute des niveaux scolaires a eu un effet contraire : en 1992, sous les auspices du Congrès américain, on établit un catalogue, sorte de *Who's Who* des notables américains les plus illustres dont l'enseignement serait de rigueur dans toutes les écoles américaines. Ce document, *The National Standards for United States History*, publié en octobre 1994, montre à quel point le système lui-même a été gangrené par les idéologues de la *political correctness*. Car si ce véritable programme destiné aux élèves de cinq à treize ans contient dix-neuf références à l'infâme sénateur McCarthy, on cherche en vain une seule référence à Robert E. Lee, à Thomas Edison, aux frères Wright ou à Albert Einstein. Comme le note le sociologue Charles Krauthammer [2], « le document tout entier s'efforce de promouvoir les exploits et de souligner la persécution des minorités américaines préférées, tout en s'efforçant également de dégrader les accomplissements et de souligner les faiblesses des mâles blancs qui se sont trouvés à la tête de ce pays pendant les deux premiers siècles de son existence ». Explication peu convaincante du coauteur Gary Nash, responsable du secteur historique du document en question : « En ce qui concerne l'absence d'individus tels que Thomas Edison, manquent également les grands inventeurs noirs et femmes. »

Encore une fois, ce qui frappe au sein de ce mouvement pédagogique qui se dit « transformationniste », est sa naïveté et le souci presque caricatural d'insister sur la culpabilité masculine, source de tous les maux. Il s'agit de prouver qu'au cours des siècles, une véritable conspiration (mâle) a occulté toute création littéraire, toute œuvre

1. 1612-1672. Le premier poète femme à avoir été publié aux États-Unis.
2. *International Herald Tribune*, 8 novembre 1994.

d'art, tout haut fait, quel qu'il soit, d'origine féminine. Selon Louise Bernikov, spécialiste en littérature américaine, « les écrivains qui ont survécu [..] le doivent à ceux qui ont choisi de les sélectionner et de les présenter au public. Ce pouvoir, aux États-Unis et en Angleterre, a toujours appartenu à des mâles blancs ». De là il n'y a qu'un pas, aisément franchi par certaines idéologues, pour affirmer qu'au fil des siècles, un nombre incalculable de femmes américaines ont eu leur génie créateur étouffé dans l'œuf. Sommers, dans son livre [1], raconte comment, au cours d'un débat contradictoire, un jeune homme lui demanda : « Comment pouvez-vous prouver que toutes les idées de George Washington ne lui étaient pas inspirées par sa femme ? » Impossible, répondit Sommers, on ne peut que se fier aux sources historiques existantes. Mais elle ajouta que dans le domaine militaire et stratégique, il était fort peu probable que Martha Washington ait eu des connaissances suffisantes pour guider son mari. « Exactement, répliqua le jeune homme. C'est ce que je veux souligner. Vous n'en savez rien ! Vous n'avez pas de preuves ! Parce que ceux qui ont écrit l'histoire les ont occultées. »

Pour les idéologues transformationnistes, il s'agit de substituer, à la pensée verticale d'inspiration masculine, une pensée féminine qui vient, selon leur expression, « du fond de la vallée ». Selon Gerda Lerner [2], professeur d'histoire à l'université de Wisconsin, « les hommes ont toujours appris aux femmes que leur pensée doit exclure le sentiment. A cause de cela, les femmes ont appris à se méfier de leurs propres expériences et les dévaluent. Quelle sagesse peut-il y avoir concernant la menstruation, quelle source de savoir chez une femme qui allaite ? ». Là encore on retrouve le leitmotiv du viol : « Depuis longtemps nous savions que le viol était le moyen de nous terroriser et de nous garder en état de sujétion. Nous savons

---

1. *Who Stole Feminism?*, *op. cit.*
2. *The Creation of Patriarchy*, Oxford University Press, New York, 1986.

maintenant que nous avons aussi participé, sans le savoir, au viol de nos cerveaux. »

Le révisionnisme pédagogique est en cours. Comme le note Sommers, les livres de classe américains commencent à prendre en compte cette révolution. Les indices sont clairs, même s'ils sont mineurs : l'épopée, somme toute passagère, de la jeune Sybil Ludington, héroïne de la guerre d'Indépendance (elle essaya d'alerter les rebelles de l'arrivée de troupes anglaises), tient maintenant plus de place, dans les livres d'histoire, que celle, autrement importante et décisive, de Paul Revere [1]. Dans certains annuaires destinés aux collèges, la notice concernant Maria Mitchell, femme astronome qui, au XIXᵉ siècle, découvrit une comète, occupe davantage de place que celle ayant trait à Albert Einstein. Dans un livre de classe extrêmement populaire, la guerre civile américaine est uniquement évoquée en images par trois photos d'infirmières, mais ne contient aucune reproduction photographique des généraux Sherman et Grant.

Changements dérisoires? Peut-être. D'autres le sont moins. Dans le souci, double, d'être à la fois féministe et transformationniste, on enseigne aux élèves américains que la société tribale indienne « native américaine » était essentiellement pacifiste et matriarcale – ce qui est tout simplement faux. Dans certains cours d'art, on met l'accent sur les créations spécifiquement féminines (poterie, broderie d'édredons – *quilt-making*) aux dépens de cours traditionnels consacrés à la peinture. Comme le dit Janis Bell, professeur d'histoire à Kenyon College : « Le rectangle d'une toile de peinture vierge est-il moins limitatif que le rectangle de l'édredon [2]? »

Les conséquences commencent à se faire sentir. D'une

1. 1735-1818. Nationaliste célèbre, il se distingua, en 1775, par sa folle équipée à cheval pour prévenir les habitants du Massachusetts que les soldats britanniques s'apprêtaient à leur livrer bataille, déclenchant ainsi la guerre d'Indépendance.

2. Janis Bell, *Teaching Art History : a Strategy For The Survival of Womens' Studies*, 11ᵉ conférence de l'Annual Great Lakes Colleges Association, Ann Arbor, Michigan, 1985.

enquête de deux pédagogues, Diane Ravitch et Chester Finn [1], il ressort que davantage d'élèves connaissent Harriet Tubman [2] (83 %) que Winston Churchill (78 %), que 68 % seulement savent que c'est Abraham Lincoln qui entreprit d'abolir l'esclavage, que 65 % sont capables de trouver la France sur une carte, et qu'à peine 43 % savent que les pouvoirs sont partagés entre l'État fédéral et les cinquante États américains. A un autre échelon, universitaire celui-là, le docteur Frank Lutz, de l'Institut des études politiques de Harvard, au cours d'un sondage concernant plus de 3 000 étudiants de différents collèges de l'Ivy League, s'aperçut que 75 % d'entre eux ne savaient pas que Thomas Jefferson avait été l'auteur principal de la Déclaration d'indépendance, que les trois quarts d'entre eux ignoraient le nombre des juges de la Cour suprême (il y en a neuf) ou pouvaient nommer les sénateurs de leurs États respectifs, et que plus d'un tiers ignoraient le nom du Premier ministre britannique – conséquence, selon Sommers, des nouveaux cours « idéologiques » donnés à la place de cours traditionnels.

Le principe même d'une hiérarchie des valeurs, chez ces partisans du bouleversement radical du curcus scolaire, est synonyme d'androcentrisme et d'eurocentrisme, donc suspect, doublement suspect chez certains pédagogues noirs ou minoritaires. On retrouve le leitmotiv suivant : toute action pédagogique est, objectivement parlant, une violence symbolique dans la mesure où elle implique l'imposition d'un arbitraire culturel par un pouvoir en place. Ainsi, pour un membre influent de l'université de Pennsylvanie, « il y a trop d'écriture et de lecture » qui ne sont, en fait, que des technologies de contrôle, une espèce de loi martiale à l'échelle académique. Au lieu de « valoriser les anciens liens du pou-

1. « Que savent nos enfants de 17 ans ? », 1989.
2. Elle-même née esclave, Harriet Tubman (1820-1913) devint l'une des plus célèbres figures du mouvement d'émancipation noir, d'abord en tant qu'organisatrice de réseaux de soutien aux esclaves en fuite, puis à cause de son rôle d'infirmière et d'espionne au service des armées du Nord (abolitionnistes) pendant la guerre civile américaine.

voir », les universités devraient « écouter d'avantage les voix des peuples nouvellement émancipés » qui se caractérisent par des traditions orales et la musique rap. Ainsi, en 1988, au son de « Hey Ho, Hey Ho, Western Culture's Got to Go », les étudiants noirs de l'université de Cornell, avec en tête Jesse Jackson, chef incontesté de la minorité noire, ont défilé pour demander la suppression pure et simple d'un cours intitulé « Culture occidentale ». Les autorités de Cornell capitulèrent aussitôt, et ce cours, profondément remanié dans un sens beaucoup plus multiculturel et féministe, s'intitule, depuis, « Cultures, idées, valeurs ». De même, à l'université de Stanford, un décret émanant du rectorat stipule que chaque cours nouveau doit comporter « au moins une étude littéraire émanant d'écrivains femmes, de minorités ethniques ou de personnes de couleur » et à chaque trimestre, « une étude au moins doit avoir trait à des problèmes de race, de sexe ou de classe ».

Ainsi, à Harvard, l'enseignement de la littérature française se caractérise par des cours sur le thème suivant : « Représentation des femmes et idéologie dominante », dont les seuls auteurs contemporains étudiés sont Mmes Cixous, Iragaray, Kristeva et Wittig. Les étudiants sont parfaitement conscients de l'inutilité des classiques, et que manifester trop d'intérêt pour les écrivains mâles blancs et morts aux dépens de ceux et celles patronnés par les idéologues multiculturalistes peut même leur valoir des ennuis. En 1993, deux élèves seulement se sont inscrits pour suivre un cours sur Montesquieu. Dans les années à venir, c'est tout un ensemble culturel, et non des moindres, qui semble voué à l'extinction...

Les transformationnistes sont en général partisans du déconstructionnisme (souvent simplifié à outrance) de Derrida : l'idée que toute hiérarchie des valeurs est inacceptable prend sa signification chez ceux qui ne voient, dans une hiérarchie des valeurs, qu'une conspiration antifemmes ou antiethnies minoritaires, pratiquée depuis des siècles. Ils ont aussi la volonté, au départ on ne peut plus louable, d'introduire dans les programmes des œuvres d'écrivains femmes injustement ignorées par le passé. Mais, qu'on le veuille ou non, le fait est que la littérature comporte un nombre assez restreint d'écrivains femmes. Par ailleurs, même les transformationnistes les plus sophistiquées semblent privilégier les écrivains américaines par rapport aux étrangères : malgré l'extraordinaire boom sur les valeurs féministes, on s'intéresse plus aux écrivains femmes américaines, même mineures, qu'à George Sand, aux sœurs Brontë, à Virginia Woolf ou à Simone de Beauvoir. Des sondages effectués au cours d'un « Congrès sur le multiculturalisme et la diversité », tenu en 1991 et rassemblant plus de deux cents professeurs, sont révélateurs : les organisateurs voulaient savoir quels étaient les cinq écrivains américains les plus influents, les plus synonymes de qualité. Si Mark Twain, valeur sûre, arrivait en tête avec 36 voix, la liste comportait quelques surprises : Toni Morrison obtenait 34 voix, Maya Angelou 26, Alice Walker 24, John Steinbeck 21, Malcolm X 18, Richard Wright, James Baldwin et Langston Hughes 13, William Faulkner 11, Nathaniel Hawthorne et Hemingway 10, Henry David Thoreau 9, Willa Cather 8, Francis Scott Fitzgerald, Dee Brown et W.E. B. Dubois 7, Emily Dickinson et Amy Tan 6, Harper Lee et Walt Whitman 5. Ni Henry Melville, ni Henry James, ni Stephen Crane, ni Ralph Waldo Emerson, ni Washington Irving, ni même Jack London ou Sinclair Lewis ne figuraient sur la liste. Et même Mark Twain suscite des attaques diverses, de la part d'enseignants « politiquement corrects », qui lui reprochent son supposé « racisme » (dans *Les Aventures de Huckleberry Finn* [1]).

Dans une interview à *Newsweek* (10 octobre 1994) Harold Bloom, sans doute le plus célèbre professeur de littérature américaine en exercice, raconta comment une collègue de l'université de Chicago lui annonça avec une

---

1. Autres œuvres « racistes » retirées de nombreuses bibliothèques scolaires et municipales à travers les États-Unis : *Des souris et des hommes,* de Steinbeck, *L'Attrape-cœur,* de J.D. Salinger, *The Witches,* de Roald Dahl. (Voir *Civilization,* janvier-février 1995 : « In praise of Huckleberry Finn ».)

satisfaction évidente comment elle était enfin arrivée à supprimer Hemingway du programme de ses élèves, pour le remplacer par l'écrivain hispanique Gary Soto. « A certains égards, dit-il, on peut comparer Hemingway à Chekhov ou Joyce, c'est dire à quel point ses nouvelles sont incomparables, tandis que Soto ne peut pas aligner deux mots correctement. Je le lui ai dit. Elle m'a répondu que nous étions libres, tous les deux, de lire ce que nous voulions à la maison. Je trouve cette sorte de fascisme social ignoble. »

Parfois les nouvelles méthodes pédagogiques, et les débats auxquels elles donnent lieu, sont difficilement imaginables. Ainsi, Sommers [1] rendant compte d'une réunion (à Mills College, Oakland, Californie) en 1992, lors d'un congrès de la très respectable American Society of Univesity Women, cite l'intervention de Faye Crosby, professeur de psychologie à Smith College. L'un des devoirs de ses étudiants en psychologie de première année était le suivant : « Acheter trois préservatifs en regardant le vendeur droit dans les yeux », ce qui provoqua, de la part de certaines étudiantes présentes, les critiques suivantes : et les lesbiennes, dans tout ça ? Elles avaient raison, ajoutait Crosby. Il fallait les associer à ces travaux pratiques, et inclure l'achat de « digues dentaires » (*dental dams*), dispositifs permettant aux lesbiennes d'éviter les risques de sida.

Cette même pédagogue universitaire, rendant compte d'une conférence interactive associant étudiants et parents d'élèves, expliqua comment elle organisa, par groupes de cinq, parents et élèves confondus, une « course de relais aux préservatifs », pour voir quel groupe réussirait, dans le laps de temps le plus court, à enfiler un préservatif sur une banane déjà pelée. Rappelons qu'il ne s'agit pas de jeux de potaches, mais d' « études interactives » associant des parents et des étudiants ayant en moyenne dix-huit ans. Là encore, avoua Crosby, elle ne s'était pas suffisamment préoccupée de la minorité les-

---

1. Dans *Who Stole Feminism ?*, *op. cit.*

bienne, qui estimait ce jeu trop exclusionniste, trop hétérosexualiste. Dans le même ordre d'idées, *The Lumberjack*, journal de NAM (National American University) annonça récemment [1] l'apparition d'un nouveau cours, « Transexualisme et Société », pour ses sociologues en herbe, cours donné par un transexuel, Thurin Schminke (ex-Carmen Schminke) sur les « permutations de l'identité sexuelle » en vue de « développer une conscience plus vive de l'individualité sexuelle ». Le journal cite Schminke (« Je ne veux changer l'identité sexuelle de personne ») et note que le filtrage des inscrits à ce cours serait exceptionnellement sévère, pour s'assurer que l'auditoire sera « non jugemental ». On peut se demander si un cours de ce genre ne serait pas plus à sa place ailleurs que chez des étudiants en sociologie de première année.

L'orientation naïvement idéologique de certains thèmes de dissertation (« Expliquez le lien qui existe forcément entre une nouvelle sur Sherlock Holmes à Londres et l'impérialisme de l'époque ») que doivent remettre les étudiants en littérature de langue anglaise à l'université de Pennsylvanie fait parfois sourire [2]. Certaines thèses de doctorat, également, étonnent : en plus d'une prolifération de celles consacrées à Lacan et Derrida, restés véritables idoles en milieu universitaire américain, on retrouve, par exemple à Duke University, celles-ci : « Jane Austin et la muse de la masturbation », « Imagerie clitoridienne et masturbatoire dans l'œuvre d'Emily Dickinson », ou encore « Auto-érotisme, érotisme anal et violence corporelle dans les œuvres de Melville et William Burroughs » [3]. Commentaire de Richard Rooty de l'université de Virginie : « Une nouvelle gauche culturelle américaine est née, rassemblant les déconstructionnistes, des nouveaux historiens, des experts en études féminines

1. 8 décembre 1993.
2. Cité par Richard Bernstein dans *The Dictatorship of Virtue*, Knopf, New York, 1994.
3. Cité par Richard Kimball dans *Tenured Radicals*, Harper & Row, New York, 1990.

(*gender studies*), et quelques marxistes survivants égarés, pour utiliser les facultés de littérature contemporaine à des fins politiques. »

Et si tout cela n'était qu'une mode passagère, balayée dans un avenir plus ou moins proche grâce au principe du balancier ? On pourrait penser qu'un retour à des programmes et des thèses de doctorat plus enrichissants, moins idéologiques et surtout moins futiles, ne saurait tarder. Mais relativement peu d'universitaires américains, parmi ceux qui déplorent les courants actuels, sont de cet avis.

En premier lieu, constatent-ils, les structures institutionnelles universitaires, loin d'encourager un retour du balancier, ne font que renforcer les transformationnistes et les idéologues, qu'ils soient féministes dures, déconstructionnistes ou partisans de la diversité ethnique poussée à l'extrême, c'est-à-dire du séparatisme. Cela pour plusieurs raisons : les administrations universitaires ont vu leurs effectifs, surtout leurs effectifs non enseignants, s'accroître ces dix, quinze dernières années de façon presque exponentielle. Dans certaines universités américaines, il y a *dix fois plus* d'administrateurs qu'en 1980. Cette augmentation des effectifs a elle-même des causes diverses – budgets en augmentation dus à l'accroissement des effectifs étudiants, aide renforcée de l'État et, surtout, développement des relations communautaires et des priorités nouvelles dans le domaine du féminisme, de l'antiracisme, et du *consciousness raising* en général.

Mais, fait relativement nouveau, au sein de l'université américaine d'aujourd'hui, il existe une coupure presque totale entre administrateurs et enseignants. Ils forment maintenant, dans la plupart des universités, deux mondes à part – et le président de l'université n'est plus le rassembleur capable de les contrôler – et de les unir. Car, de plus en plus, l'unique fonction des présidents d'université est le *fundraising*; ils sont devenus de distingués voyageurs de commerce auprès de groupes financiers, de fondations, d'associations d'anciens élèves. Tous les professeurs d'université le disent : un président d'université se préoccupe de moins en moins du fonctionnement de son université en tant qu'institution. Il sait qu'il sera jugé, presque exclusivement, au moment du renouvellement de son mandat, sur ses capacités de *fundraiser*, c'est ce qui justifie son salaire, élevé.

Et pour les enseignants actifs, l'institution comptera également de moins en moins : une spécialisation de plus en plus étroite les conduira à s'intéresser moins à leur université qu'au cercle nécessairement restreint de chercheurs partageant leur propre enthousiasme pour leur spécialité.

Il y a aussi un facteur beaucoup plus critique : parmi ceux et celles nommés à des postes universitaires grâce au principe de l' « action affirmative », c'est-à-dire favorisant les candidats minoritaires de toutes sortes (qu'ils soient enseignants ou administratifs), la tendance naturelle de ces derniers sera la valorisation de leur nomination. Peu d'entre eux auront la lucidité, ou l'humilité, de reconnaître qu'ils ou elles ont été nommés selon des critères étrangers à leur mérite intellectuel. Ces nouveaux bénéficiaires mettront naturellement en valeur leur condition (de femme, de minorité ethnique ou sexuelle) en revendiquant – souvent exagérément – la nécessité d'insister sur le féminisme militant, ou le multiculturalisme, selon leur ethnie minoritaire ou même leurs préférences sexuelles. La seule façon, pour cette nouvelle génération d'administrateurs ou d'enseignants, de s'affirmer aura pour effet de créer une armée d'universitaires de plus en plus orientée « politiquement » en faveur du féminisme à outrance ou du séparatisme ethnique. Et le déconstructionnisme y sera forcément à l'honneur, car il rationalise l'idéologie militante des féministes à outrance ou des séparatistes, en *dévalorisant* le principe du mérite académique, assimilé à la tyrannie d'une classe dominante mâle et eurocentrique.

Il en résulte, selon Steven Balch, président de la National Association of Scholars, qui lutte pour le maintien des niveaux intellectuels au sein des campus, « un climat d'hystérie sur les campus universitaires, entretenu par ceux et celles qui ont un intérêt considérable à défendre leurs droits acquis (*vested interests*) en leur donnant une base idéologique. Car si, par exemple, vous arrivez à faire croire que l'oppression des femmes en milieu intellectuel et universitaire est un phénomène de la plus haute importance, vous êtes dans une position privilégiée : vous valorisez de plus en plus les carrières de celles qui se consacrent à lutter contre cette oppression ». La caste se perpétue donc, et se renforce d'année en année.

Il ne s'agit pas nécessairement d'une conspiration organisée, souligne Balch ; et ceux et celles qui se réclament d'une idéologie politique ultraféministe, séparatiste ou déconstructionniste ne sont pas nécessairement la majorité. Ils le deviendront. Car au sein des campus américains, parmi les enseignants, l'accent est mis, beaucoup plus qu'en Europe, sur la nécessité du consensus, et de prendre toutes les décisions de façon parfaitement démocratique [1]. Mais, au sein de l'establishment universitaire, a lieu le même phénomène que dans des réunions de cellules communistes, ou de certains syndicats : les extrémistes l'emportent presque toujours, parce que profitant de la lassitude et du manque de militantisme de la majorité. Le souci majeur de cette majorité passive, souligne Balch, surtout parmi les non-titulaires, est de ne pas faire de vagues. Or, dans le monde universitaire, on est parfaitement au courant du risque qu'il y a à s'attaquer aux « idéologues ». C'est le meilleur moyen de se faire remarquer, de récolter des blâmes, de nuir à sa carrière. Il est significatif, selon Balch, que nombre d'universitaires, membres de sa National Union of Scholars, exigent de recevoir courrier et bulletins à en-tête de la NUS à leur domicile, plutôt qu'à l'université même, pour ne pas attirer l'attention des idéologues. Et toujours selon Balch, il y a peu de raisons de croire que les choses changeront de si

---

1. Exemple de ce souci de démocratie, et phénomène impensable en France : en Amérique, les étudiants notent leurs professeurs.

tôt. « Dans le domaine des sciences humaines, il y a une sorte de présélection dans le milieu universitaire enseignant. Ceux qui s'opposent de façon trop évidente au militantisme politique ne seront pas sélectionnés. D'autres, conscients de cet état de choses, et malgré leur désir initial de poursuivre une carrière universitaire, ne se présenteront même pas. »

La politisation la plus évidente, selon Balch, se manifeste au sein des facultés d'anglais. « On n'enseigne à peu près plus la littérature dans les universités américaines, dit-il, et les enseignants le voudraient-ils qu'ils ne le pourraient pas – ils n'ont pas été formés en ce sens. Ils enseignent des théories littéraires (dont le déconstructionnisme), l'enseignement de la littérature n'existe qu'en tant que critique de la société [1]. » Balch n'est pas le seul a déplorer cette politisation de l'enseignement.

Harlod Bloom, l'une des sommités intellectuelles dans le monde universitaire, professeur à Yale et à New York University, dépore, dans *Newsweek* [2], cette « école de l'amertume ». « Si les professeurs croient que leur rôle est de s'adresser aux problèmes, d'ailleurs épouvantables, de ceux qui sont enfermés dans les *inner cities*, ils ne devraient pas enseigner la littérature mais devenir de véritables activistes et se consacrer aux pauvres, améliorer la condition de ceux qui sont effectivement frappés par les injustices de notre abominable système. Mais la vérité est qu'ils s'en foutent *(they couldn't care less)*. Je suis l'un des rares professeurs à Yale qui émane d'un milieu ouvrier et je crois que je peux flairer un hypocrite de loin. » Selon Bloom, ses collègues « sont des pseudo-marxistes, des pseudo-féministes, des pseudo-disciples de Foucault et d'autres théoriciens français. Et ils poursuivent visible-

---

1. En 1992, l'université de Yale reçut un don de plusieurs millions de dollars d'un philanthrope texan, Lee Vass, dans le but, spécifique, de créer une chaire destinée à l'étude des « grands créateurs littéraires », Yale garde l'argent, mais aucune chaire n'a été créée. A cause de pressions diverses exercées par différentes factions au sein du corps enseignant, y compris des idéologues, il n'a pas été possible de se mettre d'accord sur la mise en place d'un tel programme.
2. 10 octobre 1994.

ment leur travail, propageant leurs idées dans nos universités, faisant en sorte que seuls ceux qui pensent comme eux soient admis et promus. Je dirais qu'il n'y a aucun avenir pour l'enseignement de la littérature aux États-Unis. De plus en plus, ces études font partie de cet incroyable ramassis d'ordures appelé " critique culturelle "... Je suis conscient de livrer un combat d'arrière-garde, d'ailleurs déjà perdu ».

Parallèlement à ce détournement de la littérature, on assiste à une chute vertigineuse du niveau universitaire, tout au moins dans les facultés de sciences humaines. Il serait, dit-il, impensable aujourd'hui de recaler des étudiants, ou même de leur donner des notes moyennes. La chute du niveau scolaire au sein de l'université n'est qu'un aboutissement, selon Balch : du début du cycle scolaire jusqu'à son terme, le processus de sélection est quasi inexistant, par rapport à ce qu'il était il y a encore une vingtaine d'années. Changement spectaculaire survenu depuis les années 60 : la moitié des jeunes Américains d'aujourd'hui, du moins pendant un certain temps, font acte de présence dans des universités, collèges universitaires ou communautaires. Dans un certain sens, c'est un progrès. Mais cette augmentation vertigineuse du nombre d'étudiants a, comme toute inflation, une conséquence inéluctable : la dévalorisation des niveaux scolaires et universitaires. Ceux qui, comme Balch, sont conscients de la chute, très nette, des niveaux universitaires dans le domaine des sciences humaines pensent que celle-ci s'explique de la même façon que, dans un domaine très différent, les divers échecs de l'administration Clinton : dans les deux cas, on a préféré la diversité à la qualité. Déjà, les chasseurs de têtes américains signalent un afflux de plaintes : des dirigeants de cabinets juridiques et de conglomérats industriels se plaignent que les nouveaux venus, même issus des universités de l'Ivy League, ont de moins en moins la capacité d'écrire correctement, ou d'exprimer clairement leurs idées par écrit. L'écriture étant en quelque sorte l'aboutissement de la pensée, on ne peut que conclure que les universités américaines – tout au moins dans le domaine des sciences humaines – remplissent de moins en moins efficacement leur fonction. Difficile de ne pas faire le lien entre les difficultés de toutes sortes (économiques, politiques, prévisionnelles) auxquelles l'Amérique est confrontée et ce que le *Journal of Social, Political and Economic Studies* [1] appelle son « déclin scolaire et culturel véritablement désastreux ». L'article d'Itzcoff, dans son genre, est tout aussi apocalyptique que celui de Robert Guskind dans le *National Journal* concernant l'avenir des villes : selon Itzkoff, « il se peut bien qu'au début du XXIᵉ siècle, la qualité productive de la population américaine en général déclinera tellement, se rapprochant peut-être de celle des pays du tiers monde, que même les pays étrangers qui ont massivement investi en Amérique pour profiter du dollar bon marché finiront par se lasser, et que cette source d'argent se tarira [2] ».

Espérons, encore une fois, qu'Itzkoff aussi se trompe. Mais rien ne montre (à part certaines voix de Cassandre) que l'Amérique prenne vraiment au sérieux les conséquences d'un véritable effondrement culturel dans certains secteurs universitaires et scolaires. Au contraire : l'extraordinaire succès du film *Forrest Gump* a une valeur toute symbolique : selon son message, peu importe que « Forrest » (Tom Hanks), soit handicapé, presque débile mental. Dans cette Amérique généreuse, riche et gaspilleuse, il aura une vie merveilleuse, à condition de se raccrocher aux valeurs traditionnelles de l'Amérique profonde. Sous-entendu : ne vous fiez pas aux intellectuels, aux forts en thème, aux élites foncièrement néfastes, arrogantes et pessimistes. Une Amérique, même peuplée de Forrest Gump, à la limite de la débilité mentale, s'en tirera toujours. C'est rassurant, mais est-ce rendre un service aux Américains que de le prétendre ?

---

1. Volume 18, numéro 3, automne 1993.
2. *Journal of Social, Economic and Political Studies, op. cit.*

15

CLINTON ET LES CHEMINS DE LA DIVERSITÉ

Si les universités américaines sont devenues les temples privilégiés de la diversité – terme prodigieusement à la mode depuis qu'il a figuré dans le discours inaugural du président Clinton, et plus acceptable que celui, plus marqué politiquement, de multiculturalisme –, les campus n'en ont pas l'exclusivité : les entreprises s'y mettent aussi. La moitié des conglomérats américains figurant sur la liste des Fortune 500 appointent leurs propres *diversity managers* ou souscrivent des abonnements à des consultants spécialisés, hautement rémunérés, qui, au cours de séminaires et de séances interactives, se chargeront d'éradiquer les préjugés des employés. Ces consultants, qui, en plus de leurs cours proprement dits, diffusent généralement leur savoir sur des cassettes vendues aux grandes entreprises au prix fort (600 dollars pièce) sont de redoutables spécialistes du marketing. « L'industrie de la sensibilité multiculturelle, selon Richard Bernstein, se vend comme une lessive [1]. »

Le *modus operandi* de ces boîtes est sensiblement le même partout : on souligne que bientôt les mâles blancs seront en forte minorité, et les nouveaux venus sur le marché du travail, à 75 %, soit des femmes, soit des membres d'ethnies minoritaires – d'où la nécessité abso-

---

1. Richard Bernstein, *The Dictatorship of Virtue, op. cit.*

lue d'améliorer la sensibilité multiculturelle au sein de l'entreprise, même si elle n'a pas connu de bavure jusqu'alors. Les « experts en sensibilité multiculturelle » insistent également sur les sérieux méfaits de l'incompréhension culturelle dans les domaines de la productivité, de la vente, du rendement et du management. Le leitmotiv auprès des P-DG est toujours le même : « C'est un véritable investissement, vos " relations humaines " améliorées au sein de l'entreprise se traduiront en gains matériels. »

Par rapport à ces promesses, la réalité sera décevante, car le dénominateur commun de toutes ces séances de *consciousness raising* (ainsi que du contenu des cassettes fournies), du moins d'un point de vue européen, sera leur simplisme consternant. Au cours de ces séances, le meneur de jeu, mi-leader scout, mi-psychologue, au bagout parfaitement maîtrisé, choisira, parmi les membres de son groupe, certains individus soit opprimés (femmes, ethnies minoritaires) soit opprimeurs (cadres mâles blancs) et leur demandera de se confesser, de livrer leurs préjugés et leurs rancœurs sans réticence devant l'assistance, un peu à la manière des alcooliques repentis au cours des séances des Alcooliques Anonymes. Parfois le même individu choisi sera à la fois opprimeur (parce que blanc) et opprimé (parce que d'une catégorie sociale inférieure). Le groupe doit réagir aux propos exprimés, chaque membre prenant la parole à son tour. Comme dans la plupart des séances de *consciousness raising* l'animateur prétend n'être que le fil conducteur des opinions du groupe alors qu'il ne cesse de les manipuler.

Les cassettes, minipsychodrames filmés, généralement avec des comédiens professionnels, illustreront des cas d'oppression, soit racistes, soit sexistes, inconscients ou délibérés, également d'une manière caricaturalement simpliste, dont voici un exemple type : dans une réunion de travail, ou siègent cinq cadres moyens (quatre hommes et une femme), les opinions, pourtant extrêmement pertinentes, exprimées par la seule femme présente seront systématiquement ignorées, les quatre mâles présents ne faisant même pas semblant de l'écouter, jusqu'au moment ou l'un d'eux prend la parole et, reprenant tous les propos de celle-ci, se les appropriera. On l'écoutera attentivement, il sera félicité par ses collègues, qui l'inviteront à déjeuner – entre hommes, bien sûr. La femme, non invitée, quittera la salle de réunion, ignorée par le reste du groupe [1].

Les spécialistes de ce marketing multiculturel se veulent aussi experts en relations humaines. Ainsi ils enseigneront aux cadres qu'on traite un employé d'origine asiatique « autrement », car les Asiatiques, comme les natifs américains, « sont timides et n'aiment pas se mettre en avant ». En fait, sous couvert de multiculturalisme, ces spécialistes ne cessent de mettre en valeur leurs propres stéréotypes, car, comme l'écrit Bernstein, lui-même ancien correspondant du *Time* à Beijing, « la timidité des dirigeants chinois, tels que je les ai observés, reste à démontrer ». Il faudrait peut-être ajouter que selon l'expérience des étudiants noirs à Beijing, qui m'ont, dans leur temps, raconté leurs déboires, le racisme anti-Noirs des Chinois peut parfois être supérieur à celui des Blancs, preuve que les « minorités ethniques » peuvent à l'occasion, et dans certaines circonstances bien définies (quand elles sont majoritaires, par exemple), être à leur tour aussi « oppressives » que les majorités dominantes.

Sur la couverture d'une des brochures de ces boîtes de marketing du multiculturalisme figure la photo d'une jeune femme américaine, les bras nus, en short, jolie et assez provocante, dans un décor de médina arabe. Un autochtone en chéchia, dont la femme, en tchador, le suit à quelques pas, la croise. L'Arabe regarde la jeune Américaine avec un mélange de haine et de dégoût. Cette photo est censée illustrer le type même de l'incompréhension culturelle : l'Américaine est la vilaine Américaine (*the ugly American*) qui ignore ou méprise les coutumes locales en vigueur à l'étranger, contribuant ainsi à cette incompréhension – et aux crises qui en découlent.

1. Richard Bernstein, *The Dictatorship of Virtue, op. cit.*

La leçon est, en fait, à double tranchant. Car s'agit-il, sous le couvert du respect de la compréhension culturelle d'autrui, d'estimer qu'il est parfaitement normal qu'une femme soit obligée de se voiler pour paraître en public et de marcher derrière son mari ? Par extension, faut-il, au nom du multiculturalisme, approuver certaines lois islamiques, comme l'amputation des mains et des pieds pour vol, l'exécution capitale d'homosexuels pris en flagrant délit de sodomie, ou la mise à mort de la femme adultère par lapidation ? Toute une polémique s'est élevée, récemment, aux États-Unis, autour de la question de savoir s'il fallait ou non condamner l'excision du clitoris. Certaines idéologues (féministes) partisanes du multiculturalisme n'ont pas hésité à justifier cette coutume, ou tout au moins à l'admettre comme culturellement valable, sous prétexte que « nous autres Blanches américano-européennes n'avons pas à nous mêler de coutumes dont nous sommes incapables de comprendre la portée culturelle symbolique ».

En fait, comme le note Bernstein, la prétendue diversité multiculturelle, tout au moins celle enseignée et pratiquée par les experts, est d'un conformisme désespérant : dans l'optique de ses experts-consultants, ne sont licites que des comportements et des convictions rigoureusement identiques, prônant l'égale valeur de toutes les cultures, quelles qu'elles soient. Mettre ce dogme en question équivaut à s'étiqueter en tant que raciste ou sexiste.

Ce n'est pas tellement le simplisme d'un tel comportement qui fait peur, mais ce qu'il implique, c'est-à-dire non seulement l'absence, mais la négation de tout débat, de tout argument rationnel, intellectuel, fondé sur des connaissances historiques et culturelles – mais, étant de plus en plus rarement enseignées dans les universités, ces connaissances s'effritent, sauf pour une minorité spécialisée. Il est tellement plus facile d'accuser tout réfractaire aux arguments des propagandistes multiculturalistes d'être « complices d'une structure hégémonique, elle-même imposée par un système patriarcal eurocentrique animé par une stratégie de domination » que d'engager une polémique risquée.

Qu'à l'origine le multiculturalisme soit le fruit d'un élan généreux envers les sous-privilégiés de toutes sortes ne fait aucun doute. Mais que ce mouvement se soit transformé en idéologie totalitaire est patent. Et comme dans toutes les idéologies totalitaires, la chasse aux dissidents (on l'a vu du temps de Mao et de Staline) devient partie intégrante du dogme en question.

Il est vrai que ces nouveaux dissidents américains, quand ils s'élèvent contre le multiculturalisme dans ce qu'il a de plus borné, n'encourent pas les mêmes risques que les dissidents chinois, qu'ils ne sont pas réduits au silence, qu'ils continuent à publier des livres, à signer des articles, à dénoncer des abus. Ils ne mettent en cause que leurs carrières (surtout s'ils sont enseignants) et s'attendent d'ailleurs à être traités de droitistes, sexistes ou racistes par leurs détracteurs, pour qui ils témoignent plus de pitié que de mépris.

Beaucoup plus grave pour l'Amérique est le fait que, lavage de cerveau aidant, des idéologues (appartenant dans l'ensemble à une bourgeoisie hautement privilégiée) ont réussi à faire croire à la partie de la population américaine la moins privilégiée, la plus éprouvée par la pauvreté et la violence, que ses problèmes pourraient facilement se régler si seulement l'Amérique devenait respectueuse, non seulement dans les mots mais dans les faits, d'un multiculturalisme magique.

Exalter les différences raciales, ethniques et sexuelles, et en faire la seule véritable base d'une identité culturelle quelconque est en soi réductif, affligeant, et mène tout droit à ce que le sociologue Charles Krauthammer appelle le « nouveau tribalisme ». Mais il ne s'agit même pas, ici, d'authentiques tribus. Le mirage est patent, aussi patent que dans les prétendues solutions.

Car de quoi s'agit-il ? Que faut-il faire pour respecter, voire imposer, le multiculturalisme ? Simplement ignorer l'existence de problèmes majeurs, en appelant certains phénomènes de société (qui pourraient conduire le pays à l'abîme s'ils se poursuivaient à leur rythme actuel) par d'autres noms : les mères célibataires deviennent ainsi « une diversification de la convention familiale »; la violence dans les écoles « la conséquence de l'ignorance d'enseignants concernant une culture qui n'est pas la leur »; l'analphabétisme se métamorphose en « approche différente du savoir »; les mauvaises notes s'expliquent par le fait que « les écoliers d'ethnies minoritaires ne peuvent se reconnaître dans le programme imposé ». Parmi ces euphémismes, le sénateur Moynihan, en vertu de sa formation de sociologue, souligne celui qui illustre la « relativisation des anormalités criminelles » *(defining down deviancy)*, c'est-à-dire le fait d'accepter comme normale une conduite qui, il y a peu de temps, aurait été considérée comme répréhensible ou carrément criminelle.

Simultanément, il devient parfaitement licite d'exprimer des opinions antimâles, anti-Blancs, ou antisémites, tout au moins si l'on fait partie des « culturellement dépossédés, opprimés depuis des siècles » dont la rage justifie tous les excès [1]. Et il va sans dire qu'il devient de plus en plus malaisé de défendre une euroculture, métamorphosée en eurocentrisme dévalorisé, haï et considéré comme source de tous les maux. Dans son livre, Bernstein rappelle d'ailleurs que le processus d'assimilation a, dans l'ensemble, prodigieusement réussi aux immigrés américains de provenances très diverses, que les valeurs venues d'Europe sont pour une bonne partie responsables de la véritable grandeur de l'Amérique, de sa richesse non seulement matérielle mais culturelle, ainsi que de l'esprit de tolérance et du souci de la liberté d'expression des autres, incarnés d'ailleurs dans la constitution américaine.

---

1. Dans la polémique concernant le professeur Goldberg, accusé à tort de racisme et de sexisme, l'un des porte-parole des groupes demandant son renvoi de l'université de Michigan introduisit un de ses discours par la remarque : « Je n'aime pas les Blancs. » Tout le monde, ou presque, trouva cela tout à fait normal. On peut se demander ce qui se serait passé si un membre de la faculté avait osé dire la même chose s'agissant des Noirs.

Mais l'intolérance, y compris une intolérance sexuelle à rebours, est devenue, très vite, l'envers de la médaille de ce mouvement multiculturaliste. Il est pour le moins risqué, par exemple, pour un étudiant de Harvard ou de Yale de première année, où les chambres à deux sont de rigueur, de faire publiquement part de son malaise s'il se trouve assigné à partager celle d'un étudiant homosexuel qui lui a déclaré sans ambages qu'il entend donner libre cours à sa sexualité en y invitant des amants de rencontre. Le protestataire sera taxé d'hétérosexisme, et cela figurera sans doute dans son dossier. Bernstein, dans le *New York Times*, raconte l'histoire suivante, à peine croyable. Parmi les séances de *sensitivity training* (cours de développement de la sensibilité) des assistants conférenciers stagiaires de l'université de Pennsylvanie qui briguent le poste de conseiller résident *(resident adviser)* dans les dortoirs, il y en a une qui est un véritable test : sous les auspices d'une association *gay*, on projette des films triple X, c'est-à-dire *hard*, normalement destinés à une clientèle lesbienne ou homosexuelle. Pendant la projection circulent des photographes, qui prennent les stagiaires en photo à leur insu, *pour déceler si leurs expressions ne trahissent pas des sentiments homophobes*.

Autre exemple d'intolérance à rebours : on relève le cas de certaines femmes cherchant à louer une chambre d'un appartement qu'elles partagent déjà à deux, mais refusant d'y admettre une candidate à la location qui professe ouvertement ses mœurs lesbiennes; ces femmes, de ce fait, ont été assignées devant des tribunaux, accusées d'infraction au code de la commission des chances égales, mises à l'amende et contraintes de subir des cours de sensibilité – généralement animés par des activistes d'organisations *gay* ou lesbiennes –, l'ironie étant que ce même code était, à l'origine, destiné à sanctionner des comportements racistes.

L'acceptation inconditionnelle de faits et de chiffres éminemment contestables ou entièrement fantaisistes renforce également certaines thèses féministes et multiculturistes érigées en dogmes. Ainsi, depuis qu'il figure dans un livre de Gloria Steinem, on retrouve dans quantité de livres récents (dont celui de Naomi Wolf) cette affirmation catégorique : chaque année 150 000 Américaines meurent des conséquences de leur anorexie – chiffre supposé illustrer la triste condition des femmes américaines, l'anorexie étant presque toujours le symptôme d'un trouble psychologique grave. Se référant à ce « véritable holocauste », Wolf se demande « comment l'Amérique réagirait à une telle auto-immolation, s'il s'agissait de ses fils préférés... Les femmes doivent comprendre que l'anorexie est un préjudice politique infligé par un ordre social pour qui cette destruction est insignifiante ». Pour Joan Bromberg, ancienne directrice des études féminines à l'université de Cornell, ce chiffre est tout simplement « la conséquence d'une société misogyne qui méprise les femmes ».

Étant donné que ce chiffre est trois fois plus élevé que le nombre de morts dues aux accidents de la route, il y aurait effectivement lieu de s'inquiéter – sauf qu'il est entièrement faux. Personne ne sait, d'ailleurs, comment on en est arrivé là. D'après le service des statistiques du département de la Santé, il y a sans doute entre 150 000 et 200 000 *cas* d'anorexie répertoriés par an. Le même département estime que le nombre de décès dus à l'anorexie oscille entre 54 et 91 par an depuis dix ans.

On trouvera, dans les livres et innombrables articles écrits par les dogmatistes du féminisme à outrance et du multiculturalisme, un nombre étonnant d'affirmations de ce genre, si constamment colportées et publiées que bon nombre de gens sont convaincus de leur véracité : par exemple, que les violences physiques infligées par des hommes à leurs compagnes enceintes seraient la raison principale des défauts congénitaux chez les nouveau-nés; que les cas d'abus sexuels et d'agressions de toutes sortes dont les femmes sont victimes augmentent de 40 % le soir de matchs de base-ball importants – et ainsi de suite.

Ces propos mensongers, désinformation involontaire

ou non mais surtout preuve de l'extrême naïveté de ceux qui les propagent, sont aussi répercutés en milieu universitaire. A l'université de Pennsylvanie, une brochure incitait les étudiants en première année à prendre conscience du fléau raciste et sexiste au sein de leur propre campus : ils apprenaient, par exemple, qu'un professeur, s'adressant aux étudiants noirs, les traitait d' « ex-esclaves »; que des étudiants blancs avaient loué les services de stripteaseuses noires dans un club d'étudiants blancs, uniquement dans le but de les humilier en vociférant des slogans racistes; qu'un étudiant blanc avait, sans motif apparent, frappé dans un ascenseur un étudiant noir d'un coup de poing. Choqué, un des professeurs enquêta pour son propre compte. Il se trouva que tout était faux. Les « facilitateurs », c'est-à-dire les enseignants chargés de réceptionner les nouveaux venus, se perdirent en explications vaseuses : oui, certains des cas cités ne s'étaient pas passés exactement comme on les avait décrits, mais il y avait eu des incidents de ce genre, on avait délibérément introduit des éléments composites pour ne pas embarrasser ceux qui étaient directement concernés. Le texte fut néanmoins retiré.

Beaucoup plus grave, sans doute : parmi les orateurs fréquemment invités sur les campus par des associations d'étudiants noirs (rappelons que, dans la plupart des universités américaines, les étudiants noirs, qu'ils le veuillent ou non, se retrouvent − du fait du militantisme multiculturel de leurs propres dirigeants − dans des dortoirs et des clubs dont les autres ethnies sont exclues), figure le militant noir Del Jones, dont le thème habituel est le suivant : le sida comme le commerce du crack, de la cocaïne et de l'héroïne sont autant d'éléments d'une conspiration secrète et inavouable de la part des Blancs (et de la CIA) pour exterminer la race noire.

On ne peut pas en vouloir aux étudiants noirs de croire à ces absurdités : à l'université de Pennsylvanie, tout est délibérément conçu pour les convaincre des insondables maléfices dont les Blancs sont capables. A leur arrivée, au

cours de séances préparatives de sensibilisation, le message, selon Bernstein, est le suivant : « Vous venez
d'entrer au sein d'une institution qui est profondément
raciste, sexiste, patriarcale, injuste et inadaptée au monde
moderne – c'est-à-dire que vous accédez à un microcosme
représentant la société inique dont vous êtes issus. Il ne
faut jamais oublier que chacun d'entre vous appartient à
un groupe, une race, une ethnie, une catégorie sexuelle.
Vous serez perçus, et vous devrez vous percevoir vous-
mêmes, comme les produits de ces groupes, avec leurs
perspectives, leurs limitations et leurs souffrances – votre
responsabilité première étant de faire vôtre la grande
cause du multiculturalisme[1]. »

Le président Clinton a été l'un des premiers à parler de
la diversité. Est-il conscient de ce qu'il a, en partie,
déclenché ? Et à quel point les Clinton sont-ils responsables des ravages causés par les dogmes multiculturalistes
et féministe durs ?

En ce qui les concerne – et il faut bien sûr parler *des*
Clinton, car jamais l'épouse d'un président n'a été aussi
activiste, aussi déterminée à influer sur les décisions de
son mari –, il s'agit d'un couple qui, malgré sa relative
inexpérience washingtonienne, est extrêmement branché,
du moins en ce qui a trait aux courants moralisateurs
« politiquement corrects » – féminisme, « action affirmative », diversité – issus de ce Mai 1968 interminable et qui
bouleverse si singulièrement la société américaine depuis
vingt-cinq ans. Les Clinton, ces tout-puissants baba-cools
(terme, intraduisible, qui n'existe qu'en français, mais qui
leur convient parfaitement), sont eux-mêmes de purs produits de cette génération-là. On n'a qu'à se reporter au
discours, généreux mais aussi extrêmement revendicatif,
quant aux valeurs politiquement correctes, de Hillary
Rodham à Wellesley College, l'année de son diplôme
(1971), aux photos aussi de Bill Clinton à Oxford, un
Clinton barbu, aux cheveux longs, incarnation même du
hippie.

---

1. *The Dictatorship of Virtue, op. cit.*

Il y a un autre aspect de Clinton qui explique que les partisans les plus acharnés de la *political correctness* l'aient pris pour un allié inconditionnel : ses références, si nombreuses, dans ses discours, à l' « absence du père » et à son propre drame familial. Le père (biologique) de Clinton est mort avant sa naissance ; par la suite, un beau-père brutal et alcoolique traumatisa son adolescence ; le jeune Clinton dut intervenir fréquemment pour essayer de l'empêcher de brutaliser sa mère.

A certains égards, la franchise avec laquelle Clinton a reconnu, et même revendiqué, l'aspect dysfonctionnel de sa propre famille est toute à son honneur – les Américains en avaient en tout cas assez des images d'Épinal familiales de ses prédécesseurs, visiblement idéalisées sinon fabriquées par des publicistes et autres experts en communication, surtout après la sortie de biographies révélatrices sur les Kennedy. Mais en se présentant lui-même comme un « grand frère » plutôt qu'un « père » de la nation, en insistant sur l'importance « de tous les enfants qui essaient de grandir sans père ou sans mère... Je sais ce qu'il en est », en rompant si définitivement avec la tradition qui voulait que tout candidat présidentiel exalte ses propres vertus familiales propres à l'Amérique profonde, en laissant ainsi entendre qu'il faisait partie des minorités défavorisées, voire opprimées, il donnait l'impression que tout ce qui avait trait à la *political correctness* ne pouvait qu'obtenir une approbation sans limites.

Mais est-ce vraiment le cas ? Si oui, les Clinton contrôlent-ils encore cette nouvelle vague idéologique dont beaucoup croient qu'ils l'ont eux-mêmes systématiquement encouragée ? Ou, au contraire, se sentent-ils pris dans un tourbillon dont ils perçoivent les dangers et qui, maintenant, les effraie ? La réponse n'est pas simple.

Rappelons tout d'abord que, malgré ses déboires, Clinton est une bête politique née. On ne peut lui en vouloir d'avoir incarné, pendant sa campagne électorale, les aspirations de catégories d'électeurs très différents, dont les intérêts concordaient d'ailleurs rarement. Il y avait ceux que l' « élitisme » de George Bush, pur produit d'un certain establishment peut-être en voie de disparition, irritait profondément ; il y avait la majorité des femmes, qui trouvaient à juste titre l'attitude du parti républicain (lui-même divisé) au sujet de l'IVG intolérable ; il y avait, bien sûr, les exclus, les minorités ethniques et toute cette catégorie d'électeurs qui vote traditionnellement pour un candidat présidentiel démocrate ; il y avait tous ceux – et ils étaient sans doute les plus nombreux – victimes du reaganisme économique en déroute ou tout au moins dépassé, qui reprochaient à Bush son laisser-faire économique et n'en pouvaient plus d'attendre un redémarrage économique. Et il y avait la toute petite minorité agissante de protagonistes durs de la PC dont le nombre potentiel d'électeurs et d'électrices était, somme toute, dérisoire par rapport à l'ensemble de la population.

Les Clinton ont-ils délibérément encouragé ces derniers, ou en ont-ils été les victimes, voire les dupes ? Pour Joe Klein, chroniqueur de *Newsweek*, Clinton s'est révélé comme étant un véritable phénomène de « désordre de la personnalité multiple [1] ». « Il y a en lui trois personnalités distinctes, écrit-il : le Clinton à la fois réaliste et modéré qui a fait campagne, le Clinton ultralibéral et fortement marqué à gauche qui ne se manifesta qu'après son élection, et le Clinton qu'on ne découvrit qu'avec le scandale de *Whitewatergate*, c'est-à-dire le manœuvrier relativement sans scrupules, subordonnant ses principes aux nécessités de financement électoral. »

C'est le Clinton ultralibéral, l'homme des courants nouveaux, qui a, le jour de son investiture officielle, mis l'accent sur la diversité. Comme le souligne Klein, « c'est ce Clinton-là qui a mis en place un cabinet, et formé une administration par quotas sexuels *(by gender)* et ethniques ». Et si le processus a été interminable, c'est justement que les candidats appropriés ont été durs à dénicher.

On peut féliciter Clinton d'avoir pris la décision de

1. « Bill led three lives – the abiding mystery of the president's multi-personality disorder », *Newsweek*, 4 avril 1994.

faire entrer des nouveaux venus à des postes de commande. Mais de nombreux critiques, nullement taxables de racisme ou de sexisme, se demandent s'il n'est pas allé trop loin, trop vite, si son souci de diversité ne s'est pas très vite transformé en « action affirmative » dans un domaine où, précisément, la compétence devrait être un critère *sine qua non*.

On lui reproche, en somme, d'avoir agi à la manière des présidents d'université qui, sous la pression de minorités agissantes et criardes, se sont pliés à leurs demandes. Mais, contrairement aux présidents d'université, Clinton n'a agi sous aucune menace, aucune véritable pression ne l'y obligeait. Il est significatif que le 18 janvier 1993, le jour de passation des pouvoirs, un dialogue présidentiel ait eu lieu par satellite avec des minorités exclusivement hispaniques, noires et d'origines latino-américaines – les organisateurs ayant fait comme si seules ces minorités-là comptaient pour lui. Cela a d'ailleurs été le commencement d'une sourde colère chez les Américains d'origines irlandaise, italienne, polonaise, bref, de tous ceux qui, immigrants de plus ou moins fraîche date, avaient eux réussi leur assimilation, et qui se sont aperçus très vite que dans la cosmologie de Clinton, ils n'existaient pas [1].

Dans un tout autre domaine, quand il a procédé à la nomination du nouveau conseiller juridique du Pentagone, on s'est aperçu que parmi les cinq personnes en lice il n'y avait que des femmes. Était-ce la meilleure façon de procéder ? Sans le moins du monde mettre en doute les qualifications des candidates, n'y avait-il pas, chuchotèrent les critiques, au moins *un* juriste de sexe masculin capable d'évoluer dans le milieu du Pentagone ?

Or aucune pression électorale sérieuse ne l'obligeait à agir de la sorte. Il s'y est résolu, influencé en partie par un entourage extrêmement jeune, relativement inexpérimenté, et sans doute beaucoup plus politiquement correct

---

1. Le nomination en 1994 de Leon Panetta, d'origine italo-américaine, comme directeur de son cabinet a été, notamment, une espèce de « rattrapage » de Clinton, enfin conscient de cet état de choses.

que lui, ainsi que sous l'impulsion de Hillary Rodham Clinton elle-même, dont on sait qu'elle milita sans relâche pour une présence féminine accrue à tous les échelons (on lui doit certainement les nominations de Donna Shalala [1] et de Janet Reno [2]).

Parmi les candidats au poste de ministre adjoint de la Justice, ou plutôt les candidates, car il était déjà inscrit dans les faits que l'adjoint serait, comme le ministre, une femme, il y avait Lani Guinier, professeur au département de jurisprudence à l'université de Pennsylvanie, qui semblait devoir l'emporter – du moins jusqu'au moment où la presse, et notamment le *Wall Street Journal*, commença à s'intéresser à des articles qu'elle avait écrits. Si Clinton dut se résigner à la rayer de la liste (elle lui en garde une profonde rancune), c'est qu'il s'aperçut qu'elle était partisan d'une réforme électorale tellement radicale que la crédibilité de son administration en eût été profondément ébranlée.

Car ce que Lani Guinier revendiquait dans ses écrits était véritablement révolutionnaire : il s'agissait de réformes législatives à la fois multiculturalistes et en faveur de l'« action affirmative »; dans un livre publié depuis [3], Lani Guinier se défend de vouloir bouleverser systématiquement l'ordre établi. Et pourtant...

Partant de l'hypothèse que ce sont des *groupes* d'électeurs qui élisent les candidats, et non des individus, et que les circonscriptions, déterminées géographiquement, le sont de façon tout à fait arbitraire (ce qui est en partie vrai), elle écrit que, de ce fait, les minorités ethniques sont systématiquement brimées, car même quand ils sont élus, les représentants de ces minorités se trouvent constamment en minorité, donc dans l'impossibilité de légiférer dans l'intérêt de leurs électeurs. Pour en finir avec cette injustice, Guinier propose une solution radicale : les électeurs voteraient non plus selon des critères

1. Ministre de la Santé et des Ressources humaines.
2. Ministre de la Justice.
3. Lani Guinier, *The Tyranny of the Majority, Fundamental Fairness in Representative Democracy*, Martin Kessler Books/Free Press, New York, 1994.

géographiques, et de *one person, one vote*, mais selon la nature de leur groupe social, professionnel et culturel, le but étant d'arriver à une représentation « psychologique et culturelle autant que politique ».

Mais comme les parlementaires, une fois élus, peuvent trahir les intérêts des élus minoritaires qui ont voté pour eux, Lani Guinier se propose de remplacer le principe du vote majoritaire par celui du vote unanime, en introduisant le principe suivant : « un vote, une valeur ». Les assemblées législatives siégeraient « selon leur croyance ». Les végétariens, par exemple, éliraient des végétariens; les homosexuels des homosexuels; les anti-IVG des anti-IVG. De cette façon seulement, les législateurs en exercice « représenteraient des circonscriptions unanimes », les « chances [des législateurs] seraient égales pour peser sur la loi ». Il ne s'agit pas, pour autant, de supprimer les partis politiques en tant que tels, mais d'appliquer un système de représentation proportionnelle (fondé sur le nombre de voix obtenues) qui tiendrait compte de l'élection des élus des différentes croyances, et garantirait leur présence dans les assemblées.

Lani Guinier est visiblement animée des meilleurs sentiments, mais ses théories compliquées impliqueraient à coup sûr une paralysie à peu près complète de la nation, même si on parvenait à les appliquer. Nombre de questions restent d'ailleurs sans réponses : qui décide de la validité ou non d'un groupe d'intérêts spécifique, et de sa « valeur » ? S'il faut s'en remettre à une autre autorité supérieure, son principe même semble compromis. Mais, si on donne libre cours aux groupes, alors la multiplication de groupes racistes ou d'extrême droite serait à prévoir, et les perdants seraient, précisément, les minorités ethniques déjà, selon Guinier, chroniquement sous-représentées – le résultat risquerait de ressembler à un système corporatiste en vigueur dans des dictatures ou des régimes d'extrême droite. Comme l'écrit Alan Wolf dans le *New York Times*[1], si la méthode Guinier était appli-

1. 13 mars 1994.

quée, « il est possible que les homosexuels seraient représentés plus efficacement, mais les homophobes le seraient aussi ». On peut d'ailleurs déduire des commentaires implicites de Guinier dans son livre que, dans sa conception des choses, seuls seraient légitimes des groupes de valeur victimes de mesures discriminatoires, en fait de gauche. C'est-à-dire qu'il y aurait des homosexuels, mais non des homophobes, des groupes activistes noirs, mais certainement pas des racistes blancs. Guinier a beau écrire que « les Noirs, en tant que groupe pauvre et historiquement opprimé, ont un besoin supérieur de sollicitude gouvernementale et de programmes d'aides gouvernementales », on se demande si – au sein d'assemblées législatives ainsi composées, qui comprendraient des représentants de groupes végétariens, des adversaires de l'IVG, des homosexuels et, qui sait, des victimes opprimées par des extraterrestres envahisseurs ils en tireraient le moindre bénéfice.

Plus étonnant encore, le fait que, jusqu'au moment où la presse américaine commença à s'intéresser aux théories de Lani Guinier, Clinton semblait tout ignorer de ses écrits et de sa passion. Mais il est invraisemblable que ses propres protagonistes aient également été dans l'ignorance. Estimaient-ils qu'il fallait tenter un « coup » en faveur d'une alliée ? Et pourquoi Clinton ne s'est-il pas séparé, immédiatement et publiquement, des personnes de son entourage responsables d'une telle bavure ? Hillary Clinton elle-même voulait-elle mettre son mari devant un fait accompli ? Est-ce parce que Guinier était soutenue par Hillary que Clinton n'a pas procédé, sur-le-champ, à un remaniement de ses conseillers à la Maison Blanche ?

Il y eut également, tout au début de la présidence, une crise dont, cette fois, Clinton était uniquement responsable. Dans sa campagne électorale, il avait, sans ambiguïté, déclaré qu'une fois élu il mettrait fin à la discrimination systématique, au sein des forces armées, envers les homosexuels et les lesbiennes, recrutant même après son élection un conseiller spécial, lui-même homosexuel et personnalité influente auprès des diverses associations *gay* dont il était censé faire la liaison.

Mais quand Clinton se rendit compte de la résistance acharnée qu'opposaient les hauts responsables militaires aux réformes envisagées, il tergiversa et finalement accepta un compromis qui n'était, en fait, qu'une défaite. Pendant des mois, alors qu'il y avait des questions autrement importantes en suspens, cette crise accapara presque toute son attention – les médias ne parlaient que de cela. Le recul de Clinton dans ce domaine marqua d'ailleurs la fin prématurée de sa lune de miel avec ses électeurs.

Ces deux affaires illustrent non seulement l'étendue et les limites du « multiculturalisme » des Clinton, mais la flexibilité, voire l'absence, de leurs principes. Un Kennedy n'aurait sans doute pas commis l'erreur initiale de promettre à la communauté *gay* une mesure dont il savait qu'elle susciterait un profond malaise parmi les militaires eux-mêmes – mais ce qui est à peu près certain, c'est que, l'ayant commis, il aurait tenu bon, et ne se serait pas laissé intimider par l'establishment militaire. De même, un Kennedy n'aurait sûrement pas envisagé la candidature d'une Lani Guinier sans tout savoir sur elle – y compris ses théories électorales aussi originales que farfelues.

Il est possible d'expliquer ces décisions de Clinton dans ces deux domaines en invoquant un nouveau, et salutaire, réalisme pragmatique. Mais pour Gary Wills, l'un des observateurs les plus astucieux de la scène politique, qui ne peut être taxé de droitisme ou d'opposition systématique, ce qui en découle est la preuve que Clinton n'est en fait qu'un « apaiseur omnidirectionnel. Il veut satisfaire tout le monde, ce qui est la méthode la plus sûre de ne satisfaire personne ». Selon lui, le couple Clinton, « lui, cocktail de Kennedy et d'Elvis Presley, elle, mélange de militante radicale et de maîtresse d'école », s'est révélé comme étant « un ensemble ambulant de conflits culturels ».

Si ce diagnostic est exact, et il contient certainement une grande part de vérité, on pourra s'attendre à des interventions ponctuelles, de la part des Clinton, dans le domaine des excès de la *political correctness*, mais seulement quand une certaine cote d'alerte sera atteinte – il n'y aura aucune révision déchirante ouvertement proclamée. Étant donné la dynamique du changement déjà accompli, c'est précisément un climat trouble de cette sorte qui encouragera les excès du multiculturalisme, permettant aux idéologues durs de calculer leur marge de manœuvre, tout en poursuivant un travail de sape déjà si avancé dans les universités, les milieux pédagogiques, juridiques et thérapeutiques.

CONCLUSION

J'entends déjà des commentaires : quoi, c'est *ça*
l'Amérique ? Une nation de malades, de paumés, d'illuminés, de conformistes débiles, d'idéologues fanatiques ?
Effectivement, en voyage d'affaires ou en tourisme, le
visiteur étranger ne sera pas du tout conscient de l'existence d'une « maladie », à moins, bien sûr, de se plonger
dans la vie des campus, de scruter attentivement les
journaux ou de s'aventurer, à Detroit ou à Los Angeles,
en dehors des sentiers battus.

Ceux qui nient que l'Amérique actuelle soit en butte
à des problèmes menaçant sérieusement son avenir
n'auront aucune peine à estimer le contraire. Ne pré-
dit-on pas régulièrement, et depuis des années, le
fameux « déclin américain » ? Ils n'auront aucun mal,
non plus, à dresser une liste de réalisations spectaculaires, de prix Nobel, d'exemples de redressement
économique *in extremis*, d'audace innovatrice (le phénomène « Microsoft » en est un, spectaculaire), de succès à
Cannes à profusion. Pour la plupart des Européens,
Français compris, les idées reçues sont les suivantes :
certes, l'Amérique, de par son immensité géographique,
la diversité de sa population de 250 millions d'âmes, ses
problèmes de société, est certainement en crise, mais
parler de déclin au moment où ce même pays devient
la seule superpuissance du monde est parfaitement

aberrant, et ceux qui jouent ce jeu-là doivent avoir leurs raisons.

Difficile, dans mon cas, d'évoquer un antiaméricanisme systématique quelconque. Pendant des années, chaque fois qu'on m'y invitait, j'ai défendu à la radio et à la télévision, d'ailleurs avec conviction, la plupart des initiatives politiques américaines, essayant d'interpréter leurs méandres auprès d'un public forcément insensible à certaines pressions intérieures. Quoique anglais de nationalité, mon expérience journalistique s'est déroulée presque entièrement en milieu américain – et comme tous mes confrères, je suis conscient du privilège extraordinaire de travailler pour la presse d'un pays où la liberté d'expression est inscrite dans la constitution.

On dira – et c'est peut-être vrai – que c'est précisément *à cause de cette liberté* que ses tares paraissent si spectaculairement évidentes, parce que, à l'encontre d'autres pays, les Américains ne font rien pour les cacher. On dira aussi : l'Amérique est un immense pays, et on y trouve le meilleur comme le pire. Pourquoi alors insister uniquement sur le pire ?

Tout simplement parce que, sans être totalement irréversible, il me semble que ce qui s'y passe est tellement grave que le risque existe, entre autres, de voir ces indéniables qualités entamées, voire menacées de disparition. Un minuscule exemple : quand parut le livre de D'Souza, *Illiberal Education*, qui traite des excès du multiculturalisme en milieu universitaire, le *Philadelphia Inquirer* (journal libéral, très conscient du nombre élevé de ses lecteurs noirs) en confia la critique à l'un de ses chroniqueurs habituels. Le compte rendu de celui-ci s'avéra favorable, la revue positive. Effaré, le rédacteur en chef du journal refusa de le publier, sauf en juxtaposition d'une *autre* critique spécialement commandée pour l'occasion, dont on savait qu'elle serait, celle-là, extrêmement défavorable. La direction du journal dut admettre par la suite que cette manière de procéder était sans précédent [1]. Voilà des pratiques auxquelles on ne s'attend pas, du moins aux États-Unis, surtout quand elles risquent de se généraliser – et d'autres exemples ne manquent pas.

Car ce ne sont pas les tares – en tant que telles – qui effraient le plus. Le problème noir, tellement complexe, est resté si longtemps en suspens qu'il était inévitable que son débloquage, datant des années 60, se fasse dans la douleur ; inévitable aussi, étant donné la position géographique des États-Unis, qu'ils auraient éventuellement à faire face, de façon croissante, à une immigration de plus en plus élevée, cette fois-ci non pas européenne mais mexicaine, latino-américaine, antillaise, philippine, vietnamienne et chinoise.

Je suis de ceux qui pensent (et l'histoire jusqu'ici nous donne raison) que les périodes d'immigration les plus fortes ont été les plus porteuses d'espoir et les plus positives pour l'Amérique, que ce pays est assez vaste pour s'en accommoder, et que, par contre, les périodes les plus « creuses » ont coïncidé avec les années de sa restriction – ce qui, soit dit en passant, n'augure rien de bon puisque nous abordons une des périodes les plus restrictives, en ce qui concerne l'immigration dans l'histoire des États-Unis.

Mais le véritable problème n'est pas là. Il n'est ni dans le nombre toujours croissant d'immigrés que l'Amérique menace de renvoyer, ni même dans les autres problèmes majeurs évoqués ici – criminalité galopante, erreurs judiciaires, villes à l'abandon, thérapeutes en délire, féministes dures assouvissant leur rage contre les hommes en général, baisse des niveaux universitaires, *et qui ne sont que des symptômes*. Le vrai problème est ailleurs, dans les têtes. Et ce qui effraie le plus, c'est l'indifférence, le refus d'accepter l'évidence même de ce vent de folie. Ayant ouvert des dossiers souvent étranges, parfois terribles, je suis conscient de la difficulté qu'il y a à cerner le problème dans son

---

1. Richard Bernstein, *Politics of Virtue, op. cit.*

ensemble, de faire, justement, un diagnostic qui laisserait entrevoir la possibilité d'un rétablissement. Mais je suis persuadé que cette maladie américaine actuelle, non soignée, serait annonciatrice d'un déclin aussi inéluctable qu'en son temps celui de l'Empire romain. Déclin par lequel nous, Européens, serions les premiers concernés...

Dans un certain sens, je ressens parfois aujourd'hui, en Amérique, ce que les Français devaient ressentir sous l'Occupation : il y a aujourd'hui, aux États-Unis, certains sujets qu'on évite d'aborder à moins de se sentir en milieu sûr. C'est nouveau et c'est grave. Il ne faut pas dramatiser : on ne sera ni arrêté, ni expulsé, ni même fiché, mais on sera extrêmement sensible aux remous, au malaise qu'on aura provoqués en passant outre ces tabous.

J'exagère peut-être, mais je suis de plus en plus conscient que des livres courageux, dénonçant certaines pratiques courantes dans la société américaine, tels les erreurs judiciaires et abus thérapeutiques liés aux cas de mémoire réprimée, dont certains sont de véritables cris d'alarme, sont passés sous silence dans l'indifférence générale, quand ils ne sont pas systématiquement discrédités par des critiques venimeuses et partiales. On assiste également au phénomène, tout à fait nouveau, d'autocensure. J'y vois l'évidence d'une dérive majeure : pour la première fois dans la presse américaine, si réputée pour sa liberté, on se plie aux tyrannies d'une minorité agissante, suffisamment intimidante pour réduire au silence non seulement la plupart des universitaires mais aussi tous ceux qui font preuve d'anticonformisme dans le domaine des idées.

Or ce n'est pas parce qu'on refuse de confronter sa maladie qu'elle s'en ira d'elle-même. Il en résultera, au contraire, une forme de schizophrénie : intérieurement, on sera conscient, peut-être confusément, de la gravité de ce vent de folie, des excès des idéologues du féminisme dur et du multiculturalisme à outrance, mais on affichera, pour donner des gages de *political correctness* et avoir une vie tranquille, des sentiments conformistes. Il en résultera une difficulté de communiquer encore plus grande, une situation tragi-comique, absurde, un malaise évoquant celui des personnages de Beckett et de Harold Pinter. Or il ne s'agit pas, ici, d'un spectacle uniquement destiné à des intellectuels, *mais du refoulement délibéré et systématique de sentiments qui, ouvertement exprimés, s'avéreraient dangereux.* Les Chinois ont un mot pour cela – le *weixinhua*, ou l'habitude de dire le contraire de ce que l'on pense vraiment afin d'éviter des ennuis.

Les ressentiments intérieurs s'accumulant sans cesse, le risque existe de les voir exploser en affrontements violents et directs, qui pourraient, un jour, très mal se terminer. La déroute de Clinton, à la suite des élections partielles du 8 novembre 1994, est d'ailleurs un signe non négligeable de ce ras-le-bol considérable, mais qui en soi ne changera rien aux dogmes des minorités agissantes. Au contraire. Les *nouveaux élus*, dont certains « poujado-républicains » caricaturalement simplistes, ne seront pour eux qu'une cible nouvelle, presque inespérée...

Car, plutôt que de regarder les choses en face, on préfère, aux États-Unis, prendre un tout autre chemin : celui qui passe par la déresponsabilisation individuelle, et la négation des problèmes en question. Cela explique la pléthore actuelle de théories déculpabilisantes, qui se veulent rassurantes – la mémoire récupérée n'étant qu'un exemple parmi d'autres. Les centaines de milliers d'avocats, de thérapeutes et de psychologues bienpensants, brandissant leurs clichés « politiquement corrects » comme un drapeau (qu'ils y croient ou non n'a aucune importance, les affaires sont les affaires), n'ont pu prendre une telle importance que parce qu'ils trouvent en face d'eux un public las et crédule, prêt à souscrire aux thèses les plus absurdes, pourvu qu'il leur soit démontré que tous les malheurs et les méfaits du monde découlent de l'« autre » – que leur propre responsabilité n'est jamais engagée.

C'est ce qui explique que la déresponsabilisation soit devenue l'arme favorite aussi bien des avocats d'assises que des partisans du multiculturalisme et du transformationnisme dans le domaine de l'éducation. Les avocats plaideront de plus en plus, et les jurés crédules leur donneront de plus en plus raison, que leurs clients ne peuvent être coupables, parce qu'ils doivent leur comportement à un ensemble de facteurs qui, perçus à leur juste valeur, les déresponsabiliseront complètement : on ne verra en eux que des victimes de leur propre passé, ou de celui de leur groupe ethnique, ou encore d'un désordre quelconque de la personnalité multiple.

Cette nouvelle technique de plaidoirie amène dans son sillage (on l'a vu dans l'affaire des frères Menendez) une industrie, une profusion d'experts et de théoriciens pseudo-scientifiques en tous genres, avançant des arguments parfaitement contestables mais capables d'expliquer et d'innocenter n'importe quel crime, et de justifier n'importe quel comportement, puisque, par définition, tout perpétrateur est forcément victime, soit de parents, soit d'une société opprimante et abusive.

Certains exemples sont absurdes : défendant le meurtrier de Harvey Milk, personnalité politique connue à San Francisco, son avocat invoqua l'excuse suivante : son client avait l'habitude d'ingurgiter une quantité énorme de *twinkies, fast food* riche en sucre et cholestérol. Selon lui, l'abus de *twinkies* l'avait si profondément perturbé qu'il était devenu totalement inconscient de ses actes.

Autre exemple : dans une crise de folie furieuse, en 1993, Colin Ferguson tua, au hasard, six passagers d'un train de banlieue de New York. A cette occasion son avocat, le célèbre William Kunstler, invoqua la théorie de la « rage noire » : selon lui, la conscience de la persécution historique des Noirs par les Blancs avait abouti, chez son client, à un véritable délire intérieur, culminant en un état second où *tous* les Blancs étaient perçus comme des assassins en puissance qu'il fallait logiquement éliminer. Fait assez surprenant : par la suite, dans un scrutin, deux tiers des Noirs et la moitié des Blancs interrogés souscrivaient à la validité de cette thèse. Janet Reno elle-même, ministre de la Justice de Clinton, se référant non à Ferguson mais à une « explosion de rage » analogue (quoique n'entraînant pas la mort) semble partager ce point de vue : « Un jeune homme en colère qui explose de rage parce qu'il n'a jamais eu de véritable enfance agit peut-être correctement (*might do the right thing*). Quand ce comportement excusable (*right thing*) est en contradiction avec la loi, vous essayez de changer la loi. »

Pour Alan Dershovitz, brillant avocat d'assises et professeur à Harvard, qui cite cette phrase de Reno dans un livre récent [1], cet argument fallacieux ne tient pas compte de la réalité, car « les vraies victimes ne commettent que rarement des crimes de violence contre leurs agresseurs ». Il y voit au contraire le symptôme d'une « abdication de notre responsabilité personnelle, à une échelle nationale, mettant en danger le cœur même de la nation ». Sous-entendu : cet argument justifie non seulement des conduites individuelles, mais excuse également *toute* dérive, qu'elle émane de Washington ou des dirigeants des cinquante États.

Cette revendication absolue de la déresponsabilisation devient parfaitement logique à partir du moment où, le dogme du multiculturalisme aidant, on insiste si lourdement, dans *tous* les milieux universitaires, ainsi que dans certaines bureaucraties de l'administration Clinton, et des départements d'éducation des cinquante États, sur l'importance de l'appartenance au groupe, et sur la nécessité de s'identifier en permanence, et à propos de n'importe quoi, en tant qu'oppresseur ou opprimé. (Rappelons en passant que la moitié des Américains, à

1. *The Abuse Excuse*, Little Brown, New York, 1994.

un moment ou à un autre, se retrouvent dans une université, qui ne sera bien sûr ni Harvard, Princeton ou Yale, mais une université d'État ou un *community college* quelconque.)

Or, si l'on devait attribuer aux Américains des qualités par ordre de priorité, il est possible qu'en tête de liste figure l'individualisme. Le sens de l'initiative, le goût du risque, le mépris des idées reçues, la conviction de sa propre responsabilité individuelle, tout cela fait partie de ce *rugged individualism* américain, en grande partie responsable jusqu'à maintenant, qu'on le veuille ou non, de l'extraordinaire vitalité des États-Unis. S'attaquer à ce principe équivaut à changer de fond en comble la nature même de la société américaine.

Or, un changement est en cours. Dans la plupart des universités américaines d'aujourd'hui, on enseigne que l'individualisme n'est qu'une des facettes honteuses d'un eurocentrisme déconsidéré et haï. L'évoquer dans une dissertation sans le condamner est une lourde faute, sanctionnée par de mauvaises notes, car, selon les idéologues du multiculturalisme, qui ont largement gagné la partie en faisant adopter ce principe par l'ensemble des enseignants universitaires soucieux de poursuivre leurs carrières sans se faire attaquer par un lobby extrêmement puissant, « cette soi-disant qualité n'est qu'un prétexte, invoquée par la classe dominante, c'est-à-dire opprimante, pour justifier son point de vue [1] ».

Difficile d'évoquer les obsessions des idéologues du multiculturalisme, difficile, également, de parcourir les innombrables livres féministes où explosent, presque à chaque page, la haine et le ressentiment à l'égard des mâles en général, sans se demander ce qui se cache derrière cette rage parfois si nombriliste.

Que la rage féministe soit, à certains égards, une rationalisation d'un malaise qui existe depuis longtemps dans les rapports hommes-femmes aux États-Unis ne fait aucun doute. Mais il n'y a pas que cela. Les idéo-

---

1. Richard Bernstein, *The Dictatorship of Virtue, op. cit.*

logues les plus durs ne sont pas, en général, eux-mêmes issus de milieux sous-privilégiés. Qu'ils soient (tout au moins ceux d'origine américano-européenne) issus de la bourgeoisie aisée n'enlève rien à leur sincérité, et il n'est nullement question, bien sûr, de nier l'existence de comportements racistes ou sexistes, évidemment condamnables, ou de minimiser leur portée néfaste. Mais les excès dont ils sont coupables sont tout aussi dangereux.

On ne peut s'empêcher de penser que la volonté d'ignorer ce qui se passe en dehors des frontières américaines, alliée à un style de vie d'une extrême facilité qui demeure celui de l'ensemble de la bourgeoisie américaine — fait d'une absence presque totale de problèmes quotidiens, de ce profond sentiment de sécurité qui découle de la position géographique même de l'Amérique, jamais envahie, jamais occupée, jamais sujette aux soubresauts qui font partie de l'héritage culturel du reste du monde —, cette ignorance volontaire explique le côté obsessionnel, à la limite absurde, de ces colères tous azimuts, de cette acceptation totale d'un conformisme aussi simpliste que revendicatif en ce qui concerne les nouveaux droits des anciens opprimés, qu'il s'agisse des minorités ethniques ou des femmes.

Pourquoi l'Europe, si prompte à se saisir de toute mode venue d'outre-Atlantique, se démarque-t-elle jusqu'ici si totalement de l'Amérique dans ce domaine précis ? En partie, peut-être, parce que le puritanisme y a fait moins de ravages, et qu'en conséquence les rapports entre hommes et femmes sont foncièrement différents. Mais aussi, sans aucun doute, parce que nos préoccupations sont ailleurs, nos sensibilités différentes. En Europe, même pour la plus jeune génération qui n'a connu aucune guerre, aucune crise majeure sauf le chômage, le passé est toujours présent — nous en sommes peut-être *trop* conscients. Par contre, j'ai parfois l'impression que si, en Amérique, les problèmes du féminisme et du multiculturalisme prennent une dimension absurde, obsessionnelle, c'est parce qu'il n'y a aucune présence du passé : on est même parfois, historiquement et culturellement, en présence d'une véritable *tabula rasa*. De ce fait, ces problèmes-là, surtout en milieu aisé, prennent une importance exceptionnelle, *car il n'y en a pas d'autres*.

Dans son livre, Bernstein évoque une réunion de parents d'élèves dans le Bronx, en hiver 1992, qui me paraît significative : sous l'impulsion d'idéologues bien-pensants venait de paraître un rapport du département de l'Éducation de New York, intitulé « Les enfants de l'arc-en-ciel [1] ». Ce rapport insistait sur la nécessité absolue de réformer le programme des écoles pour le rendre véritablement multiculturel. Le but de la réunion, convoquée par des fonctionnaires du département et à laquelle assista Bernstein, était de convaincre ces parents d'élèves, en immense majorité noirs, hispaniques ou antillais, de l'utilité de ce changement majeur, comportant un cours obligatoire nouveau, intitulé « Favoriser des attitudes positives envers la sexualité » (*fostering positive attitudes towards sexuality*), dorénavant enseigné aux enfants dès la maternelle, qui aurait « le but explicite d'encourager le respect envers les homosexuels » et d'expliquer que l'homosexualité est « un choix parfaitement respectable ».

Dans le dialogue houleux qui allait suivre, l'incompréhension culturelle devait se révéler totale : les parents eux-mêmes, de par leur composition ethnique, authentiques représentants de ce nouveau multiculturalisme américain, rejetaient en bloc le nouveau programme, accusant les fonctionnaires présents d'ingérence. Il n'y avait, raconte Bernstein, au sein de cette assemblée de parents d'élèves, aucune manifestation d'homophobie caractérisée, mais aucune conscience non plus d'être victimes de racisme, de sexisme, ou d'eurocentrisme. Les parents avaient, par contre, le sentiment très net d'avoir été manipulés, et exprimaient leur cour-

1. *Children of the Rainbow*, Curriculum, 1992.

roux à l'idée qu'on s'apprêtait à endoctriner leurs enfants par ce qui était à leurs yeux un véritable lavage de cerveau. Une mère noire très en colère exprima les sentiments de l'énorme majorité : « Vous vous en foutez qu'il y ait des enfants qui viennent en classe avec des armes à feu, qu'ils ne savent ni lire ni écrire, et vous avez le culot de vous préoccuper de leur avenir en tant que *gays*? Laissez-moi rire! *(Give me a break!)* » En somme, le rapport en question, considéré par les fonctionnaires comme un pas en avant dans la lutte pour le multiculturalisme, n'était perçu, par les parents d'élèves directement concernés et eux-mêmes multiculturels, que comme une tentative, de la part d'une petite minorité arrogante et sûre d'elle-même, d'imposer une idéologie stéréotypée, complètement contraire à leurs propres valeurs, et sans rapport avec leurs vrais problèmes.

La question, bien sûr, est de savoir à quel point cet ensemble de canons « politiquement corrects » influeront sur le comportement américain, non seulement individuel, mais aussi collectif. Quels que soient les programmes universitaires, et l'état d'esprit qu'on inculque systématiquement aux jeunes, on ne peut ignorer que l'Amérique, du fait de sa puissance économique, détermine des comportements dans le restant du monde, qu'en dépit de la fin de la guerre froide, nous demeurons plus tributaires que jamais de cette superpuissance aujourd'hui sans rivale. Ceux-là mêmes qui ont fait preuve, dans le passé, d'un antiaméricanisme primaire y voient encore la preuve de son impérialisme dans la propagation, devenue mondiale ou presque, de sa mode vestimentaire, de ses films, de son *fast food*. Or, étant donné cette puissance qui semble inéluctable, dans quelle mesure le remplacement d'un cours sur Rabelais par un cours sur Toni Morrison affectera-t-il le comportement d'une génération d'étudiants? Est-il si grave que cela que Hemingway ne soit plus enseigné à la faculté des lettres de l'université de Chicago, que des écrivains mineurs hispaniques, noirs et « natifs-américains » se substituent à Milton, Shakespeare et Melville, que Derrida devienne à la fois le Platon et le Socrate des intellectuels américains ? Ceux qui nient la portée de ces changements nous rappellent sans cesse qu'afficher des sentiments révolutionnaires pendant les années 60 et 70 n'a nullement empêché ces générations-là de s'intéresser de très près, par la suite, au pouvoir et à l'argent. L'immense puissance de cette machine à transformer les découvertes technologiques en réalisations pratiques dans tous les domaines n'est-elle pas immunisée contre ces dogmes, aujourd'hui à la mode, auxquels il est de bon ton de faire semblant d'adhérer ?

C'est vrai, mais il me semble néanmoins que le changement auquel nous assistons est fondamental : condamner l'individualisme, refuser de livrer ses sentiments de peur d'une désapprobation de groupes de pression, accepter le principe de l'autocensure, tout cela implique la fin d'une certaine Amérique, telle que nous l'imaginons. Transformer les bases d'un enseignement universitaire proche de celui qu'on pratique en Europe, lui substituer une vision extrêmement partiale et sectaire, ne voir dans le passé qu'opprimeurs et opprimés, rejeter la culture européenne en faveur d'un multiculturalisme dont les nouveaux maîtres ne sont présents qu'à cause de leur race ou de l'étendue de leur rage équivaut à une véritable automutilation. Est-il possible, dans ces conditions, d'attendre, de la part de dirigeants futurs, une vision réaliste du monde extérieur, ou des réactions à des crises futures qui ne sont pas empreintes d'une approche sectaire ou tout à fait imprévisible ?

Ce n'est pas tout. Trois livres d'un pessimisme effarant ont paru récemment sur l'avenir des États-Unis dans les années à venir, fondés sur des données dont on peut difficilement nier l'existence, mais qui ont surtout attiré l'attention des médias parce que, dans deux d'entre eux, référence était faite à une prétendue différence génétique entre Blancs et Noirs, le QI des

Noirs étant, selon les auteurs, de quinze points inférieur à celui des Blancs [1].

Ce n'est pas tant la référence génétique qui importe, bien qu'elle ait fait immensément scandale aux États-Unis. Il y a plus de trente ans, Moynihan [2] mentionnait cet écart de QI chez les écoliers noirs, sans que personne ne songe alors à le traiter de raciste, et – étant donné les multiples facteurs en question qui l'éclairent – l'explication génétique me semble à la fois superflue et hors du sujet.

Bien plus appropriés me paraissent les commentaires d'un sociologue noir américain, Thomas Sewell, de l'université de Cornell. Dans un livre publié antérieurement [3] il disait ceci : « S'agissant de Noirs d'un statut socio-économique supérieur comparé à celui des Blancs d'un statut socio-économique inférieur, la différence de QI entre Noirs et Blancs est d'à peu près quinze points. La question n'est pas de savoir si cette différence est culturelle ou génétique. Le fait est que cette différence est réelle, et que ses conséquences le sont aussi. » Cet écart de quinze points ne l'effraie pas outre mesure. Il note qu'aujourd'hui même, on retrouve le même écart entre Juifs américains sépharades et ashkénazes, et entre protestants et catholiques en Irlande du Nord, et il rappelle que, vingt siècles auparavant, du temps de l'occupation de la Grande-Bretagne par les Romains, ces derniers étaient tellement convaincus de l'infériorité génétique des autochtones qu'ils se refusaient à en faire des esclaves, « car ils sont trop stupides pour être utiles ». Sa conclusion : il est hors de propos d'expliquer des écarts d'intelligence par des facteurs

---

1. Il s'agit de *The Bell Curve : Intelligence and Class Structure in American Life*, de J. Herrstein et Charles Murray, The Free Press, New York, 1994; *The Decline of Intelligence in America : a Strategy for National Renewal*, de Seymour W. Itzkoff, Praeger, Westport Connecticut; et de *Race, Evolution and Behavior*, de J. Philippe Roshton, Transaction Publisher, Brunswick, New Jersey.
2. Dans *The Negro American Family, op. cit.*
3. Thomas Sewell, *Race and Culture.*

génétiques, car même ces prétendus facteurs ne sont pas immuables.

Bien plus importante est la constatation de Malcolm W. Browne, correspondant scientifique du *New York Times,* journal pourtant devenu extrêmement sensible aux groupes de pression féministes et multiculturalistes. « On peut détester ou partager les opinions exprimées dans ces livres, écrit-il, mais une chose est claire : un gouvernement et une société qui persistent à enterrer les sujets dont ils parlent agissent à leurs risques et périls. » Car ce qui compte n'est pas que l'origine de l'écart entre Noirs et Blancs soit génétique ou non, mais que « cet écart soit intimement lié à l'avenir très proche de l'Amérique ». Il s'agit « de la qualité de la vie, de la conscience des citoyens d'appartenir à une communauté, de la survie économique, et de principes à la base même d'une société démocratique. Or les auteurs « sont convaincus qu'on assiste à la création d'une immense sous-classe d'hommes et de femmes intellectuellement handicapés *(deprived),* dont les techniques cognitives ne seront jamais au niveau de ce que recherchent les employeurs, et pour qui la société américaine semble avoir de moins en moins de temps. Les prisonniers de cette sous-classe sont voués à une assistance permanente *(welfare dependency),* à la pauvreté, au crime et à des vies dont le moindre espoir de voir s'accomplir le rêve américain semble exclu ».

Même les adversaires les plus acharnés d'une explication génétique à une telle tragédie conviendront que malgré sa sévérité, un tel diagnostic n'a rien d'outré ni d'irréaliste. Mais ce qui rend cette vision des choses encore plus pessimiste est le refus, de la part de ceux qui devraient en être le plus conscients, d'en tirer les conséquences. Lyndon B. Johnson, malmené par les historiens, avait, lui, l'ambition de construire une « grande société », dont il ne reste à peu près rien.

Rien, par contre, dans les textes de Martin Luther King, aujourd'hui largement ignorés, ne prône le multiculturalisme, et les prédictions cataclysmiques évoquées par Malcolm Browne ne seront d'aucune façon évitées par la persistance avec laquelle les multiculturalistes s'acharneront sur le phénomène historique de l'oppression réelle ou imaginaire des mâles blancs morts envers les femmes, les Noirs, les homosexuels ou les handicapés de toutes sortes. Au contraire, le transformationnisme des responsables de programmes à l'école et à l'université, et les différentes croisades entreprises pour extirper les moindres traces, même caricaturales, d'un langage prétendu raciste ou sexiste, sont autant de facteurs de diversion empêchant, et dans l'avenir interdisant, qu'on s'attaque à des problèmes *réels*.

Il faut ajouter à cela qu'à la fois du côté de la majorité blanche et de celle des ethnies minoritaires, on s'oriente, tant dans les universités que dans les villes et les faubourgs, à un séparatisme de fait, alors qu'on est de plus en plus obligé de souscrire, dans la forme, à un langage conformiste niant l'existence même de cet état de choses, et des problèmes qui en découlent; que la non-communication ne cesse d'augmenter, non seulement entre majorité blanche et minorités ethniques, mais entre hommes et femmes; que la nouvelle majorité banlieusarde (toutes ethnies confondues) se soucie de moins en moins de l'avenir de la cité, ou d'une « grande société » depuis longtemps moribonde. Dans ces conditions, comment ne pas avoir peur d'une spirale du déclin irréversible, que la puissance économique même de l'Amérique rend doublement tragique – et menaçante?

BIBLIOGRAPHIE

BARTKY Sandra Lee, *Feminism and Domination,* Routledge, NY, 1990.

BASS Ellen et DAVIS Laura, *The Courage to Heal,* Harper & Row, NY, 1988.

BERNSTEIN Richard, *The Dictatorship of Virtue,* Knopf, NY, 1994.

BLUME E. Sue, *Secret Survivors,* Ballantine, NY, 1990.

BREWER Connie, *Escaping the Shadows, Seeking the Light,* Harper, San Francisco, 1991.

COSE Ellis, *The Rage of the Privileged Class,* Harper & Collins, 1994.

DAVIS, Mike, *Urban Control – the Ecology of Fear, Open Magazine Pamphlet,* New Jersey, 1992.

DERSHOVITZ Alan, *The Abuse Excuse,* Little Brown, NY, 1994.

D'SOUZA Dinesh, *Illiberal Education,* Vintage Books, NY, 1992.

DZIECH Billy Wright, *The Lecherous Professor,* Beacon Press, Boston, 1984.

ESTRICH Susan, *Date Rape,* Harvard University Press, 1987.

FALUDI Susan, *Backlash,* Doubleday, NY, 1991.

FREDERICKSON Renée, *Repressed Memories,* Simon & Schuster, NY, 1992.

FRENCH Marilyn, *The War Against Women,* Simon & Schuster, NY, 1992.

GUINIER Lani, *The Tyranny of the Majority,* Martin Kessler Books/ Free Press, NY, 1994.

HERMAN Judith Lewis, *Trauma and Recovery,* Basic Books, NY, 1992.

HITE Shere, *The Hite Report on the Family,* Bloosmbury Press, Londres, 1994.

ITZKOFF Seymour W., *The Decline of Intelligence in America,* Praeger, Connecticut, 1994.

324

Bibliographie

JACOBS David, *Secret Life*, Simon & Schuster, NY, 1992.

KIMBALL Richard, *Tenured Radicals*, Harper & Row, NY, 1990.

LANNING Kenneth V., *Child Sex Rings*, National Center for Missing and Exploited Children, Washington DC, 1992.

LERNER Sarah Gerda, *The Creation of Patriarchy*, Oxford University Press, NY, 1986.

LINDNER, Charles, *The Abuse Excuse*, Little Brown, NY, 1994.

LOFTUS Elizabeth, et KETCHAM Katherine *The Myth of Repressed Memory*, St. Martins, NY, 1994.

LOVE, Patricia, *The Emotional Incest Syndrome*, Bantam Books, NY, 1990.

MCCALL Nathan, *Makes Me Wanna Holler*, Random House, NY, 1994.

MACK John E., *Abduction*, Scribner's, NY, 1994.

MCKENZIE Evan, *Privatopia*, Yale University Press, New Haven 1994.

MURRAY Charles, *Losing Ground*, Basic Books, NY, 1984.

MURRAY Charles et HERRSTEIN J., *The Bell Curve*, Free Press, NY, 1994.

National Data Book, 1993, Department, of Commerce, Washington, DC.

OFSHE Richard, *Making Monsters*, Scribner's, NY.

PALUDI Michele A., *Ivory Power*, State University of New York Press, 1990.

PRENDERGAST Mark, *Victims of Memory*, Upper Access, Ny, 1994.

RABUZZI Kathryn, *Motherself*, Bloomington, Indiana University Press, 1988.

ROIPHE Katie *The Morning After*, Little Brown & Co, NY, 1993.

RUSSELL Diana, *Sex, Exploitation, Rape, Child Abuse and Sex Harassment*, Sage Editions, Beverly Hills, 1984.

RUSHTON J. Philippe, *Race, Evolution and Behavior*, Transaction Publishing, Brunswick, New Jersey, 1994.

SCHLESINGER Arthur M., *The Disuniting of America*, WW. Norton, NY, 1991.

SERVAN-SCHREIBER J.-J., *Le Défi américain*, Denoël, Paris, 1967.

SOMMERS Christina, *Who Stole Feminism?* Simon & Schuster, NY, 1994.

STEELE Shelby, *The Content of Our Character*, St. Martin's Press, NY, 1990.

TERR Lenore, *Unchained Memories*, Basic Books, NY.

WOLF Naomi, *The Beauty Myth*, Bantam Books, NY, 1991.

WRIGHT Lawrence, *Remembering Satan*, Knopf, NY, 1994.

TABLE

Cet ouvrage a été composé et réalisé par la
SOCIÉTÉ NOUVELLE FIRMIN-DIDOT (Mesnil-sur-l'Estrée)
pour le compte de LA LIBRAIRIE PLON
76, rue Bonaparte, 75006 Paris

Achevé d'imprimer en mai 1995

Imprimé en France
Dépôt légal : février 1995
N° d'édition : 12514 - N° d'impression : 30894